JN123118

地域の未来を共につくる

続 信用金庫の

「現場力」

小宮 啓二朗 著

経済法令研究会

はじめに

　信用金庫が、自らの営業エリアで活動する中小企業者や個人のお客さまを応援していくためには、金庫自身の経営基盤の安定化に努めるとともに、優れた施策を多岐にわたって展開していく必要がありますが、そのためには、他金融機関の優れた活動を上手に取り込むことで施策の質を向上させることも大切な視点です。

　2013年に筆者が初めて出版した『営業推進のための 信用金庫の現場力』では、信用金庫の課題や改善のヒントを整理したうえで、各地の信用金庫の役職員等の皆さまからヒアリングした施策等を関連テーマごとに「現場の声」として80事例を掲載し、幸い、多くの読者から好評を得ることができました。

　今回の本書は、その後も信用金庫の役職員や中小企業経営者の皆さまとの対話、あるいは自身の体験から集めた信用金庫の業務に関する幅広い施策や工夫など、「現場の声」140事例をメインに据え、12のテーマ別に展開したものです。

　本書の目的は、信用金庫で働く方々を対象としたナレッジマネジメントの実現（個人が持つ知見の共有）ですが、読者の皆さまにとって、営業推進策等の検討時の参考事例が見つかったり、新たなアイデアが閃くきっかけになれば幸いです。新入職員の方が、信用金庫業務の全体像を理解するためにご活用いただいたり、店内研修で講師役が若手職員に自身の経験知（経験したことで得た知識）を伝える際のテキスト（たたき台）にご利用されるのもよいでしょう。

　最近では、社会環境の変化等もあり、上司が部下と酒を酌み交わしながら自身の体験やそこから得られた経験知、人生訓を伝える機会が減少していると耳にします。そのため、本書には業務上のノウハウだけでなく、こうした働くうえでの考え方や対人的な心構えについても意識的に盛り込むことにいたしました。

　もちろん、本書をご覧いただく読者の中には、ご自身の個人的記憶や体験とは異なる内容が書かれているケースも少なくないと思われます。なぜならば本書は、決して全ての読者の実感にあてはまる"真理"を示したものではなく、さらに言えば、本書内に記載されている様々な知見も、全てが同じ考え方や方向性に基づいたものではありません。

　実際、「定積集金」の必要性をはじめ、個別金庫の置かれた内外環境によって、

採用すべき戦略・戦術が異なってくるのが、現在の信用金庫業界の実情です。

　したがって、読者の皆さまにおかれましては、"ひとつの考え方として、こうした見方もあるのだな…"と寛容な気持ちでご覧いただければと思います。

　なお、「現場の声」のとりまとめにあたっては、信用金庫の役職員、関係先の皆さまのお話をそのまま掲載するには不都合な面もあるため、原話（オリジナル）のエッセンスを可能なかぎり損なわない形で加工・再構成させていただきました。

　多くの知見を授けてくださった皆さまには、この場をお借りして厚く御礼申し上げます。

　また、本書制作にあたり、前作に引き続きお世話になった経済法令研究会出版事業部の西牟田隼人氏にも、あらためて御礼申し上げます。

　そのほか、本書の記述内容につきましては、筆者が個人的な立場で著述したものであり、作中の意見に関わる部分なども筆者の個人的見解となりますので、所属する団体とは一切の関係がないことをお含みおきください。

　今般、執筆の機会をいただいたことに感謝申し上げますとともに、本書を手に取られた方々が、本書にまとめたヒントや事例から新たな取組みを発見し、信用金庫業界のステータス向上と地域創生への一助となることができれば、これ以上の喜びはありません。

2021年6月

小宮啓二朗

Ⅲ　経営基盤の強化に向けた各種の取組み

I

組織内の役割ごとの
各種の取組み

信用金庫とは

§ 信用金庫がこれまで歩んできた道のりを振り返るとともに、地域金融
機関としての信用金庫の原点をあらためて考察した。

現状と課題

◎全国に広がるネットワーク

　信用金庫業界は、店舗数7千店舗超、役職員数10万人超、会員数900万先超を
誇る一大金融グループですが、各信用金庫は営業地域内の法人・個人と人的にも
経済的にも深く結びついていることに大きな特徴があります。

　信用金庫は、日本国内の全ての都道府県において地域密着型の営業を展開して
いますが、『しんきんバンク』として全国を縦断する1つのネットワークを形成する
ことで、地域の様々な課題解決にも取り組んでいます。

◎地域創生でも活躍

　信用金庫には、資本主義の下での過度な営利主義や競争原理による地域経済の
混乱を金融面から防止するために誕生した歴史的な経緯がありますが、近年では、
各地の地域創生においても大きな役割を果たすようになりました。

　特に少子高齢化が進む過疎地域等の悩みは深刻であり、信用金庫は"協同組織の
地域金融機関"として、会員たちと共に地域を守る使命を果たそうとしています。

◎変革期に入った金融業務

　一方で、信用金庫の本業収益を支える預貸金利鞘の縮小傾向は、長期化の様相
を呈するなど、金融業務の収益環境は厳しさを増しています。

　今後、一部の信用金庫では、子会社等を通じて地域商社機能を取り入れるなど、
非金融分野のビジネスにも踏み込むことで、地域の課題解決に貢献するとともに、
自金庫の収益機会を広げていく可能性もあります。

　また、ITと金融を融合するテクノロジーの急激な進化も金融業務の在り方を
大きく変化させつつあり、各信用金庫には、デジタル化の推進による金融業務の
生産性向上等も求められています。

改善のヒント

◎"信用金庫らしさ"を極める

　P.F.ドラッカーは、『何かを成し遂げるのは、強みによってのみである』と語っていますが、信用金庫の最大の強みは、『地域との結びつきの強さ』ですので、そこから生じる「地域への思い」、「地縁人縁」、「親しみやすさ」、「顧客への深い理解」等の"信用金庫らしさ"を最大限活用するとともに、そうした特性を持つ金融機関の存在価値を地域にアピールすることで、広く共感を集めることが大切です。

　世の中の便利さが飽和状態に近づく中で、人々が企業等を評価する際の基準も、「便利さ（機能）」から「社会貢献度」に移行しつつあり、特に後者は、信用金庫がアピールしやすい分野ですので、今こそ信用金庫の理念（哲学）を広く地域社会に知っていただくことで、理解者や協力者を増やしていくべきと思われます。

　機能面も、最近は、各信用金庫においても（ハブとなる）系統金融機関や外部機関との連携等を進めることで、自金庫の取引先に対して専門性の高い情報やサービスを提供しやすくなっていますが、上記のような信用金庫の特性を活かすことにより顧客の課題解決を効果的にサポートしていくことが期待されています。

◎"地域創生"という使命を果たす

　信用金庫では、定款により営業地域が一定の地区内に制限される中において、それぞれの地域の活性化もミッションの1つとなっています。

　実際、地域の繁栄なくしては、信用金庫の繁栄はありません。地元の発展は最終的に自金庫の発展にもつながるほか、地元のために誇り高い仕事をしているとの満足感は、金庫役職員のモチベーションを高める効果もあります。

　近年では、「自社の事業」と「社会的な課題の解決」を結びつけた企業活動を行うことが、これまで以上に期待される時代となっていますが、信用金庫による地域創生に向けた活動は、こうした視点からも社会的に高い評価を受けています。

◎本章のポイント

　本章では、普段、若い読者の方が接する機会が少ない各信用金庫の役員の方々から伺った話を掲載しています。

　創業期の信用金庫の雰囲気や、長年、信用金庫で働くことで会得した経験知を共有することで、信用金庫の原点を見つめ直す際のご参考になればと思います。

現 場 の 声 🎤

① 信用金庫をめぐる時代の変遷

信用金庫　役員

▶50年前を振り返って

私は、信用金庫で50年以上働いてきたが、今と昔を比較すると隔世の感がある。

今でこそ「信用金庫」の世間の認知度は高まっているが、自分が就職した昭和30年代には、**「信用金庫って何？」**と毎日のように言われていたものだ。

そこから、信用金庫が今日のような社会的地位を確立できたのは、ひとえに先人たちの努力の賜物である。

現在、全国に広がる信用金庫業界のネットワークの有難さも、そうした時代を知る人間ほど実感している。このような強みは、今後さらに活かしていく必要があるだろう。

当金庫の創立十数年目には、近隣の金融機関が破綻したことで逆風が吹いたこともあった。信用力を補完するために、市長経験者を理事長に迎え入れたりもしたが、昔は自治体の長（経験者）や地域の名士を経営トップに据える信用金庫も少なくなかった。信用金庫の社会的な信用力が高まるにつれ、そのような金庫は減ったが、昔の日本では、組織間で揉めごとが起こると、**「どちらの神輿(みこし)が立派か」**で味方につく人の数が違ってきたもので、そのため

の知恵でもあった。

創立後10年間くらいは、当金庫職員の平均年齢も極端に若く、信用力のある人物を担ぎ上げておく必要もあった。

地域住民の支持を取り付けるために、金庫の名称に地名を入れたりもした。

▶昔の営業活動は…

当時は、若い職員が多い分、得意先係のフットワークが軽く、集金を中心とした営業活動が定着していた。

その頃の当地では百貨店やスーパーは存在していなかったが、地元の八百屋や自転車店などをはじめとする商店街が栄えていて、そこに信用金庫の活動の原点があった。

商店街で井戸端会議をしている奥さんたちにも話しかけて情報収集をしていたが、鉄道路線が拡充される中で、駅周辺に発展してきた商店街が、やがて車社会の到来により人の流れがロードサイドに移行したことで次第に衰退。当金庫の渉外活動エリアも次第に分散していったことが、当金庫を取り巻く外部環境としては大きな変化である。

▶地域産業の変化

地域の産業も大きく変わった。昔の当地では、製材や縫製関係の会社に活気があり、毎朝、工場に向かう従業員

を乗せたバスが砂埃をあげて何十台も走っていたものだが、やがて中国などの海外勢に仕事を奪われてしまい、それらの産業は衰退していった。

どれほど立派な会社でも時代の趨勢には飲み込まれてしまうものなので、審査部門には、「会社だけでなく業種の将来性を見通すのが本部の仕事だぞ」と言い聞かせている。

現場の営業店職員は、どうしても目先の目標達成に追われ、視座が高まりにくいことから、そこは役員や審査部門が感度を高めておく必要がある。

なお、金融機関の役員や審査部門には、うるさく言う人間がいるものだが、これは過去の失敗を色々と知っているからでもある。若い支店長にとっては、"目の上のたんこぶ"だったりもするが、うるさいことを言う人間ほど、組織は大切にしなければならない。

また、今も昔も変わらないのは、**当金庫が見捨ててしまったら、資金調達に行き詰まる会社がある**ということ。

信用金庫の歴史的な起源は、「お金を借りにくい人たちが出資して設立した金融機関」であることは、これからも忘れてはならないだろう。

▶中小企業は"経営者"が浮沈を握る

一方で、信用金庫が安定した経営を続けるうえでは、与信先の信用リスク管理が重要となる。**中小企業金融では、帳面（決算書）以上に経営者の人柄やそ**れを支える人たちの有無を見極めることが重要となる。

例えば、会社の業績が傾き始めるきっかけの代表的なパターンとして、**「代替わり（社長の交代）」**がある。

事業承継においては、後継者の頭の良し悪しよりも、先代の社長が退任後も後見人として内外に睨みを利かせているかどうかが短期的には重要となる。

社長が突然亡くなり、急遽、経験不足の息子が家業を継いだようなケースでは、本人の準備や周囲のフォローが行き届かず、会社を衰退させてしまうことが少なくない。

また、会社が衰退業種となったときに、これを打開しようと新分野に進出することで、かえって会社の業況を悪化させてしまうこともよくあるほか、地元の公職に過大な時間を割いているような経営者も要注意である。

公職に就き地元での顔を広げること自体は良いのだが、社長が本業以外の分野に意識と時間を割き過ぎたり、公職に絡んで多額の出費を始めたりすると、会社が傾く元になる。

そのほか、夢を追い過ぎるタイプの経営者は、過剰投資に走りがちな点に注意が必要だ。経営規模が大きくなった時に、一旦、落ち着けば良いのだが、そのままのペースで突き進む人だと、よほど運と実力が無い限りは、成功は続かないものである。

現場の声 🎤

２

信用金庫の強みとは

信用金庫　役員

▶多くの人と知り合うべし

自分が若い頃（昭和30年代）の当金庫では、定期積金すらなく、「100円の日掛け集金」等に励んでいた。

当時は、既存顧客は先輩が囲い込んでいたために自分の担当先は自ら開拓するほかなく、唯一の営業店であった本店から遠方まで出かけていた。

その後、北に北支店、東に東支店が出店し、「これでお客さまの所に通いやすくなる」と皆で喜んだものである。

また、地域内の人たちとは、積極的に交流した。知らない社長がいたら、すぐに紹介してもらうようにもした。ホテルから現れたカップルにバッタリ出くわしたら、2人とも知り合いだったこともある。

▶得意先係は、すばしっこくあれ

時が経ち、支店長になってからも、店内にいるときは極力ロビーに立って顔を知らないお客さまが来店すると名刺を出して挨拶していたが、こうして積み上げた人縁は自分の財産となった。

なお、信金の得意先係は、"すばしっこいこと"が大事であり、正面玄関からは入れない先でも、地縁人縁等を駆使して裏口から入っていくことが求められる。

そのためにも「地縁人縁を持つこと」と「人間力を備えること」は大切な要素となる。性格の良さを強みにして、「俺からあいつに話しておこうか？」等とお客さまに言っていただける人間になることが大切なのである。

▶地域密着型経営が重要

商売の道は険しいもので、**小さな会社は大きな会社に攻められるが、大きな会社も遠くの会社や異業種の会社から攻められる**。規模の拡大ですべての経営課題が解決できるわけではない。

当金庫も、規模拡大を目指すより地域密着型の経営に努めることが重要だ。

実際、銀行が市場原理や経済合理性に基づき活動するのに対して、協同組織金融機関である信用金庫は、銀行が看過するような細かい地域課題の解決にも関与することで、地域全体の価値向上に取り組むことにも熱心である。

これは、信用金庫の制度的な使命に加え、役職員の多くが地域住民であることがモチベーションの源泉にある。こうした信用金庫の強み（特性）を広く地域の人々にご理解いただきながら、本当の意味での豊かな生活を当地域の人々と一緒に享受できるように、当金庫も役職員一同、頑張っていきたい。

現場の声 🎙

③ 信用金庫で働くということ

信用金庫 役員

▶信用金庫の役割とは

60歳を過ぎても信用金庫の役職員として働かせてもらえることは、ありがたいことである。60〜70歳はゴールデンエイジであり、人生で最も時間があり、お金も若い頃よりはある。ここで楽しまずにいつ楽しむのか…と周囲からは言われるが、信用金庫の仕事は、それだけ価値のある仕事である。

若い頃、自営業の夫婦の店じまいの荷造りを手伝ったことがある。「数日間、何も食べていない」と言うので、夕食をごちそうしたら奥さんが涙をこぼしたことを今でも印象的に覚えている。

最近は、各営業店に目標数字が課せられているため融資案件の金額に目を奪われがちだが、実際には100万円、200万円の融資を受けられれば息を吹き返す会社が世の中にはたくさんある。

そうした会社にもきちんと資金を供給していくことが、信用金庫の本分であることを忘れてはならない。

▶失敗談から学ぼう

営業店との関係がこじれた債務者がいた場合には、自分と縁のあった先であれば、金庫の役員として水面下で訪問し、「信用金庫でもできることと、できないことがある。金庫を恨むなよ」

と説得している。こうした陰の働きも、シワの数が多い人間の役割であろう。

また、後輩たちに向けて**「お前は地雷を踏むなよ。俺はこんな地雷を踏んできたけどな!」**と伝えていくこともベテラン役職員の仕事。酒を飲みながら話すなら、成功談よりも失敗談のほうがよい。失敗談から面白おかしく学んでくれたほうがお互いに楽しい。

給料はほとんど飲んで使ってしまった。酒場のお姉さんたちとも仲良くなったが、多くは小さい子供を抱えたシングルマザーで、本当に仲良くなると愚痴をたくさん聞かされたりもした。

▶金庫OBの力も借りる

金庫のOBも大切にしておくべきだ。支店長が地元OBの元に足を運んで**「何かあったらよろしくお願いします」**と頭を下げておけば、相手も悪い気はしない。

金庫OBが取引先の経理部門にいれば、「社長にたまには使うように口を利いてください」と頼んでおくと、効果が出ることもある。

最後になるが、安くてもいいからピカピカの靴を履く人間であること。足下を見ているお客さまは意外と多いものである。

現場の声 🎤

4

信用金庫の「起源」と「役割」

信用金庫　役員

▶信用金庫の役割

　過去を忘れた者に未来はないことから、信用金庫も創業時の理念を忘れてはならない。信用金庫の制度としての成り立ちは、古くは明治政府が欧州各国の先進事例を参考に制定した明治33年9月の産業組合法施行に遡る。

　明治維新以降、日本に資本主義経済が導入される中で、不況に陥った際でも中小企業や市民が円滑な融資を受けられる金融機関の設定を法律・制度により整備したことが、信用金庫（信用組合）の始まりであった。

　これにより、その後の国家経済の安定にも寄与することとなった。

▶金融機関は"名脇役"でよい

　経済の主役は、本来は「生産物」とその「流通」にあり、「金融」は、あくまでも生産物の交換を容易にするための補助的手段といえる。

　そのため、**金融機関はモノづくりや流通の仕組みをよく理解したうえで、それをよく補助することが重要であり、**そのことに誇りを持つべきである。

　したがって、金融機関は、収益を追い求めて投機的な活動に熱をあげるような存在になってはならないことは、言うまでもない。

▶銀行と信用金庫の違い

　銀行法に基づき成立する「銀行」は、不特定多数の株主が株式を保有することで成り立っているが、株主が期待していることは、基本的に"株価の上昇"や"配当の増加"であり、短期間で移り変わる株主も少なくない。

　一方で、信用金庫法に基づき成立する「信用金庫」は、地元の人々が出資金を拠出することで成り立っているが、出資者は、主に"地元企業の創業・育成"や"地域経済の活性化"を信用金庫には期待するなど、中長期的な視点から関わってくださるケースが多い。

　また、信用金庫の場合、出資者の多くが融資取引先（債務者）でもある。

　出資者は、自分の利益（出資配当）の拡大を要求すれば、巡り巡って自分が信用金庫から借りている債務の金利が上昇する可能性もあるため、信用金庫は出資者から配当率の引上げを過度に要求されずに済む側面もある。

　こうした背景からも、**信用金庫の経営においては、短期的な利益指向を求められず、長期的な視点による経営が可能になると同時に、腰を据えて地域社会の発展に貢献していくことが大きな使命となっている。**

現場の声 🎤

5

信用金庫の「強み」と「役割」

信用金庫　役員

▶全国に存在する仲間

現在、信用金庫は、日本のすべての都道府県に存在している。

信用金庫は、それぞれの地域で存在感を高めることが大切であるが、そのためには、**経営規模の大きさや収益の量を追い求めるよりも、地域の発展に貢献し続けることが重要**である。

実際、日本経済を裾野で支える中小企業や小規模事業者の方々に対して、全国の信用金庫の役職員が、日々実践している働きかけの力は大きい。

▶"見える化(透明性)"が強み

信用金庫の強みは何かと問われれば、「見える化（≒透明性）」の高さであり、具体的には以下のとおりである。

①地域の方々から「経営が見える」

→役職員も身近な存在となりやすい

②歴史も含めて「地域が見える」

→地域に根ざした貢献活動が可能

③お客さまの「顔が見える」

→顧客の個性に合わせて対応できる

④人員規模から「職員が見える」

→庫内人事でも役職員の顔が見えやすく、きめ細かい対応が可能

⑤運用規模から「リスクが見える」

→貸出金や有価証券のポートフォリオの管理が比較的容易である

▶"見える化"によるメリット

特に、③お客さまの「顔が見える」点は、例えば、事業会社への各種の事業支援やアドバイスをする際にも、相手の実情に即した対応が可能となる。

継続的な訪問活動を通じて、お客さまの定性情報等を十分に把握することができ、そのうえで各種の対応ができる点は、信用金庫の大きな強みである。

⑤の資金運用に関しても、利益の最大化よりも安定的な収益確保に努めることに主眼を置きやすく、無理なリスクテイクをせずに済む面がある。

▶信用金庫の役割とは

信用金庫は、「経済合理性のみを優先することなく、地域内の取引先の一先一先に丁寧な対応をすること」が可能であり、それを期待されてもいる。

人としての温かい心遣いや思いやり、優しさなども、信用金庫の役職員の具体的な行動によって日々お伝えしているが、自然にこのような身のこなしができる点も地元の人たちと一緒に生きてきた信用金庫の役職員ならではの強みである。

こうした強みは、今後も大切にしていきたいと考えている。

現場の声 🎙

6

総代との関わり方

信用金庫　役員

▶**金融機関も"地産地消"**

"地産地消"という発想は、当地の人々が金融機関を選択する際にも適用していただきたい考え方だ。

地域の人たちに地元の金融機関である信用金庫を積極的にご利用いただければ、信用金庫は雇用面や納税面等で地元に貢献できるほか、預金の吸収や融資の実行を通じて地域内での信用創造機能を十分に発揮することができる。

また、信用金庫の内部留保（自己資本）が潤沢になれば、業況が厳しい地元企業に対しても、余裕を持った金融支援が可能となる。

そのため、当金庫では、総代をはじめとする地元経済界の有力先に対して、当金庫の存在意義をご説明のうえ、積極的なご利用をお願いしている。

▶**総代との取引深耕に注力**

"灯台もと暗し"ではないが、まずは**信用金庫と総代の取引が薄いようではいけない**と考えている。

当金庫では、当地域を代表する見識が広い企業経営者の方々を中心に総代を構成しているが、各総代（企業）との取引状況の情報を一覧表にまとめたうえで、幹部役職員の間で共有している。

一覧表の対象項目は、企業経営者な

ら会社との「事業性融資取引の状況」、「職域サポート契約の締結有無」、「給振指定の有無」等と多岐にわたり、当金庫の役員や部店長は、各総代に対して取引の増加を働きかけることになる。

▶**お取引先の紹介も依頼**

また、総代の方々に当金庫の未取引先をご紹介いただくことも大切である。

"類は友を呼ぶ"ともいうとおり、**優れた経営者は、優れた経営者同士で交流している傾向がある。**

その人とつき合うことは、"その人が持つ人縁の輪"の中に入ることでもあるが、総代の人脈を活用した優良企業との関係構築は、重要な施策となる。

"紹介は信頼の証"でもあるため、総代に紹介してもらえれば、より良い立場で紹介先との関係構築を始められることも利点である。

もちろん、総代にも当金庫を通じて人脈を広げていただくことで、Win-Winの関係になるように心がけている。

そのほか、総代は、定期的に交代することから、当金庫の役員や部店長は、常に「将来の総代候補」を探している。

当金庫の経営理念に賛同していただける有力者を発見次第、まずは、当金庫の応援団になっていただいている。

現場の声 🎤

会員向けアンケート

信用金庫　役員

▶貴重な意見を拝読

当金庫では、毎年7月、すべての会員（出資者）へ業務報告書を郵送する際に当金庫へのご意見を募るアンケート用紙と返信用封筒を同封しており、例年5％程度の回収率となっている。

先日、高齢の会社役員から回収したアンケートが「高齢のため、もうすぐ死んでしまう私ですが…」という書き出しで少しドキッとしたが、「…若い頃には見えなかったものが見えるようになったので、私なりに気がついたことを書かせていただきます」と続き、さまざまな貴重なご意見が記されていた。

特に「私の同業者の間では、しんきんはこのように言われています…」といった内容は非常に参考になった。

▶苦情には迅速に対応

回収したアンケートのうち、例年2割程度は苦情的な内容であるが、**苦情は金融機関にとって「宝物」**であり、お客さまから指摘されて初めて気づく問題点も少なくない。

苦情内容は一覧表に整理したうえで、企画担当の役員が直ちに関係部門に対応を指示、主管部門である経営企画部が解決までの進捗管理を行っている。

苦情のうち昔から多いのは、「得意先係が交代してから顔を出さない」とか「約束の時間に来ない」等であるが、こうした営業活動の基本姿勢は、常時、研修等で指導することになる。

▶電話セールスに感謝の声も

好意的なご意見を書いてくださるお客さまも多い。「△△支店の〇〇さんを異動させないで！」と書いてあったり、「店頭で元気よく挨拶されて嬉しい」などとご意見を寄せてくださる年配のお客さまも多いと感じている。

また、**キャンペーンに伴う電話セールスを歓迎してくださるお客さまが少なくないことは意外なところである。**

特に高齢のお客さまの中には、「昔ほど店舗に足を運べないため、キャンペーン情報を毎回電話で教えてほしい」と書いてくださる方もいた。

▶総代からも意見を聴取

なお、当金庫では、金庫役員が定期的に総代を訪問し、総代から寄せられたご意見等は、理事会でも報告しているほか、総代会の席上において、金庫経営への反映状況を報告している。

本来、総代には、総代会で発言をしていただく機会もあるが、実際の発言の数は限られるため、こうした形で金庫経営への参画意識を高めている。

現 場 の 声 🎤

⑧

信用金庫の将来像

信用金庫　役員

▶世界中に存在する仲間

協同組織金融機関は、世界各国の金融システムにおいて、銀行と並ぶ預金取扱金融機関として活躍している。

現在でも、北米や欧州のほとんどの国に協同組織金融機関は存在しており、米国のクレジットユニオンやオランダのラボバンク・グループが有名であるが、総資産額ベースの世界ランキングで上位金融機関に位置づけられている協同組織金融機関も少なくない。

ちなみに、「素晴らしき哉、人生！」という米国の名作映画があり、主人公が協同組織金融機関のトップとして地域の人たちと交流していくハートフルストーリーなのだが、こうした我々の仲間は、世界中にいるのである。

資本主義経済を導入する国において、株式会社である銀行とは異なる行動原理に基づき活動する協同組織金融機関の存在は、地域社会に安定的な資金供給を行う観点からは、非常に合理的なシステムといえ、今後も協同組織金融機関の役割は普遍的なものとして世界中で継承されていくものと思われる。

▶構造不況に陥った国内金融機関

一方、日本国内に目を向けると、信用金庫を取り巻く経営環境は、年々厳しさを増している。

近年、日本の人口減少は大きな社会問題となっているが、特に地方における生産年齢人口の減少は深刻である。

市場（マーケット）が縮小する中で、信用金庫の収益環境も貸出金利回りの低迷等により厳しさを増しており、従来、信用金庫の強みであった顧客との『物理的・心理的な距離感の近さ』についても、店舗統廃合やスマホ時代の到来、定積集金の削減やコロナ禍を契機とした対面機会の減少等により崩れつつあることから、これらを補うための新たな取組みが急務となっている。

▶"進化"に備えよ

「最も強い者や最も賢い者が生き延びるのではない。環境変化に適応できる者のみが生き延びる」とはダーウィンの有名な言葉であるが、**適応能力の重要性は、人や組織にも当てはまる。**

日本の総合商社などは、貿易会社から投資会社に実質的に転換することで生き残りに成功した好事例であるが、信用金庫も今後は自らの事業領域を拡大し、新たな分野に踏み込んでいくべき時が近づいており、当金庫としても、さまざまな見地から新たなビジネスモデルを模索している状況である。

▶金融行政も規制緩和へ

金融行政においても、地域金融機関における新たな業務分野への進出を可能とする規制緩和の動きを強めており、これを受け、地域金融機関による地域商社事業の強化も始まっている。

実際、信用金庫をはじめとする地域金融機関が保有する地元での各種ネットワークや優秀な人材は、これらが競争優位の源泉となる商社事業との親和性も高いため、地域商社事業の黒字化は容易ではないものの、総合的見地からトライする価値はあると考えている。

もちろん、新分野に進出することなく、伝統的な金融業務に特化し続けるのも各信用金庫にとっては選択肢の1つではあるが、この場合には、一部の都市部の信用金庫を除き、長期的には縮小均衡路線を歩む可能性が高い。

▶プラットフォーム機能の発揮

信用金庫が地域商社機能を備えようとする場合、まずは、地域に対する各種サービスの窓口役を信用金庫等がプラットフォームとなって果たしていくことが想定される。

将来的には、「地域産品の販路支援」に加えて「不動産仲介業」、「旅行代理店業」等への参入が期待されるが、金融業務等を通じて培った地元での信用力を背景として、各方面で外部機関と連携しつつ、新たなサービスの提供に取り組んでいくことが予想される。

特に過疎地域では、地域金融機関は、域内の社会インフラを維持させる観点から、戦略的に特定業種や組織（企業）を経営支援とファイナンスの両面から支えていたりもするが、将来的には、地域金融機関が自らサプライチェーンの一部等を担当せざるを得なくなる可能性も十分にあり得るだろう。

▶コンサルティング機能の発揮

自治体や事業会社へのコンサルティング機能の発揮も期待される分野だ。

そもそも日本における協同組織金融機関の成り立ちの1つとされる五常講を設立した二宮尊徳（二宮金次郎）は、江戸時代の自治体や事業会社向けの経営コンサルタントであった。

そのため、当該分野での活動は、信用金庫にとって新事業を立ち上げるというよりは、原点回帰なのかもしれないが、『**ファイナンス機能を有するコンサルティング会社**』の誕生は、地域にとっても心強い存在になると思われる。

今後、衰退していく日本では、中央集権型での統治では行き届かないことが増えるため、むしろ、各自治体に権限が下ろされていく可能性が高い。

そうした中で、信用金庫が本店所在地等の自治体との連携を深めることは、地域内で最も「人材」「情報」「資金」を有する両者のシナジー効果の発揮も期待できるため、地域の明るい未来に向けて、重要な取組みと考えている。

第2章

得意先係の仕事

§ 優秀な得意先係ほど、信用金庫と自身の強みの発揮を意識したうえ
で、高いモチベーションを維持しながら営業推進活動を行っている。

現状と課題

◎"働く意義"を実感できる職場環境に

最近、信用金庫の若い得意先係と話をしていると、昔のような「仕事＝生活の糧」
との感覚が薄れる一方で、「働く意義」や「やりがい」を求める傾向が強まったと感
じます。日本も豊かな時代が続き、昭和時代のようなハングリー精神だけでは、
今の若い得意先係は動かなくなったとの話も耳にします。

一方、近年の得意先係の悩みには、「早帰りが励行される中で勤務時間内に仕事
が終わらない」、「業務知識・ノウハウの不足」等の声が多いようです。

そのため、各信用金庫では、得意先係たちに信用金庫で働くことでの「やりがい」
や「自身が成長する喜び」を十分に実感してもらいながら、組織としても得意先係
に効率的かつ効果的な営業活動方法を習得させていくことが求められています。

◎優秀成績者にも色々なタイプ

筆者は、これまでに多数の得意先係（優秀成績者）の方々と交流してきましたが、
「弁舌爽やかな人」もいれば、"商売道具は口ではなく耳"という「聞き上手な人」も
いました。「理論派タイプ」もいれば「行動派タイプ」もおり、千差万別でした。

結局、得意先係が成果をあげるには、自分の強みや得意分野を理解したうえで、
"自分なりの勝ちパターン"を編み出すことが重要なのだと思います。

なお、"渉外の才能"には先天的な要素（センス）がある一方で、努力で補える部
分も多いと思われますが、努力を続けるためには、高いモチベーションが求めら
れます。自己啓発なども、知的労働者である信用金庫職員には欠かせない習慣で
すが、モチベーションが高くなければ長くは続きません。

そうした意味では、得意先係が長期間、活躍し続けるためには、「強みの発揮」
と「高いモチベーション」の両方が必要になるのかも知れません。

改善のヒント

◎適切な業績目標の設定

　本来は、『自分が生まれ育った地域の活性化のために頑張ろう！』という意識により自然と営業店職員の働くモチベーションが高まっていくのが理想的ですが、さらに組織としては、本部が営業店の業績目標の内容を適切に設定することで、営業店職員のモチベーションを上手に高めていくことが期待されます。

　本部が営業店にとって納得感のない業績目標を設定してしまうと、逆に営業店職員のモチベーションを低下させてしまう点には注意が必要です。

　同様に「今、なぜこの項目を推進するのか」といった意図が読めない指示を本部が乱発することも営業店（現場）を混乱させる一因となります。前触れのないキャンペーンの開始なども含めて、こうした事態は避けなければなりません。

◎知見（ナレッジ）の蓄積・共有

　得意先係が優れた成果をあげるためには、営業推進面のスキル向上が大切ですが、組織的な教育手段として『ナレッジマネジメント』などがあります。

　これは、一人ひとりの職員が有している業務上有用な知見（ナレッジ）を組織全体で蓄積・共有し、スキルの底上げや業務効率化につなげていく手法なのですが、優秀な職員等の「経験知」、「工夫」、「コツ」等のノウハウを集めたうえで、これらを皆で習得（共有化）することで組織の財産にしていくものです。

　集められたノウハウの中には、考案者のパーソナリティの下でしか使えないものもありますが、それでも共有できる技法や着想はあると思われます。

　金庫職員が営業推進策を練る際も、多くの情報やノウハウを集めたうえで検討するべきですが、豊富なインプットは優れたアウトプットを導き出すものです。

　本書もある意味で、そうした狙いから執筆していますが、特に得意先係の各種スキルを底上げするうえでは、ナレッジマネジメントは有効な取組みとなります。

◎本章のポイント

　本章では、各信用金庫の得意先係の体験談を中心に、"思い出話"から"各種ノウハウ"まで、幅広い範囲の情報を載せています。

　なお、営業担当者の呼称は、本来は個別金庫ごとに異なりますが、本書では、"得意先係"で統一しています。

現場の声 🎤

9

得意先係の楽しみ

信用金庫　営業店／支店長代理

▶仕事を通じて知り合えた人が多い

得意先係としての営業活動を通じて、多くのお客さまに喜んでもらえたり、可愛がっていただいた嬉しい記憶が増えていくと、それが自分にとっては、かけがえのない財産（思い出）になる。

実際、この仕事を通じて知り合えた人、仲良くなれた人の数は非常に多い。

事業会社の社長さんたちとの人間関係も、自分が若いうちから面談したりお付き合いすることは、この仕事に就いていなければ難しかった。

仕事で落ち込んだ時に、お客さまに救っていただいた経験も数えきれない。

▶お客さまに喜んでもらえる

得意先係は、信用金庫の"信用"を背景にあらゆる人に会える立場であり、その人たちの人生と関わることもできる素晴らしい職務である。

若い職員たちにとっては、お客さまに喜んでもらうために頑張った、勉強したという体験を重ねれば、より仕事に対する充実感が増すものと思われる。

最近の体験では、昨年、他行に住宅ローンの申込みを断られたお客さまが、困って相談のために来店されたのだが、自分は得意先係として保証会社と何度も折衝し、最終的に融資を実行することができた。

自分は実行直後に異動していたが、後日、お客さまから「あなたのおかげで自宅を建てられた。新築祝いをするので招待したい」との電話をいただき、後任の担当者を連れて祝い酒を手に新居を訪問する嬉しい出来事があった。

当店の支店長も、得意先係の頃に住宅ローンを実行したお客さまが、20年後に完済報告に来られたことがあり、やはり感激した体験であったという。

▶訪問先の自由度が高い

当金庫の得意先係は、**反社先や業況悪化先等を除けば、基本的にはどこを訪問してもよいが**、これは、他業種の営業担当者では、なかなか無いことだ。

訪問先は個人でも法人でもよいため、例えば、自分が興味を持った業種の会社を徹底的に回ることで、その業種に詳しくなることもできる。

融資対象となる業種については、得意先係は自分でも色々と勉強することになるが、勉強と実務を交互に繰り返すことで、自身の知見が高まることを楽しめるようになれば、自身の実力が向上するうえに、周囲からの評価も自然と高まるようになる。

現 場 の 声 🎤

10

渉外活動の効率化

信用金庫　営業店／優績支店長

▶「訪問予定表」が重要

　得意先係は、単純に外を走り回っているだけでは、営業成績は向上しない。融資を推進したければ、**毎日、「融資推進用の訪問予定表」を作成し、それに沿った活動をすること**が重要だ。

　"行きやすいから"と言って、資金需要がない先に通っても融資は出ない。適切な訪問先を毎日設定し、そこを訪問することが推進活動の基本である。

　"多訪問先"も回数の適切性を検証する必要がある。単に「慣習なので」とか「お客さまの要望なので」が多訪問の理由であれば、再考するべきである。

▶資金需要のタイミングも考慮

　各事業先の資金需要の発生時期を見極めたうえで、それに即した推進活動を行うことも大切な視点である。

　例えば、当面の資金需要がない先は、訪問時の滞在時間を短くしてもよい。当店では、**既往先における借入残高の推移を月次でデータ化している**のだが、各社が毎年何月にいくら借りているのかを検証すると、1年に1度まとめて資金調達をしている会社もある。

　「12月にしか借りない会社」には、10月頃から集中的に訪問して「今年の冬もよろしくお願いします」と言っておき、11月には「資金繰り資金の用意をしてますからね！」等と伝えている。

▶定積集金活動も見直し

　優秀な得意先係には、定積集金活動を免除して自由に活動させてもよい。

　なお、本部が得意先係全員に「集金先の削減」を指示しても、実力不足の職員は、「行き先が無い」と言い出すため、先に融資推進のスキルを身につけさせることで、自分から集金先を減らしたいと思わせるのがコツである。

　一方で「集金先があれば、隣近所も訪問してくる」と意識させることで、集金活動の生産性を上げる発想もある。

▶移動ルートも効率化

　移動時間の短縮も重要だ。訪問予定表を検証して**非効率なルートで回っている得意先係がいれば、見直し**させる。

　「お客さまの都合でこの時間帯はずらせません」と言う得意先係もいるが、自分の経験では、お客さまに「どうしても活動の流れが悪くなるので、できれば××に替えていただきたいのですが、何か支障はありますか？」と聞けば、「昔からそうしているだけで、別にえええよ」と言われるケースが多かった。

　誠意を持ってお客さまと交渉することで、ルートも効率化するべきである。

現場の声 🎤

11

得意先係の活動管理

信用金庫 営業店／支店長代理（優秀成績者）

▶上司の営業推進力が鍵

渉外役席は、部下が活躍できないと、その分の目標未達分を背負うのが宿命（さだめ）である。そのため、部下職員の育成は、自分自身を助ける意味もある。

若い得意先係の中には、「この場合は、こうやって、こうやんねんで」と丁寧に教えなければ動けない者もいるが、教えればきちんと動けるようになる。

むしろ問題は、上司のほうであり、「融資の推進方法」を自身が習得できていない職員が上司になったところで、部下に融資推進の指導はできない。

将来、部下を育成指導できるように、若いうちから自分自身の営業推進力を高めておくことが重要である。

▶訪問予定表を作り込む

営業推進は、得意先係の行動管理が大切である。毎日の訪問予定表を作り、**「今日は、どこに何をしに行くのか」を明確にすることがポイント**だ。

特に事業性融資の推進活動は、「リストアップ」と「消し込み」を繰り返すものであるが、経験の乏しい得意先係は、支店長や役席者が訪問予定表作りを手伝わないと、どこに行けばよいのかも分からないため、まずは**リストを一緒に作ってあげることが大切**となる。

そのうえで、「〇日以内にリストアップした全先を訪問して結果を随時報告するように」といった期限を切った指示をすることも大事である。

▶部下も成長する

部下が渉外活動から帰店したら、当日の訪問結果を確認するようにする。

例えば、「今日はどんな話をした？」、「何を聞いた？」と聞くと、「未取引先のA社から売上高を聞きましたが、年間2億円でした」等と答えるので、「主にどこから受注しているの？」と質問し、「聞けていません」との回答であれば、「それなら次回訪問時に聞かんとな」等と言って指導していくことになる。

また、「社長の趣味は何だって？」と質問し、「今日は聞けませんでした」との回答であれば、「堅い話ばかりしてきたんか。面白い話もしてこいや」等と言ったりもする。

こうした会話を繰り返していくと、次第に部下も訪問先でのヒアリングのコツがわかってくるため、上司からいちいち言われなくても自然と情報を取ってこれるようになる。

本気で部下を育てたければ、こうした日常での指導を積み重ねることが大事であり、それが上司の役割でもある。

現　場　の　声 🎤

12

得意先係同士の交流でスキルアップ

信用金庫　営業推進部／課長代理

▶交流しながら高め合う

最近の当金庫では、得意先係の間での交流が減っているのが心配の種だ。

1人で悩んでいても良いアイデアは生まれにくいので、得意先係には、僚店も含めて他の得意先係と営業推進策の情報交換をすることを勧めたい。

実際、庫内研修でも、座学の合間に研修生の間でする「こんなとき、どうしてる？」といった会話が、実は一番ためになったりもする。**仕事で必要な"知恵"は、他者との交流から得られることも多いため、意識的にそうした機会を増やすべきである。**

例えば、得意先係は、営業推進活動で実績を残している人から学ぶために、優秀成績者などには、「推進方法や勉強方法を教えて！」と率直に聞いてしまうのがスキルアップの近道だ。

▶他の得意先係の活動にも関心を持つ

複数店舗の得意先係が集まって実施している「ブロックローラー」なども、僚店の得意先係との交流の機会として、情報交換をするチャンスとなる。

また、「職場離脱制度」等により僚店に派遣された場合も、派遣先の得意先係と同行して「この人、こんな回り方をしているんだ」等と勉強してもよい。

自分の場合は、渉外3年目の頃、支店長の許しを得て**僚店の優秀成績者に同行訪問をさせてもらった時期**がある。

新規先訪問時の話法等を隣で聞かせてもらい、後日、ワードで打った台本までプレゼントしてもらったが、**話術は人から学んだほうが早い**と感じた。

当金庫では、近年、得意先係を母店に集中させて渉外活動の効率化を図っているが、得意先係が集団となることで、店内での情報交換が活性化する副次的効果も発生している。

▶先輩・後輩からも教わろう

若い得意先係は、先輩職員に推進方法等を相談してみることも大切だ。

相談された先輩職員は、上司に内緒で同行訪問によるサポートをしたりもするが、そうした水面下での連携が店内の一体感を醸成することにもなる。

また、優れた成績をあげている後輩には、自分が先輩でも、知りたいことは素直に教わるほうがよい。**見栄を張らない職員ほどスキルアップは早い。**

メンバーが自分の足りない部分をオープンにし、周囲の職員と教え合えるチームは、互いの強みを活かすことも得意であることから、そうしたチーム（職場）づくりを目指してほしい。

現場の声 🎤

13

得意先係を経験して

信用金庫　営業店／支店長代理（優秀成績者）

▶A支店への配属

自分が入庫して最初に配属されたA支店では、まずは出納を担当することでお金を扱う大切さから学んだ。

指導役の女性の事務役席が仕事に凄く厳しい人だったので早くも辞めたいと思ったが、当金庫の野球部の先輩たちに引き止められて思い留まった。

その代わり、先輩たちからは、「お前は野球が取り柄なのだから、野球ができなくなったら信用金庫も辞めないかんぞ」などと冷やかされたりもした。

2年目からは、得意先係として渉外デビューを果たし、"ようやく外に出られる"という開放感に包まれたことを憶えている。

▶B支店への配属

入庫3年目に赴任したB支店では、多くの定積集金先を担当することになったが、提案しやすい先には、既に歴代の担当者たちがカードローン等をセールスし尽していた。

そのため、飛び込み訪問はもちろん、「前任地で懇意になったお客さま」、「同級生」、「消防団の知人」、「野球部の活動で知り合った人」等に、「お知り合いの中にB地区で生活をされたり、事業をされている方はおられませんか？」

等と聞いて回ることで、新規開拓先を探していった。

ヒアリングを通じて実際に何先か紹介してもらえたことで、**「自分が信用金庫で働いていることをプライベートでも色々な人に知っていただくことが大切だ」**と感じたりもした。

▶C支店への配属（現所属部門）

3番目に赴任した現在の所属部署であるC支店は、業績が急伸している店舗であったが、自分の営業成績も急激に伸びることとなった。

C支店では、事業性融資の稟議書を数多く起案したが、**本部の審査課長等にも随分と添削指導をしていただいたおかげで、スキルアップにつながった。**

今でも正直「本部稟議は面倒だな」と思うことはあるが、勉強になるケースも多いので、若い職員は前向きな気持ちで本部職員から色々と教わることが大切だ。

なお、審査部門に1人でも顔見知りを作っておくと、困ったときに気軽に相談できることから、これは、後輩職員にも推奨している。

また、審査部から意見が付されて稟議が戻ってきた時には、必ず電話をして、「こういう理解で良いですか？」と

確認するようにもしている。

▶"渉外"は、花形の仕事！

自分は、担当地区の事業先で「信用金庫のT（自分）を知らない者はいない」となることを目指して仕事をしてきたが、そのくらいの自信やプライドがないと毎日の推進活動に向けたエネルギーが湧かないと考えている。

過去に同じ地区を担当した得意先係の中には、担当時期が昔だったり期間が短くても、お客さまとの会話によく出てくるような職員もいる。自分もそうした得意先係になりたいと思うし、それがモチベーションにもなってきた。

信用金庫の看板を背負ってお客さまと向き合える"渉外"は、花形の仕事であり、後輩たちにも渉外の仕事を好きになってほしいとも考えている。

一方で、渉外の仕事は、基本的に数字（営業成績）が評価基準になるため、数字がすべてではないが、やはり重きを置かざるを得ない面がある。

棒高跳びの選手は、目標となるバーをなくしてしまうと、高く跳び上がることができなくなるというが、**人間のポテンシャルを発揮させるためには、ある程度の目標設定が必要**なのだろう。

ただし、若手職員が最初から全店で成績トップを目指すのは至難の業だ。まずは「同期の中でトップになる」とか、「支店内での成績（項目を限定してもよい）でトップになる」といった目標設定

から始めることで、"ゲーム感覚"で臨むことをお勧めしたい。

一つの目標を達成することで自信が生まれ、さらに大きな目標に挑む土台が形成されていくこともある。

もちろん、営業成績だけでなく、人とのつながりに関して多くの逸話を残すような人間になることも、信用金庫の得意先係の最終目標の1つであろう。

▶メモをとろう

訪問前の事前準備を入念に行ったり、面談時間を捻出するために移動距離を短縮することも大切である。

訪問前には、「今日はこれを聞こう」、「この話をしよう」と訪問先ごとに会話のポイントを決めておくことも大切だ。

そうした会話のイメージを作ってから面談に臨まないと、お客さまが好きなことを話すだけで面談時間が終了してしまうこともある。

ヒアリングした情報は、その場で手帳にメモすることも心がけている。

手帳にキーワードを記録しておけば、後から会話の内容を思い出せるほか、事前に手帳に書いておいたヒアリングしたい項目を見ながら"取材感覚"で話を聞くのも有効だ。

良い質問は、良い情報を引き出すことから、事前に質問を準備することは、会話の質を高めると同時に、優れた情報提供や提案にもつながりやすい。

信頼関係を構築するうえでも『相手

の話を上手に聞く力』は重要なスキルと考えている。

なお、**メモをとる行動は、お客さまが話す内容に価値があることを暗に示す行為**でもあるため、相手の気分を良くすることで情報をさらに引き出しやすくする効果があるほか、やや前のめりの姿勢で聞くことにより、さらにその効果を高めるテクニックもある。

また、普段の業務においても、新たに学んだことや感じたことをこまめに**メモしていく習慣を身に着けておくと、自分自身を着実に成長させていくことにもつながるもの**である。

▶お客さまに嫌われても気にするな

渉外活動では、お客さまの懐に入れるか（気に入ってもらえるか）が問われる面もある。

その際、自分がお客さまのことを好きになると、お客さまも自分を好きになってくれやすいことから、なるべくお客さまを好きになるのがコツ。

好きになるのが無理ならば、"好きなフリをする"だけでもよく、そのうちに自分の気持ちが変化することもある。

人間は、お互いに好意を持っている人からの提案には前向きに耳を傾ける傾向があるため、そうした良好な人間関係を築ければ、普段の営業活動もスムーズになりやすい。

ただし、渉外活動をしていれば、自分とは合わないお客さまが現れたり、訪問先で冷たい態度をとられてしまうことは避けられない。

これは誰もが経験することなので、あまりクヨクヨする必要はない。

こうしたお客さまに対しては、上司にフォローしてもらったり、深入りせずに淡々とお付き合いするだけでよい。

苦手なお客さまと無事に面談できた日の帰り道は、たいした会話ができなくても充実感を覚えるものだ。

たとえ、「自分は人から可愛がられる性分ではない」と自認している人でも、ひたむきに頑張り続ければ、応援してくれる人は必ず現れるものでもある。

▶幅広い"雑学"を身につける

渉外活動においては、雑学を身につけておくことも大事である。広く浅くでもよいので、自分の中に様々な情報を蓄積しておくと、お客さまとの会話も広がりやすいほか、自信を持って渉外活動ができるようにもなる。

特に「ゴルフ」と「釣り」は、自分でも経験しておいたほうが良いほか、「ごはん」や「旅行」も話題にしやすい。「社長、あそこの〇〇は美味いっすよ」などと言えることも信用金庫の得意先係としては大事である。

お客さま側からすると、**話題（情報）が豊富な人が勧める金融商品は、良い金融商品であると感じる傾向もある**ことから、余暇も活用しながら話題のレパートリーも増やしておくとよい。

現場の声 🎤

14

初めての「契約獲得」と「怒られたこと」

信用金庫　営業推進部／部長

▶初めての契約獲得

入庫して初めて自分で獲得した預金には、思い出深いものがあるが、自分の場合は、友人の母親が作ってくれた定期預金であった。

高校卒業後に入庫、最初に得意先係として外に出された時に、行くあてもなく途方に暮れていたところ、子供の頃に遊びに行った友人の家を見つけてベルを押すと、友人の母親が玄関先に顔を出した。

信用金庫に入ったことを伝えると、驚いた様子で「ちょっとそこで待っていなさい」と言って家の中に戻ると、1万円札10枚を手に「これで定期預金を作りましょう」と言ってくれた。

嬉しさとありがたさで、心が温かくなったことを覚えている。

▶初めてのお叱り

初めて失敗して怒られた時のこともよく覚えている。自分のミスが原因で取引先のベーカリーの店主を怒らせてしまったのだが、電話口でご主人に怒鳴られ、受話器を手に足が震えた。

上司の次長が「代わりに謝ってくる」と言って飛び出していったが、さらにピンチを拡げて戻ってきた。

翌日、自分で「私の誤りで本当に申し訳ありませんでした」とお詫びしてなんとか許していただいた。その後も定例集金先として訪問を続けたものの、当時は本当に気まずかった。

その後しばらく、店主も必要最低限の会話しかしてくれなかったが、次第に雑談もしてくれるようになり、そのうち一緒に釣りに行くようになり、30年以上が経った今でも、個人的に年賀状のやり取りを続ける間柄となった。

▶結果的にプラスになることも

自身の不手際によりお客さまを怒らせた場合には、**批判やお叱りはいったん素直に受けとめて、自分自身の改善のヒントにするのがよい。**

誠心誠意、お詫びしたうえで以前よりも相手と良好な関係を築けるように努力することが大切だ。「気まずいから行かない」となってしまうと、そうしたチャンスは永遠に失われてしまう。

失敗は誰でもするが、その後の対応に、その人の人間性が現れたりもする。

周囲のアドバイスも受けつつ、タイミングを見極めながら関係修復に努めれば、より深まるお付き合いもある。

そんなわけで、初めての「契約獲得」と「怒られたこと」は、いつまで経っても忘れられないものだ。

現場の声 🎤

15

段取りの大切さ

信用金庫　営業店／得意先係（優秀成績者）

▶訪問前にイメージを作る

自分は、なるべく前営業日に「明日は誰と会い、何を提案・ヒアリングするのか」を決めてから渉外活動を行っている。事前に訪問先の未取引項目を確認するほか、会話に必要な情報の準備にも努めている。

工夫もなくルーティン感覚で訪問しても営業成績は上がらない。結局は、一回一回の「訪問の質」をどれだけ高められるかが勝負と考えている。

▶取引深耕を狙え

活動のスケジュールとしては、1ヵ月間を前半・後半に分けて、前半は刈り取り、後半は翌月以降の見込み案件の確保や種まきに力を入れている。

優秀成績者の共通点は、「見込み先数が多いこと」だと思うが、自分も1人のお客さまを開拓したら、**「世帯取引」や「友人・知人の紹介」**を狙うことで見込み先を増やしている。実際、本人や配偶者の勤務先等を聞いて、新規先開拓のきっかけにつなげることも多い。

むやみに不特定多数にあたるより、ツテをたどったほうが効率はよい。

▶資金需要時期を整理しておく

また、自分の「カレンダー帳」には、担当している事業会社の**「運転資金の発生時期」**として、季節性資金（年2回の納税資金や賞与資金等）の見込み時期などを記載している。

そうすれば、2ヵ月前頃から「社長、そろそろ、○○資金が必要ですよね」と忘れずに持ちかけることができる。

特に運転資金などは、「タイムリー」かつ「具体的」な提案ができるか否かで相手の反応が変わる面がある。

また、**「設備投資の予定」**についても必ず聞いているが、予定くらいは、聞けば教えてくれる。「機械を替えたい」、「建物を建てる」等のニーズを把握しておき、定期的に状況をヒアリングしつつ、当金庫がサブ以下の取引先にも、「うちに声だけでも掛けてくださいね」と頼んでおくことが大切である。

▶権限者と面談せよ

「権限者が誰か」を把握しておくことも事業会社との取引では大事であり、そこを見定めたうえで行動しないと、無駄な活動時間が増えることになる。

例えば、「社長が婿養子で、得意先係とは頻繁に面談してくれるが、借入等の権限は社長以外の人が持っている」というケースもある。

実際の権限者を見極めて、そこにアプローチしていくことが肝要である。

現場の声 🎤

16

女性渉外として感じること

信用金庫　営業店／渉外役席（女性）

▶**最初の6年間は窓口担当**

信用金庫で働いて12年目となるが、営業店の窓口と渉外を6年ずつ経験し、現在は渉外役席となっている。

最初の6年間は窓口を担当したが、当時、得意先係に書類の不備を注意しても、「あなたは渉外の経験がないから、そう言えるんだ」などと反論されて、内心「本当かな？」と思っていた。

そのため、得意先係に指名された時は、「よしっ、やってみよう」と思った。

得意先係の仕事を始めてみると、想像以上に楽しかった。それまで窓口に座り続けていたため、外回りは非常に自由度が高いと感じたし、お客さまにも大事にしていただいたと思う。

▶**事業性融資もできるようになった**

もちろん、初めは不安もあった。特に苦手だったのは事業性融資。最初は、店内会議でも既存先の状況報告しかできずに肩身の狭い思いをしていたが、徐々に新規開拓先を報告できるようになった時は、本当に嬉しかった。

事業性融資の審査スキルについては、数をこなすことで徐々に慣れていった。

信用保証協会を定年退職後に当金庫に転職していた年配の嘱託職員が店内にいたので、彼を質問攻めにして実務

を学んだり、彼の異動後は、信用保証協会を直接訪問して「この先に保証をつけられますか？」等と相談しながら、保証審査やプロパー審査のコツを習得していった。

▶**応援されることも大切**

個人的に感じる"**内勤出身の得意先係の強み**"は、「**几帳面さ**」や「**お客さまからの相談に面倒がらずに真面目に回答する姿勢**」ではないだろうか。

異動の挨拶である会社を訪問した際、「今までの金融機関の営業担当者の中で、あなたが一番まめで良かったよ」と社長に言われ、リップサービスだとしても嬉しかったことがある。

自分は、その社長から何か依頼や質問があったときは、いつも社長の代わりに調べたりしていたが、「**頼まれごとは試されごと**」でもある。

女性の得意先係がきめ細かな対応をしていれば、中小企業の社長さんたちは面倒見が良い人が多いので、何らかの形で応援してくださるものである。

また、周囲の力を上手に借りることも大切。**上司とのコミュニケーションを緊密にとれば、周囲のサポートも受けつつ、円滑な渉外活動ができる**とも感じている。

現場の声 🎤

17

女性渉外の成長プロセス

信用金庫 営業店／支店長代理（女性）

▶**入庫12年目に渉外デビュー**

入庫12年目、店内異動で初めて得意先係となった。最初に戸惑ったことは、自分の頭の中に「店周の地図」が入っていないこと。そのため、担当地区内の地理を覚えることからスタートした。

現金なども直に机の上に置かれたりするのが妙に怖かったため、最初の頃は、カルトンを持ち歩いたりもした。

▶**周囲に教わりながらマスター**

正直、得意先係になって最初の1年間は、早く内勤に戻りたかった。

業務課（内勤）の頃は、自分もリーダー的な存在として活躍できたのだが、営業課（渉外）になってからは、むしろ足手まといの存在だとも感じていた。

大雨でずぶ濡れになったり、約束の時間に遅れたりするたびに仕事が辛くなったりもした。

それでも1年間が経過した頃には、少しずつ自信も生まれてきて、2年間が経つ頃には、「やっていけそうだ」と思えるようになった。

仕事も周囲に教わるしかないので、「こんなことを聞いてはいけないのかも…」と思いながらも、遠慮なくお客さまや同僚たちに質問していった。

事業性融資の推進方法や審査のコツについても、部下（主任）の男性職員に教わりながらマスターした。

▶**社長に対しては"聞き役"に**

当初、事業先では何を話題にすればよいか全くわからず、特に男性の社長との会話は苦手であったが、上司から**「聞き上手になれば良いんだよ」**とアドバイスされたことで乗り越えられた。

「教えてください」との姿勢で臨み、なるべく楽しそうに話を聞くようにすれば、社長たちも色々な話をしてくださるようになる。それでも会話のネタに困ったときは、前回の相手の発言内容を覚えておき再利用すると、**「覚えていてくれたんだ」**となったりもした。

案件や相談事の大部分は、聞いた話を自店に持ち帰り、上司と相談しながら進めていけば対応できることも多く、**「相手の話をしっかりと聞いてくる」**だけでも、ある程度は自分の役割を果たせることがわかった。

実際、当店では、得意先係の帰店後に役席者が集まり、店内会議により得意先係が預かってきた相談内容等への対応策を一緒に考える習慣がある。

こうしたバックアップ体制があると、得意先係も安心してお客さまとの間で踏み込んだ会話ができるようになるが、

こうした職場の援護もあり、１人で対応できる範囲も次第に広がっていった。

▶内勤と比較した渉外の魅力

渉外担当の魅力の１つは、「自由度の高さ」であろう。段取りや準備も自分のペースで進められるほか、子どもの学校行事に参加するための休暇なども自分の都合が調整できれば人に頼まずとも取得できるのが助かった。

また、内勤時代のセールス活動では、電話セールスが中心であったが、電話口では、相手の様子がわからない状態のまま断られることも多く、自分には難しいと感じていた。

一方で、得意先係のセールス活動は、相手の顔を見ながらの勧奨であるため成功率が高く、精神的にも楽であった。

▶女性客がファンに

女性のお客さまは、皆さんが歓迎してくださった。同じ女性同士なので話しやすく用事も頼みやすいようだった。

男性の金庫職員には聞けなかったことでも気軽に聞けたり、特に事業先の経理担当者は女性が多いため、仲良くなると会社の裏事情まで教えていただいたりもした。

社長夫人なども熱烈に応援してくださる人が多く、事業先との取引推進面での追い風になった。

高齢者対応についても、女性のお年寄りの自宅には、ご本人や周囲の人の警戒心も薄らぐため、女性渉外のほうが訪問しやすかった。

一方、愛車のスクーターを黒カンに大量の硬貨を入れた状態で倒してしまい、１人で起こせず支店長に助けにきてもらったことがあった。こうした非力さは自分の弱点だと感じたりもした。

▶今ではこの仕事が好き

様々な体験を通して、今ではすっかり外回りの仕事が好きになった。

本来は、全職員が渉外の仕事を一度体験してみて、その後に内勤とどちらがよいかを自分で選ぶべきだと思う。きっと女性職員の中にも、外回りのほうが適している人がいるはずだ。

▶望ましい２つの資質

信用金庫の職員が男女を問わず得意先係として活躍するためには、「メンタルの強さ」と「目標意識の高さ」の２点を備えていれば理想的である。

メンタルの強さは、外に出ると１人で判断したり、嫌なことも受けとめないといけない面があるため、ある程度求められるポイントだ。

また、目標意識の高さは、高みを目指している職員のほうが積極性があるし、物覚えも早く、渉外の仕事でも成果を出しやすいからである。

得意先係を経験したことで、信金職員として「何でもできるぞ」という自信にもつながったが、上司が**「君なら絶対にできるよ」**と背中を押し続けてくれたことも大きな支えとなった。

現 場 の 声 🎤

18

若手職員の昔と今

信用金庫　役員

▶粉々になった三角定規

現代の若者は、理性的かつ合理的な一方で、ナイーブなタイプが多いようにも感じるが、これは、われわれ親世代の教育の結果でもあるのだろう。

40年前、高校時代の私は生意気だったので、ある日、堪忍袋の緒が切れた担任教師がプラスチックの大型三角定規で私の頭を思い切り叩き、三角定規が音をたてて粉々になってしまったことがあった。

それを聞いた戦前生まれの父親は、「先生様に感謝せい！」と喜んだものだが、今の親世代が、良い悪いは別として同じことを言えるだろうかと思う。

いずれにしても、そうした昭和時代と現代とでは、育つ若者が変わってくるのも当然のことである。

▶ハングリーさが重視された

昭和時代の後期は、"モーレツ社員"という言葉が流行ったように、"根性"や"頑張り"がとかく重視されていた。

実際、**頑張るマインドを持っている職員は、時間の経過とともに成果を出せるようになる傾向がある**。そうした職員は、モチベーションが高く、苦しい時でもふんばりが効くし、障害があっても乗り越えていけるからである。

「競争社会で負けたくない」「豊かな生活を送りたい」等といった気持ちをエネルギーに転換して頑張るうちに、次第にお客さまから感謝されたり喜ばれる機会が増え、いつしかそれが最大のモチベーションになっていったのが、当金庫の昭和世代であった。

▶若手職員に新時代を託す

一方、世の中全体が豊かになり、モノが過剰に溢れる時代に育った現代の若者たちは、物欲面では淡泊な一方で、"社会をより良くしたい"という気持ち（社会貢献志向）は、昭和世代よりもはるかに旺盛であるほか、ITリテラシーの高さや他者に対する共感力の豊かさ等が特徴としてあげられる。

今の若者は、基本的に素直な人が多いので、感覚論ではなく筋道を立てて教えれば、理解するスピードも早い。

そして何よりも、時代や環境の変化を敏感に察知して、新しい価値観や技術を柔軟に受け入れ、活用できる点が、いつの時代も若者の強みとなる。

現在、金融機関をめぐる経営環境は大きく変化していることから、当金庫も若手職員の企画力や行動力をこれまで以上に引き出すことで、新しい時代に適応していきたいと考えている。

現場の声 🎤

19

若い得意先係に伝えたいこと

信用金庫　営業店／支店長代理

▶ **"若さ"と"元気"を武器にしろ！**

自分は、渉外役席1年目であるが、若い部下たちには「若さと元気を武器にしろ！」と指導している。

中小企業は、社員が沈滞した空気の中で働いている職場も多くあり、明るい声の元気な若者が訪問すると、事務所内がパッと明るくなることがある。

さらに、気持ちが明るくなるような話題を提供するように努めていれば、「○○さんが来ると元気が出るよ」などと訪問先がファンになってくれ、自然と良い話が舞い込んでくるものだ。

実際、「**仮に経験不足でも若い得意先係が好き**」というお客さまも多い。

▶ **お客さまからの相談に乗ろう**

お客さまから悩み事を相談されたら、預貸金取引に直接結びつかない内容でも、「よくぞご相談いただきました！」という姿勢で臨むことが大切。

そうした姿勢を続けていけば、自然と預貸金取引等にも結びつくものだ。**世の中では、何でも相談される人が、お金の相談もされやすい。**

心理学では「**返報性の原理**」と言うが、人は何かしら他人から利益を受けると、相手にお返しをしなければならないと考える習性があることから、人助けを

積み重ねることは、あながち無駄ではない。お客さまからの感謝の総量が、営業成績につながる面もある。

特に事業先に対しては、社長からの相談事には、最優先で取り組むべきだ。

当店でも、部下の得意先係たちには、「**社長のぼやきを聞いてこい**」と指示している。

▶ **具体的な提案を心がける**

若い得意先係は、客先への訪問回数を増やすことも大切である。本人の経験値向上にもなるほか、お客さまも、「**よく来る＝うちを重視している**」と感じるからである。

そのため、当店では、事業会社に対しては、原則として定積集金のセットを勧奨しているが、定期積金の勧誘にあたっては、「消費税の支払資金を定期積金で貯める会社さんもありますよ」等と具体的な提案を心がけている。

そうすると、お客さまが「それは大丈夫だけど、代わりに○○の資金を貯める目的でやろうかな」とか「むしろ、○○の資金が必要だから今度借りるかも」等と応えてくれることもある。

このように、**何事も具体的に提案したほうが、お客さまも具体的な形で反応してくださりやすい**と感じている。

現場の声 🎤

20 得意先係に期待すること

信用金庫　営業店／支店長

▶得意先係の仕事が大好き

現在、私は、支店長の立場であるが、もともと得意先係の仕事が大好きであった。"金庫の収益に直接貢献できる"という面もあるし、"他人が取れない先でも、自分が行けば取れる"という自負もあったためである。

最近の自分は、「支店長はネタ作りが仕事」と考えており、部下の得意先係が客先に持っていく話を新聞・雑誌・テレビ等から何でもよいので探し出し、朝礼等で紹介することを心がけている。

得意先係も「なるほど、お客さまにもお話してみよう」と納得できる情報であれば、彼らが顧客訪問をする際の動機づけにもなると考えている。

そんな私が得意先係に伝えたいのは、「①後輩たちの手本になってほしい」「②仕事以外でも顔を広げてほしい」「③競争心をもってほしい」の３点だ。

▶先輩にもいろいろ

自分は入庫２年目に本店の得意先係として渉外デビューをしたが、前任の得意先係であるＡさんが非常に優秀であったため、当時は、上司やお客さまに申し訳ない気持ちで一杯であった。

優秀な得意先係の後任を経験した人ならばわかると思うが、前任者と一緒に担当者交代の挨拶回りをした時に、相手の落胆ぶりを感じるものである。

Ａさんは、勉強家であったうえに地元の活きた情報を面白く伝えるのが上手な人だったので、自分は後任担当者として強いプレッシャーを感じた。

しかし、後からＡさんが残してくれた色々なものをたどっていくことで、自分自身も勉強になることが多かった。

一方で、同僚の先輩としてＡさんとは真逆のタイプのＱさんもいた。Ｑさんは目標数字の達成にも興味がなく、「できないものは仕方がない」と平気で口にする人であった。

当時は、"夜間集金"という制度のもと、得意先係が帰宅途中に飲みに行くついでにスナックを回って集金することがあり、Ｑさんには、「社会勉強も大事だよ」と、毎晩のように繁華街への同行を誘われたものだった。

結局、Ｑさんは、ほどなく退職してしまったが、やはり金融機関の仕事はシビアなものなので、信金職員としての適性が問われる世界だと感じた。

▶女性のお客さまとはバッチリ！

次の配属先であるＢ支店では、「面白いやつが来た」とお客さまも感じてくれたようで、自分が赴任してから取引

を広げてもらった先もいくつかあった。

特に忘れられないのは、担当先であった2つの保育園の先生たちのことだ。

両方の園全体で「信用金庫の定期積金を始めよう」という雰囲気が生まれて、多くの先生たちが契約してくださったのはよかったが、両園とも15日が先生たちの給料日（掛込日）であり、さらに園児がお昼寝する14〜15時しか集金時間帯がなく、この1時間の間に大急ぎで動き回ることになった。

特にボーナス時期などは、短時間のうちに大量の伝票を預かることとなり、年2回、私の帰店時に支店の女性職員が悲鳴をあげるのがこの時期であった。

こんな風に、若い頃は女性のお客さまたちには可愛がられたが、逆に全く会話が盛り上がらなかったのが、会社の社長たちであった。

当時、事業会社の社長たちとは、対等に会話ができるレベルになく、自分の知見が不足する中で、経営に関して相談されたら怖いと感じていた。

▶仕事以外でも顔を広げる

転機をもたらしてくれたのは、趣味の"草野球"であった。

自分は、早朝に活動する地元の草野球チーム「モーニングス」に所属していたが、このチームは、仕事の都合で土日も早朝にしか野球ができない人たちがメンバーであった。

朝6時頃から練習や試合をしていた

のだが、草野球を通じてチーム内外の事業会社の社長たちと交流したことで彼らの話題や感覚にも慣れていった。

そのうち、彼らとも自然に会話するようになり、会社経営に関する勉強にも前向きに取り組めるようになった。

若いうちは、仕事の話題だけでなく、若者同士で話題になっていることやプライベートでの体験などを話題にしてみると、社長たちも意外と興味を持って話を聞いてくれたりもする。

▶競争心をもつ

20代最後に赴任したのが、3番目の店舗であるC支店であった。

同期のDくんが同僚で、彼には自然と競争心が芽生えた。仲良しのライバルがいると、片方の成績が落ちると友人関係が壊れるような気もして、内心、「こいつとの良い関係を続けるためにも頑張ろう」と考えたりもした。

なお、当金庫内にも多数の女性職員がいるが、特に庫内に恋人や好きな子がいる男性の得意先係は、営業成績は上位に入ってほしい。

私の奥さんは当金庫の元職員であるが、「○○さん（彼女）の彼氏はいかんな〜」などと周囲から言われることで、バツの悪い思いをさせたくなかった。成績の上下には時の運もあるが、しっかりとした得意先係になろうと思った。

むろん、彼女がいない得意先係も頑張らないといけないのは同じであるが。

現場の声 🎙

21

お客さまとの関わり方

信用保証会社　業務部／部長（元信金職員）

▶**お客さまの心を掴むことの大切さ**

優秀な得意先係は、融資から保険まで、何の商品を取り扱ってもトップクラスの営業成績を収めやすいが、それは、彼らがお客さまの心理状態を把握することに秀でているからでもある。

結局、信用金庫営業の要諦は、いかにお客さまに**「信金の役職員は、自分の気持ちをわかってくれている」**と思っていただけるかにある。

お客さまにとっては、そうした感情を抱ける金融機関であれば、金利以上の価値がある存在になるはずである。

▶**事業会社を訪問したときの心構え**

事業会社を訪問した際に意識しておくべき**キーパーソンは、「社長」、「経理担当者」、「自金庫と取引のある従業員」**であるため、この３者にきちんと接触することが重要となる。

一般的に、信用金庫の得意先係はお客さまに育てていただくものだが、特に「社長」には、とにかく可愛がってもらうことが大事であり、そのためには、社長の仕事に関心を持つことが大切だ。

「先日、御社のホームページを見てすごいものを作っていることがわかりました」、「工場を見せていただけませんか」等と切り出せば、好意的に対応

していただけることもある。

社長にとっては、金を貸すことしか興味がない金融機関の営業担当者よりも、自分の仕事に関心を持ってくれる営業担当者のほうが可愛いものである。

また、「こんなに立派な会社があれば、東京で学生をなさっている息子さんも嬉しいですね」と話を振ってみれば、「息子なんか、帰ってくるもんかよ！」などと言いながらも、家族のことを話してくださったり、後継者の有無を自然な形で聞き出せたりもする。

▶**事業会社の再生も醍醐味**

信用金庫で働く楽しみの1つに、銀行が与信している財務状況が厳しい先を引き受けて健全化させることがある。

だいたい、銀行の支店長にそうした先への肩代わりを打診すると、「引き取ってくれるなら、ぜひ頼みますわ」等と言ってくるので、「担保はすべて当金庫に替えますよ」と言って話をつける。

その後、経営改善支援等を通じて収益性を向上させると、社長も喜んで金庫の大ファンになってくれたりもする。

決算内容を見て心配になるような先でも、「この人の背後には、こういう人がおり、資産背景もこうだから大丈夫」と把握していれば、実は問題ないケー

スも少なくない。

ただし、経験則として「2億円の肩代わりをしたら、4億円は必要」なので、そこは留意しておくべきである。

当該企業から当金庫に資金繰り相談があった場合に、相手も退路を断って当金庫に身を寄せていることから、追加融資を断ることが難しくなるからだ。

▶個人軒訪問時の心構え

個人軒の訪問も得意先係（地区担当）の大事な役割である。

信用金庫が個人取引を増やすためには、個人のライフサイクルに合わせた商品の提案が有効であることから、営業店職員は、まずは各個人世帯の家族構成を把握することが重要となる。

自分が得意先係だった頃は、玄関先に見慣れない靴があれば、とっさに軽く触れ、「すみませんでした。大きな靴ですね。どなたのですか」等と聞いていた。そうすると「長男の靴よ」、「近所で暮らしていて、今日来ているの」等と聞き出せることがある。

訪問先に大学生の子供がいるならば、「国公立か私立か」、「四年制か短大か」なども把握していた。それによって家計の出費の度合いが変わってくるからである。

なお、定積集金先の奥さんたちの中には、信用金庫の得意先係へ無意識に"見栄"を持っている人もおり、ローンを借りたいタイミングがあったとして

も、言い出せずにわざわざ銀行で申し込んでしまうことがある。

そのため、得意先係は普段から「ローンをご利用いただける機会があれば、ぜひお願いします！」等と笑顔で繰り返しておけば、相手も相談や紹介がしやすくなる。

▶奥さんたちも味方につける

主婦は、その世帯の家計簿を握っているケースが多いため、得意先係は、無理に旦那にアプローチするよりも、**主婦の顔を立てながらローンの話を進めたほうが上手くいくこともある。**

例えば、車を買う予定のある家を訪問した際、得意先係によっては「ご主人はいつお帰りですか」、「お会いできませんか」等と言って旦那へのアプローチを図ろうとしたがるが、そうすると主婦は応援してくれなくなる。

それよりも、「奥さんだけが頼りです。ぜひお願いします」と話を持っていったほうが、上手くいくものだ。

奥さんの大切さは、事業会社でも同じ。例えば、社長（旦那）が好奇心から銀行との取引に手を出そうとしても、「あなた！信金さんにお世話になっているのに、何すんの！」と奥さんが我々の見えない所で言ってくれれば、そうした動きも止まるものである。

▶預金があってもローンは借りる

信用金庫にとっては、「自金庫に預金をしながら融資も借りてくださるお客

さま」が収益的には最もありがたく、そうした顧客を増やすことも大切だ。

例えば、55歳以上のお客さまになると、一定水準の預金はあっても、万一のために預金は温存しておき、車やリフォームの資金はローンで対応しようと考えてくださることもある。

また、逆にローンの債務者に預金をしていただく発想もある。

昔、「**お金を借りている時ほど、お金を貯めやすい**」と言っていた上司がいたが、これは意外と真理である。

実際、カーローンを借りて毎月３万円を返済していた人に「将来に備えて定期積金でお金を貯めませんか」と提案したところ、「そうだな」と契約していただいたこともある。

借金をしている時ほど、「計画的に預金を貯めておくべきだった」との気持ちが強くなる人もいるため、「借金している人に預金を勧めるのはおかしい」との先入観を持つ必要はない。

▶**"アホのオーラ"に気をつけろ**

得意先係の営業推進で大切な要素は、「やる気」、「知識」、「行動力」であるが、若いうちは知識不足がネックとなり、目標達成が厳しい時もある。そのような時は、客先で甘えてもよい。

しかし、こうした対応には賞味期限があり、30歳を過ぎても甘えていたら単なるアホである。若い職員は、お客さまに甘えられるうちにしっかりと勉強もして、十分な知識を蓄えてほしい。

勉強せずに30歳を迎え、知識が乏しいままの人間は、**"アホのオーラ"**を自然と醸し出すようになるが、そのオーラが出始めると、仕事に関しては何をやっても上手くいかなくなる。若いうちに勉強することが大切なのである。

金融業は、「高度な情報サービス業」であり、金融機関の職員は、お客さまに物を教えるのが仕事という一面がある。得意先係自身が、知識や情報を十分に身につけていなければ、自分の仕事に何も付加価値をつけられないことを自覚する必要がある。

お客さま側から見ても、「この得意先係は勉強していないな」と値踏みされると軽んじられやすくもなる。

▶**定例訪問先以外にも行こう**

毎月、同じ先ばかりを訪問しても限界がある。得意先係は、自分の知らない先を訪問する勇気を持たなければならないが、勇気を持って行動すれば、新たな経験と成果を得ることができる。

得意先係は、皆、そのことに気づいているのだが、そこから実際に一歩踏み出せる人間になることが大切である。

例えば、口座が活発に動いている個人顧客は、当金庫をメイン口座として利用していることから、定積集金先でなくても、優先的にアプローチするべきである。「いつも、ご利用いただいてありがとうございます」と言いつつ切

り出せばよいだけである。相手に金融ニーズがあるタイミングに遭遇すれば、競合金融機関よりも優先して利用していただける可能性が高く、チャレンジする価値は大いにある。

そのほか、定期預金の満期到来先を訪問する方法もある。「満期が来ますので、ご挨拶とお礼を兼ねて」と言いながら訪問すれば、不自然ではない。

▶**経験と苦労が人生を豊かにする**

とにかく得意先係は、場数を踏むことで多くの経験を積むことが肝要だ。

色々なことを経験しておくと、何かあったときでも新たな知恵が出たり、ピンと直感が働くようになる。

信用金庫の外回りは大変な仕事で、特に雨の日などは、「バイクなんか乗っていられないよ」と思うものである。合羽を着ていても途中から関係なくなる体験を自分も何度となく味わった。

しかし、今になってみれば、訪問先で多くのお客さまと出会えたことで、自分の人生はずいぶんと豊かになったと振り返ることがある。

若い得意先係にとっては、苦労も多いと思うが、お客さまとのお付き合いを通じて色々な思い出を作ってほしい。

☕ Break time

市場や環境の変化に対応できないまま、消滅する業界や会社がある一方で、自分たちの強みを活かすことで、新しい時代に即した形態に生まれ変わる会社もあります。

例えば、デジカメの普及で写真フィルム市場の衰退に直面した富士フイルムでは、米国コダック社がデジタル化の波に乗り遅れたまま倒産（現在は再上場）する中で、自社のコア・コンピタンス（本質的強み）の1つであるナノテクノロジーを活かして化粧品分野等に進出、新たな主力事業に育てることで危機的状況から脱出しました。

一方、近年の日本では、政府等による地方銀行への対応の変化が目につきますが、「合併再編による生産性向上（≒コスト削減）」と「規制緩和に伴う新たな収益源の獲得」を促進することで、地方銀行の経営力強化を働きかけているものと推察されます。

そうした中で、仮に信用金庫が同様の立場となり、新たな収益源の獲得を目指すことになった場合には、信用金庫にとって何がコア・コンピタンスとなるのでしょうか。

アイデアとしては、例えば、各信用金庫が保有している「顧客情報」や「顧客との深いリレーションシップ」を財産として、他業界と地域内の顧客をつなげるブリッジ機能を果たすようなビジネスモデルを展開していくことが考えられますが、信用金庫が"地域と顧客を深く理解していること"は、やはり本質的な強みであると思われます。

そのためにも、今後の信用金庫は、業務のデジタル化による生産性向上を進めつつ、お客さまとのコミュニケーションに関しては、リアルとオンラインを上手に使い分けることで、新しい形での face to face を実現させることが重要になると考えます。

第3章 内勤職員の仕事

§ 営業店の窓口業務では、「事務処理」と「営業推進」の両立が求められており、内勤職員には、両面での活躍が期待されている。

現状と課題

◎「事務処理」と「営業推進」の両立

　営業店のテラー担当者をはじめとする内勤職員の多くは、来店客に対する「正確な事務処理対応」と「営業推進」の両立が期待されています。

　そもそも、テラーの原語である「tell」という英語には、「勘定を数える」と「告げる」の２つの意味があり、両方の実践が求められているのです。

　昨今、営業店の窓口業務では、機械化の進展による業務の効率化が進む一方で、電話セールス等のウエイトを高める信用金庫も増えてきました。

　金融機関を取り巻く環境の変化により、内勤職員に求められる役割も変わっていきますので、職員自身にも意識と行動の変化が求められています。

◎今後の窓口業務はどうなるのか

　金融機関の営業店事務の多くは、将来的にＡＩ（人工知能）を搭載した最先端のデジタル機器に代替されていくことが一部では予想されていますが、最近のＡＩの著しい進歩を考慮すると、その可能性は十分に考えられます。

　昔の信用金庫の営業店では、算盤（そろばん）で勘定を合わせるのが日常であり、各地区の信用金庫協会が算盤大会を開催していた過去を思えば、機械化の進展は今に始まったことではなく、ロボットやデジタル機器の導入による業務の効率化（自動化）は、自然な流れであり歓迎すべき点も多いと思われます。

　信用金庫の営業店における機械化・効率化は、「お客さまとのコミュニケーションの時間を捻出するためのもの」と位置づけられたうえで、面談や電話での会話に加えて、オンラインでのお客さまとの交流が増加することも予想されます。

　そうした中で、信用金庫のテラー職員には、ＡＩが不得意な「接客力」を発揮することで、テクノロジーと上手に協働していくことが期待されています。

改善のヒント

◎「接客力」を高めるには

　テラー職員が接客力を高めるためには、まずは「目配り・気配り・心配り」を習得することが大切です。例えば、繁忙日は誰もが目の前の仕事をこなすことで精一杯となりがちですが、そうした中でも来店客に笑顔で「雨ですから、気をつけてお帰りください」等の言葉をかけられる人が接客力の高いテラー職員です。

　テラー職員全員がそうなるためには、営業店長がどのような店を作りたいのか（例：お客さまが気持ちよく来店できる店にしよう！）を全員に示したうえで、先輩職員が実践する姿を後輩たちに見せ続けることが大切だったりもします。

◎"家族的な雰囲気"を作る

　職場内でのチームワークの醸成は、"家族的な雰囲気"を持つ職場ほど成功しやすいと筆者は感じています。「色々と大変だけど、皆で力を合わせて頑張ろう」という家族的な一体感は、現代のように先行きが見えにくい時代ほど貴重であり、こうした雰囲気を持つ職場ほど組織内の風通しも良く、職員のモチベーションも高いものです。

　実際、"家族"の持つパワーは計り知れません。家族的な風土を持つ集団は、チームワークに加えて、構成員の成長も促しますが、そうした職場の雰囲気の良さは、自然とお客さま側にも伝わります。

◎担当業務の範囲拡大

　先日、筆者が訪問した、ある信用金庫の営業店では、夕方に窓口が閉まると、貸付課の係長が予備バイクに乗って店周地区で飛び込み訪問を行うことにより、融資案件の掘り起こしに成功していました。モチベーションの高い職員は、自分の担当範囲を自発的に広げてくれるものですが、こうした多能工型の職員が増えると支店の生産性も向上していきます。

◎本章のポイント

　本章では、内勤職員のスキルアップに役立つ情報から、職場内でのチームワーク醸成に関する話まで、幅広い話題を掲載しています。

　各信用金庫においては、内勤職員の活躍がこれまで以上に求められており、期待される役割も変化していくことが予想されます。

現場の声 🎤

22

本店営業部の内部事務役席として

信用金庫　営業店／係長（女性）

▶**未経験の業務にもトライしよう**

入庫して以来、営業店の内部事務を担当し続けており、現在の配属先である本店が3店舗目となるが、昨年度、係長に昇進した。

本店は職員数が多く、様々な職員と知り合える長所がある反面、全体的に業務が分業化してしまい、経験できる業務の範囲が狭くなるのが短所である。

そのため、自分は手の空いた事務職員がいれば、「今日、ちょっとこれをやってみる？」と声をかけることで当人が未経験の業務にトライさせている。

彼女たちにとっても、幅広い業務を経験しておけば、僚店に異動になった際に困らなくて済むほか、業務上の視野を広げる機会にもなるので、積極的に挑戦してもらっている。

職員が互いの担当業務の内容を理解、必要な事務スキルも習得していれば、"助け合いの気持ち"も自然と生じることから、繁忙時には、互いにサポートするようになったりもする。

▶**"作業の目的"も理解する**

内部事務の習得にあたっては、まずは、作業の目的を理解することが大切だ。

例えば、オペレーションについても、流れ（手順）だけで覚えると応用が利か

なくなったり、不注意から必要なプロセスを飛ばしてしまいがちである。

それに対して、「各オペレーションの目的」を理解しておけば、別のケースでも「あれが使えるな」と閃くうえ、不注意による失念も防止できる。

▶**サポートしながら経験を積ませる**

幅広い業務経験を積むためには、上司の理解と協力も必要となる。

例えば、相続手続きなどは、上司としては、"安心して任せられる職員"に常に任せがちであるが、それでは職員全体のスキルの底上げにならないため、上司を説得して、経験の少ない職員も相続業務に携わらせている。

まずは相続の中身を見て、各職員のレベルに応じた案件をテキスト（教材）代わりに選んだうえで、隣で教えながら、後輩たちに経験を積ませている。

良いテキストは、部下指導の効率も上げるため、テキストとなる案件探しには普段から意識的に取り組んでいる。

▶**若い男性総合職に思うこと**

入庫後すぐに内部事務を担当した若い男性職員の中には、「早く渉外に出たいです」と顔に書いてある人も多い。

しかし、内部事務をきちんと習得しておけば、渉外担当となってからもス

ムーズに活動できるので、まずはしっかりと事務をマスターしてほしい。

訪問先で「○○を変更したい」とお客さまから相談された際に、手続内容を説明できずに客先から自店に照会したり、お預かりした書類に不備や不足があり、手戻り等が発生すると、お客さまに迷惑がかかるうえ、本人もしんどい思いをすることになる。

そうした"事務手続の基礎"を習得しておくことも大切な心がけである。

将来、営業店の管理職になる得意先係も多いのだろうから、事務スキルについても、若いうちにきちんと身に着けておけば自分自身のためにもなる。

▶得意先係と連携してセールス活動

得意先係との情報交換としては、夕方に彼らが渉外活動から帰ってきたときに「今日は店頭にこんなお客さまが来ていたよ」等と話すことになる。

実際、店頭で「良い運用商品はないの？」などと漠然とした質問をされるお客さまもおり、キャンペーンの実施時などに投資信託や定期預金等を提案すると獲得につながることもある。

これらの情報は、口頭の伝達だけでは風化しやすいため、各テラー職員は「情報カード」にも記録している。

窓口日誌や情報カードには、窓口で聞いた来店者を含む家族の情報（就学、就職の予定等）を記載しておくと活用しやすく便利である。

▶男性の課長とは役割分担

自分が部下の立場から見て好ましい内部事務の管理職（課長）とは、イレギュラーな事態が発生した際の対応力が優れている上司のことである。

そんな上司がいれば部下は助かるし、信頼できる上司の下なら部下も安心してお客さまと向き合うことができる。

お客さまによっては、テラー職員には舐めてかかったり、キツイことを言う人もいるが、そうした時に店頭に出てきてくれる上司もありがたい。

実際、**クレーマー気味のお客さまに対しては、上席者が「私の出番だな！」という意気込みで一緒に対応してもらえると部下の職員たちは嬉しいし、逆に助けてもらえなければ、お客さまから責められる以上に、職場の空気に冷たさを感じて寂しい気持ちになる。**

最近は、カスタマーハラスメントと言うべき悪質な顧客もおり、理不尽な理屈や一方的な思い込みに基づいて店頭で大声を出すようなケースもあるが、このような場合は、複数の男性役席者がスクラムを組んで立ち向かうことで、テラー職員たちを心理的にも守るような姿勢でいてほしいと思う。

▶後輩指導も大切

若い職員を見ていると、後輩が職場に入ってきて自分が頼られたり指導する立場になることで成長する人が多いと感じている。

人に教えるために自分自身でも勉強したり、頭の中を整理する面もあるのだろうが、何よりも人の成長を手助けする経験を通じて、そこに喜びを感じられることが、教える側にも人間的な成長をもたらすのだろう。

人に教えると自分の時間やエネルギーは割かれるが、それにより後輩たちが成長したり、自分を慕ってくれたりすることは、幸せなことでもある。

▶女性の活躍に向けて

自分の周囲の女性は、出世や肩書よりも「あなたがいてくれて良かった」と言ってもらいたい意識が強い気もする。「頑張りを認めてもらいたい」という気持ちもあるため、特に部下が力を注いで取り組んだことは、積極的に褒めるように心がけている。

なお、一般社会で女性自身が管理職（総合職）になることに抵抗感を持つ理由には、「転勤」と「長時間労働」への不安があるとされるが、信用金庫の場合は転勤はほぼ無いため、長時間労働による仕事の量（時間）ではなく、仕事の質を評価するような職場になれば、管理職を目指して働く女性職員も増えるほか、優秀な女子学生による当金庫への就職希望も増加すると思われる。

当金庫の女性職員が「役席者になって末永く活躍したい」と思えるような職場にするためには、家事や育児等により時間的な制約がある女性職員でも安心して働ける職場（＝長時間労働を迫られない職場）にしていくことが大切だろう。

そういう意味では、「時短勤務制度」などの活用も今後さらに期待される。

職員が出産した場合には、「産後休暇」や「育児休暇」をスムーズに取得できる環境にするほか、休暇を取得した後に職場復帰する職員を円滑に受け入れる体制づくりも大切である。

逆に「当金庫では女性が子育てをしながら管理職を務めるのは難しい」という雰囲気になってしまえば、管理職を目指す女性職員はなかなか増えないことから、そうならない職場でありたいと考えている。

☕ **Break time**

営業店の業務改善での順番と視点を示したものに「ＥＣＲＳの原則」があります。

Eliminate（排除）　〜その作業をやめられないか？
Combine（結合）　〜複数の作業を統合できないか？
Rearrange（入替え）〜作業の順序や内容を変えられないか？
Simplify（簡素化）　〜作業を簡素化できないか？　　　　　……ご参考まで。

現場の声 🎤

23

内勤職員の連携

信用金庫　営業店／次長（女性）

▶内勤職員が連携していない店舗

最初に当店へ次長として赴任した際に感じたことは、内勤職員の連携が明らかに不足しているということ。

窓口でテラー職員が応対に手間取ってお客さまを待たせていても、周囲は何のサポートもしない有様であった。

「自分が受付したら最後まで自分の責任で対応しなければならない」などと考えると、テラー職員も辛くなってしまうため、そこは皆で協力し合える職場になるべきである。

▶目の前のお客さまを最優先に

早速、店内の意識改革を開始した。「営業店の窓口業務では、目の前にいるお客さまが一番大事。それより急ぐ仕事は無いよ！」と普段から部下たちに言い聞かせることで"判断軸"を示すとともに、窓口が来店客でふさがり始めたら、後方事務担当者や貸付課の職員にもフォローさせるようにした。

特に、人数が手薄になる昼休みの時間帯は、窓口の渋滞予防を心がけた。

▶リーダー格の職員を作る

次に窓口の女性職員のリーダーとして、最年長のAさんを指名した。

Aさんは、経験とスキルを有しながらも、控えめな性格もあって、リーダーシップを十分に発揮できていなかった。

しかし、本来、役席者でなくても、最年長のテラー職員は、「手が空いたら、○○さんの仕事を手伝ってあげて！」等と他の職員に指示できないといけない。自分で動けることは立派だが、周囲を動かせれば、さらに立派である。

管理職が後方から細かい指示を出すよりも、最前線にいるテラー職員たちが自律的に連携したほうが、職員も成長するし、業務も円滑に回りやすい。

Aさんには、周囲の状況を見て上司（私）に「こうしましょう」と進言する役割も担ってもらうことで、私と若い部下たちのパイプ役にもなってもらった。

▶ヘルプサインも出す

また、他の若いテラー職員たちには、「手一杯になったら遠慮せずに"窓口お願いします！"等とヘルプサインを周囲に出すように」と指示した。

小型店ならば管理職も手一杯となった部下に気がつくが、当店のような大型店だと目が届きにくいため、自分からサインを出すことも必要である。

実際、ひとりで冷や汗をかくよりも、皆で汗をかいたほうが、仕事も楽しくできるほか、チームワークも醸成されるものである。

現 場 の 声 🎤

24
支店長とテラー職員のコミュニケーション

信用金庫 営業店／支店長（男性）

▶着任日に覚えた違和感

新支店長として着任した当日の朝、テラー職員に"今日の目標"を聞いた。

1人目は「店頭でチラシを渡す」と答えたので、「何人？」と聞くと「7人」と言うので「少なっ！ しかも中途半端な人数！」と言いたかったが、初日から否定してはいけないと思い、我慢した。

次の2人目には、少し時間をくれと言われ、その30分後、「定時に帰ること」との言葉に、「それも大事だけど、他にはないのかな」とつい言ってしまった。

後から聞くと、彼女たちも「うるさそうな支店長が来た」と思ったそうだ。

▶まずは会話を増やそう

当店は、もともと支店長とテラー職員の会話が乏しい店舗のようだった。

そのため、毎日夕方に各テラーから"本日あったこと"を聞くことにして、**「支店長に報告する話を探そう」**という意識を皆に持ってもらうようにした。

具体的には、「日中、お客さまと話した内容」や（支店長不在時に）「誰が来たか」等の内容である。報告の前には当日の伝票に目を通しておき、大きな金額の入出金があれば理由を尋ねたり、知り合いのお客さまの名前があれば、「○○さんが来られたんだね」等と呼び水を向けたりすると、テラー職員たちも話しやすい様子であった。

▶窓口目標も設定

営業店が業績目標を達成するためには、職員の全員に当事者意識を持ってもらうことが出発点となるため、テラー職員たちにも窓口目標を設定した。

教育心理学の**"ピグマリオン効果"**とは、**「人間は他者から期待された成果を出す傾向がある」**という学説だが、当店の場合も、テラー職員たちに期待することで、窓口セールスや電話セールス等に取り組んでもらい、結果的に業績目標を達成することができた。

▶連携して動くようにもする

テラー職員から話しかけやすい支店長であることにも努めている。

店内の検印等も、検印者（事務役席）の繁忙時や不在時に支店長や次長に気軽に頼める雰囲気になれば、テラー職員のストレスは軽減されるものだ。

また、来店客が大口預金を解約しそうだとテラー職員から報告されれば、窓口に出向いて一緒に話を聞いたりもしている。テラー職員の働きかけに反応して一緒に動く時間を増やすことも、互いの信頼関係を醸成するうえで欠かせないプロセスと考えている。

現 場 の 声 🎤

㉕ クラッシャー型の先輩職員への対応

信用金庫　人事部／部長（男性）

▶好き嫌いで仕事をするな

当金庫のテラー研修では、「チームワークの重要性」を徹底的に教えている。

テラー同士の人間関係が悪化すると、業務の効率性が著しく低下してしまい、店内の雰囲気も悪くなるからだ。

先輩職員が、後輩職員が質問しづらい雰囲気を醸し出したり、必要最低限のことしか教えないと業務に支障を及ぼすほか、後輩職員が困っていても手を差し伸べなくなると、事務リスクも高まることとなる。当然、ハラスメントの問題も生じてくる。

近年、**"心理的安全性"** という言葉が注目されている。**チームのメンバーが安心して何でも言い合える雰囲気があるとチーム全体の生産性も向上する**という考え方なのだが、仮にテラー間の不仲があるような職場ならば、それとは逆の状態に陥っていることになる。

▶後輩を育てることが最重要の仕事

支店長をはじめ役席者も、事務を中心的に回している先輩職員には、機嫌を損ねられても困るので注意しづらいが、そうなると先輩職員はなおさら野放しとなり、増長することがある。

しかし、そのような先輩職員は「自分は仕事ができる人間」と考えているかもしれないが、**最も重要な「後輩を育てる仕事」を自分が放棄していることに気づいていないことが多い。**

▶改善しなければ担当替えも選択肢

先輩職員たるもの、普段から後輩職員の動きを観察し、タイミングをみて声をかけることも大事な仕事である。

また、普段から仕事以外の話もすることで、コミュニケーションをとることも有効だ。**雑談等を通じてお互いへの理解が深まれば、そこに寛容性が生まれることで、両者の間で多少の食い違いが発生しても、許せるような関係になるものである。**

なお、辛い思いをした後輩職員たちが金庫を去ってしまうのが最低の先輩職員であるが、こうした"クラッシャー型"の職員の存在は許されるべきではなく、放置すると次々と犠牲者が生み出されることにもなる。

こうした留意点は、定期的にテラー研修等で教育しているが、それでも改まらない先輩職員に対しては、上司は毅然とした態度で指導する必要がある。

場合によっては、（本部への異動等により）本人の担当業務を解くことも、営業店を円滑に運営していくための選択肢の1つであると考えている。

現場の声 🎤

26

職場環境を整える

信用金庫　営業店／次長（女性）

▶異変を察知したら上司に報告

　"普通でないこと"が発生したら、些細なことでも、担当者は上司に報告する癖をつけることが大切だ。

　先日、繁忙日にTM（テラーマシン）が故障して窓口業務に支障をきたしたが、後から聞くと担当者は数日前からマシンの不調を感じていたという。

　本来は、その段階で担当者から上司への報告が必要であった。

　最近の金融業務は各種のシステム機器に依存しており、個人が自宅で家電製品を使っているのとは訳が違うため、調子が悪ければ、すぐに対応しなければならないのは当然のことである。

　こうした察知すべき異変の対象としては、『システム機器の具合』のほか、『与信先の雰囲気』、『来店客の様子』等、多岐にわたることになるが、上司は部下が報告しやすい雰囲気を普段から作ることで、職場内で流通する情報量を増やしておくことも大切となる。

▶異変を感じやすい環境に

　些細な異変を敏感に察知して対応する癖をつけるためには、日頃から職場で整理整頓を心がけたり、前倒しで仕事をする習慣をつけることが大切だ。

　例えば、「ケース内の伝票や書類の残り枚数が少なければ補充する」、「シュレッダーの上にクリップをためない」など事務室内のこともあれば、「洗面所を水浸しにしない」といった事務室外の生活態度的なこともある。

　そうした細かい心配りができない職員は、普段から**"意識の量"**が不足しているため、ちょっとした異変を察知する感覚も鈍くなりがちである。

▶清掃もきれいに

　実際、更衣室やトイレの利用状況を見れば、その職場の意識レベルや精神状態は、概ねわかるものである。

　共用スペースをきれいに利用できる職員たちは、周囲への気配りにも優れ、小さな異変にも気づくことができる。

　ちなみに、朝のフロア内の清掃も大切。四角い机を丸く拭いたり、毎朝、同じ場所ばかりを拭くようではダメ。

　ATMコーナーの周辺も、特に夏場などはクモが巣を張りやすいことから、怖くても毎朝、きちんと取り除くこと。

　「清掃」と「仕事」は、"課題の発見と解決"という共通点があり、前者が上手な職員は、後者でも活躍する傾向があることから、**5S（整理、整頓、清掃、清潔、躾）の大切さは、信用金庫においても同じ**と考えている。

現場の声 🎤

27

女子職員による延滞督促

信用金庫　営業店／次長（女性）

▶長所を活かしたチームプレー

テラー職員のAさんは、歳は若いが、常に穏やかにふるまえる性格でもあり、周囲からの信頼はとても厚い。

ただし、Aさんは、もともと声が小さいために当店のような大型店では店内で声が通らないことがある。

そこをカバーするのが先輩の女性職員であるBさんの明るさ、華やかさである。後方に座っていても、よく通る声で話すことで、支店内の雰囲気を明るくしてくれている。

▶優しいトーンで延滞督促

穏やかな人柄のAさんは、当店の個人ローンの債権管理担当者でもある。

延滞の常習者へも、おっとりとした口調で「〇〇さん、お忙しくてお忘れと思いますが、カードローンの返済が少し遅れていますので、入金して頂けますか？」等と電話口で話している。

不思議なことにAさんが督促すると、延滞者も「返済しなければ」と思うらしく、高確率で入金がある。

私が督促担当だった頃などは、督促の口調が怖いのか、延滞者から上司に「督促の担当者を交替させてくれ！」と言われてしまったこともある。

電話によるコミュニケーションでは、

静かで穏やかな口調の職員のほうが、ハキハキと話すタイプの職員よりも、セールスや債権回収の成績が良い傾向がある。

穏やかな口調のほうが、声の雰囲気も良くなることから、相手の心にも届きやすいのかもしれない。

▶Cさんとの思い出

若くてやんちゃな顧客Cさんは、他行の商品で事故を起こして返済のみのカードローンとなっていたが、先日、延滞しながらも無事に完済できた。

「Aさん、Cさん完済できたね！」と言うと、Aさんも「そうなんです〜」と言いながら喜んでいた。

延滞中は、Cさんが当店のATMコーナーに入るところを目撃したAさんが飛んでいき、返済を頼んだこともある。「2〜3日以内には入金すると約束してくれました〜」等と言いながら席に戻ったりしていた。

AさんとCさんの間には、緩やかな信頼関係が成立しており、その象徴が"ささやき督促"であった。

返済できるのに、ルーズなだけで延滞するタイプの人には、こうした督促も有効なのだろう。「裏切れないな」と相手に思わせたAさんの勝ちである。

28 女性の部下に配慮していること

信用金庫 営業店／支店長（女性）

▶男女の違いはある？

男女の性別は、必ずしも個人の性格や行動を左右するとは限らないが、それでも男女の違いはあると感じている。

自分は、よく「男前」、「姐さん」などと呼ばれる性格であるが、そんな自分が感じる男女の違いは、次のとおりだ。

①出世したいとは限らない

当金庫の女性職員は、支店長や次長に出世したいと希望するタイプもそれほど多くはなく、働くモチベーションも人事評価といった『外的動機』にはあまり左右されない傾向がある。

それよりも、自分が成長を実感できる仕事をしたい、周囲から必要とされる存在でいたいという『内的動機』を大切にしている人が多い。

そのため、頑張って仕事をしている女性の部下を、本人に良かれと思って昇格させた上で担当業務を変えたりすると、逆に本人のモチベーションが落ちてしまうこともある。

上司は、**本人の価値観を把握したうえで、前向きな気持ちで仕事に臨めるようにすることが重要**となる。

②若い女子職員は泣きやすい

個人差はあるものの、やはり若い女子職員は男子職員よりも泣きやすい。

上司に指導されただけでも"怒られた"と錯覚して泣くことがあるが、上司の側も自分なりの根拠や自信があって指導しているので、女子職員が泣いたからといって動揺してはいけない。

女子職員の側も、指導されるたびにすねたり職場で涙を流していると次第に上司が指導しなくなり、結果的に自分の成長機会が失われることになる。

先日も自分が部下の女子職員を指導している間に泣き出したので、「お客さまから見えない場所で泣きなさい」と言ったら、数分後、トイレでしゃがみこんでシクシクと涙を流していた。

「私が駄目なんです」などと言うので、「そんなことはない、次から気をつければいいし」となだめ、それでも泣き止まないので、「お茶を入れるから落ち着きなさい」と給湯室へ連れて行き、来客用の良いお茶を入れて一緒に飲んだ。「先に戻っているから、涙が止まったら戻っておいで」と言って自分は席に戻ったが、そこまでしなければならないときもある。

本来、女子職員が社会人として成長するには、彼女たち自身も上司やお客さまから優しくされることばかりを期待するのではなく、自らを鍛える気持

ちをもっと持ってほしいと感じている。

③役席間での役割分担が大切

　そうした中で、現在の当店では、若い女子職員が私に言いにくいことも、検印担当のA主任（嘱託の男性職員）が代わりに聞いて後で教えてくれている。

　A主任は、女子職員と現金の有高確認のために金庫室に入った際に、「大丈夫か？」と尋ねたり、お昼休みの私が離席中に話しかけたりしているようだ。

　私とA主任のように「厳しい人」と「フォローする人」の役割分担があると、職場も円滑に回りやすい。厳しい人ばかりでは息が詰まってしまうことから、"逃げ道"も必要なのである。

▶部下の一工夫は可愛いもの

　そんな毎日であるが、先週、部下の女性職員たちが"信用金庫の日"に店頭でお客さまに配るプレゼントを自分たちで手作りしてきたので、思わずこちらが泣きそうになってしまった。

　こうした可愛い工夫ができてしまうのも、女性職員の強みかもしれないとあらためて感じた次第である。

☕ Break time

　信金業界の特徴の1つとして、信金中央金庫という中央金融機関の存在があります。

　信金中央金庫では、全国の信用金庫から預けられた資金を国内外の金融市場で有価証券投資することで効率的な資金運用を実現したり、事業会社などへの貸出を実施するほか、個別金庫では参入しにくいビジネスや商品・サービスについてハブ機能等を担うことで、参入しやすくもしています。

　また、信金業界では、業務の運営コストを低減する各種インフラも導入しています。

　例えば、一般的に金融機関の経費支出ではシステムコストの割合が高いものですが、信金業界は独自のシステムセンター（しんきん共同センター、しんきん情報システムセンター等）を構築することで、コストの抑制と機能の高度化を両立させています。

　こうした特徴は、従来、信用金庫にとっての他業態への優位性となってきましたが、最近は、地方銀行の間でもシステム等のインフラの共同化が進むようになりました。

　そうした中で、今後の信金業界では、こうしたハード面での連携に加え、業務運営上の様々な知見や各種情報の共有化といったソフト面での連携強化が期待されます。

　本来、各信用金庫は、担当する営業地域は違えども、同じ理念とビジョンを共有する仲間ですので、ソフト面でも、より高度な協力関係を構築できる素地があります。

　信用金庫がこれまで個別に保有してきた知見や各種情報をデジタル化したうえで、業界内のネットワークを通じて共有化できれば、各種の制度対応からビジネスマッチング等の事業先支援まで、幅広い分野でのさらなる協力体制が構築できると思います。

現場の声 🎤

29

女性職員の活躍に向けて

信用金庫 人事部／課長（女性）

▶**女性職員のロールモデルを作る**

最近、当金庫における新卒採用は、以前ほど簡単にはいかなくなってきた。

加えて、営業店職員の取扱業務の幅が広がり、一人前に育つまでの所要期間が長期化していることを考えると、入庫した職員が、男女を問わず末永く働ける職場環境にすることが、これまで以上に重要となっている。

そうした中で、入庫した女性職員たちに腰を据えて働き続けてもらうためには、将来の金庫内での自分の姿をイメージしやすくすることが重要であり、具体的には、**庫内に女性職員のロールモデルを作ること**が早道となる。

例えば、「①女性管理職」をはじめ、「②仕事と家庭を両立する一般職員」、「③子育てしながら働くパート職員」等の色々なパターンが考えられるが、それぞれの立場で活躍する女性職員を身近に認識したうえで、自分に合った働き方を選んでもらうことが大切だ。

①**女性管理職**

管理職への昇格を希望する女性職員は昔と比較して増加傾向にある。女性も長期間働くようになる中、「昇格するなど社会的な地位（収入）を安定させてから安心して出産したい」と考える女性職員も増えてきた。

そうした職員にとっては、昇進昇格の庫内ルールが明確になっていたほうが、自身の人生設計がしやすくなり、モチベーションも上がるため、まずは、そうした人事制度の整備が必須となる。

一方、「管理職にはなりたくない」と考える女性職員もいる。

管理職になって苦労している先輩職員を目の当たりにして、「重い責任を負い過大なストレスを抱えるのは嫌」と感じている職員もいるものである。

実際、経営陣が非管理職に「（残業代が増えるから）早く帰れ」と言っても、そのしわ寄せが管理職に向かうような職場では、管理職を志望する職員が増えることはない。ましてや、残業代をつけた部下が恒常的に上司の給料と逆転するような賃金体系ではいけない。

誰もが管理職を目指したくなるような処遇と職場環境を提供することが、管理職を希望する職員を増やすためには不可欠となる。

②**仕事と家庭を両立させる一般職員**

最近の女子学生が就職先を選ぶ際には、「女性職員の結婚後の定着率」を重視する傾向があり、そのための諸制度を整えることも大切である。

ただし、結婚しても仕事を続ける女性職員を増やすためには、原則として18時頃には退社できるなど、働きやすい職場環境にする必要がある。

また、女性職員は結婚して子供を産むと産休・育休に入るほか、職場復帰後も幼稚園までの子供は発熱しがちなため、急な休暇取得が発生しやすい。

しかし、休んだ時の人的な応援態勢が未整備の職場環境では、次第に周囲も「また休んで…」という雰囲気になってしまい、最終的に当人が職場に居づらくなってしまうことがある。

子供が小学校に入学すれば、こうした突発的な休みは減っていくので、それまでの数年間、安心して働ける職場環境を提供することが大切となる。

なお、「いったん退職してもらい、生活が落ち着いたらパートとして再入庫してもらおう」という発想も昔はあったが、パートの勤務先企業が多様化し、在宅勤務が可能な職種も増えている昨今では、そう都合よくはいかない。

③子育てしながら働くパート職員

パート職員についても、その多くは家庭の事情があるため、少なくとも勤務地（配属先店舗）などは、自宅の近くにするなど配慮したいところである。

また、当金庫では、退職した女性職員によるOG会を組成しているが、OGとのつながりを維持することで、パート職員の候補者を潤沢にストックしておくことも大切な視点と考えている。

▶女性も長く働く時代に

昔の当金庫では、「女性は結婚したら退職」という暗黙の慣習があった。

以前、定年退職を迎えた独身の女性職員が「私の恋人は○○しんでした」との言葉を残して信用金庫を去ったが、そうした時代もあったのである。

自分は、今までに3回ほど信用金庫を辞めたいと上司に相談した。**「結婚したとき」**、**「出産したとき」**、**「実母が癌で余命宣告をされたとき」**であったが、いずれも上司や同僚たちが引き留めてくれたので辞めずに済んだ。

今後の日本では、平均寿命の長期化や公的年金の受給開始年齢の引き上げが予想されているが、女性も長く働くことが社会的にも自分や家族の生活を守るうえでも、求められるようになる。

また、最初の配属先も配慮が必要だ。新人を最初から本部に置いてしまうと、営業店（現場）でお客さまと接したり、金融機関の実務を知る機会が減るため、結果的に信用金庫で長く働き続けるための基礎体力がつきにくくなる。

まずは、新入職員の適性を判断する意味でも、全員を営業店からスタートさせるべきと考えている。

当金庫の女性職員には、なるべく長く働いてほしいし、それを可能にする職場環境の提供が、これまで以上に人事部門には求められている。

支店長の仕事

第4章

§ 人は得意分野で活躍するものだが、支店長のタイプも様々である。
§ 支店長には、職員の強みを活かしたチームづくりが求められる。

現状と課題

◎支店長の役割とは

支店長は、"支店経営者"として、自店の業績向上に加えて、地域内での自金庫のステイタス向上や部下職員の育成など幅広い役割が期待されており、これらに対して積極的に取り組むことが求められています。

◎組織(チーム)の進むべき方向を決める

優れた業績をあげている営業店では、支店長が自店舗の進むべき方向性を明確に示すことで、職員の意識と行動を最適な方向に集中させていますが、進む方向が定まると、部下職員たちの自律性やモチベーションは自然と高まっていきます。

◎人を動かす

支店長には、部下職員の個性や強みを見極めたうえで、それらを最大限発揮できるチームづくりが期待されていますが、そのためには、普段から部下職員を観察するとともに、十分なコミュニケーションをとる必要があります。

営業店の業務上の課題の多くは、コミュニケーション不足に起因していますので、店内の風通しを良くすることは"万病の薬"にもなります。

また、部下職員は支店長の背中を見て動くため、支店長にはトップセールス等による"率先垂範"や公私混同しない"公正さ(フェアネス)"も求められます。

◎リスクマネジメント

支店長には、支店経営上の各種リスクに対する十分な注意も必要です。

部下たちには普段から"Bad News First(Fast)"を徹底させることになりますが、トラブル発生等の有事では、初期対応での支店長の迅速な指示と責任ある行動が事態解決の鍵となるため、支店長は"悪い情報"でも歓迎する姿勢を示すことで、部下が安心して支店長に何でも報告できる環境を整えておくことが大切です。

改善のヒント

◎PLAN(計画)

　営業店方針の策定にあたっては、まずは3C（市場・競合・自店舗）分析やSWOT分析により、自店舗の特徴を把握することが出発点となります。

　そのうえで、年度内の具体的な活動内容を検討していきますが、自店舗の課題（例：取引事業先数の減少、事務ミスの頻発）の解決も意識した施策を活動計画に盛り込んだうえで、支店長主導でPDCAサイクルを回していくことになります。

　なお、人間は情報を与えられないと疎外感を抱く反面、自分自身が関わったり考えたことには一生懸命になれますので、計画立案にあたっては、多くの職員を参画させることで支店職員の"知恵"と"結束"を引き出すことが肝要です。

◎DO(実行)

　各職員には、自身の長所を十分に発揮することでチーム（営業店）に貢献するという気持ちを持たせるとともに、短所は皆で補い合ってカバーする雰囲気を作ることが優れたチームを組成するうえでの要諦となります。

◎CHECK(評価)

　支店経営にあたっては、定期的に営業店方針や活動計画の進捗状況を検証しつつ、必要に応じて適切な軌道修正をしていくことが大切です。

　なお、一般的に行動の成果は数字（実績）に現れるものではありますが、一方で、数字の検証だけでなく、"お客さま第一主義を実践できているか"、"ルールを遵守しているか"等のプロセス面での検証も必要です。

◎ACTION(改善)

　支店長による部下マネジメントにおいては、時には、耳に痛いことでも部下（本人）に伝えつつ、一緒に改善していく姿勢が大切です。

◎本章のポイント

　支店長のミッションは、部下の長所を引き出しながら、力を合わせて助け合えるチームを作ることにより、営業店として掲げた目標を達成することにあります。

　本章では、役員やベテラン支店長が考える「支店長としての心構え」から一般職員から見た「理想の支店長」まで、さまざまな視点からの意見を掲載することで、あらためて支店長の役割を考察しています。

現場 の 声 🎤

30

所属長の心構え

信用金庫　役員

▶意識しておくべきこと

「長」となる人間が大成するかどうかは、「その人間が、どこまで幅広く物事に関心を持つか」にかかっている。

「長」の立場にある人間は、判断業務を担うため、**"正しく判断する力"**が特に重要となるが、意思決定の質を高めるための大局観や審美眼を培うためには、多くの情報や視点が頭の中に入っている必要があるからだ。

また、**所属長は、「部分最適」ではなく、「全体最適」を実現させるため、ときには非情な決断を下さなければならないこともある。**

例えば、映画監督が優れた作品を創るために最も必要な能力は、"編集"に伴う決断力とされている。

膨大な量の撮影フィルムの中から、撮影にかけた手間や費用、俳優やスタッフとの人間関係に左右されることなく、純粋に必要なシーンだけをつなげて作品を創らない限り、良い映画は生まれない。

ビジネスの世界も同様に、リーダーたる者、全体最適のために非情な決断を下すべき局面が訪れる。そのときは、「自分の職責がそうさせるのだ」と考えて、断行する意思が必要となる。

▶所属長は、"人気商売"

一方、所属長を含む組織のトップは、人気商売でもある。

所属長には**"統治能力"**が求められるが、部下たちからの支持率が高くなければ部門内をまとめることは難しい。

所属長は、"圧倒的な能力の高さ"で部下たちを惹きつける方法もあるが、実際にそれができるタイプは少数派である。一般的には、一生懸命に働く姿を見せたり、普段から部下の気持ちに寄り添うことで、徐々に信頼関係を積み上げていくタイプのほうが多い。

そのため、前日に部下が残業して作成してくれた書類等があれば、朝一で確認する姿勢なども意外と大切となる。

▶トラブル発生時こそ出番

自分の場合は、部下が業務遂行において厳しい状況に陥ったときに手助けすることで、信頼関係を構築できるように努めてきた。

例えば、取引先や関連部署との関係がこじれたときなども、率先して関与すれば、部下たちも「この人は、いざとなったら力を貸してくれる人だ」と認識してくれるようになる。

なお、**「長」たる者、すべてを自分でやる必要はないが、ここぞという時は**

自分が出ていかなければならない。

それがいつなのかは、自分自身で判断することになる。

▶リーダーシップの発揮

所属長には、部門の計画達成に向けたリーダーシップの発揮も求められる。

リーダーシップとは、「組織をまとめる」、「方向を示す」ということであるが、リーダーの役割は、管理することではなく、率いることである。

特に、ダイナミックな決断は所属長にしかできないため、部下に相談するのは良いが、"考えて"、"決める"のは自分であることを忘れてはならない。

なお、計画の進捗状況が苦しいときほど、リーダーとしての真価が問われることも肝に銘じておく必要がある。

自分が所属長だった頃は、部下たちには「12月まで頑張って（業績面の）蓄えをしておき、第4四半期は楽な気持で過ごそう」と言っていた。そして、第4四半期中は、新年度に向けた準備を進めておき、4月にロケットスタートをきることで、勢いを味方にして事業計画を達成していくのがコツである。

▶職場内の情報共有が大切

部門内の情報共有も大切な視点だ。

例えば、所属長が自分のスケジュールを周囲に開示していないと、部下は仕事がしづらくなるため、自身の活動予定は広く開示しておくべきである。

また、部門内がアクシデント等によりバタバタしている場合、所属長は、「こういう事態が発生したから…」と関係者以外にも概要を説明しておくと、職場の一体感が高まりやすいほか、関係者以外からも思わぬ情報やアイデアが寄せられることもある。

リーダーは、メンバーに相談することで多くの意見やアイデアを出してもらい、その中から最適なものを選択することも大切な姿勢となる。

▶多様性を尊ぶこと

人が物事に熱心に取り組むこと自体は、本来は素晴らしいことであるが、人によっては、周囲の人間が自分と同レベルの熱量でもって取り組まないことを不満に思ったり、「意識が低い」、「危機感がない」などと他人を責めることがある。

しかし、そうした心理状態になるほど、周囲の人は、当人と距離を置くようになるものだが、仕事熱心なリーダーほど、こうした罠に陥りやすい。

本来、所属長となる人間は、仕事最優先のタイプも少なくないが、一般の職員は、そうではないことも多い。

最近は、仕事とプライベートの両立を重視する職員が増えており、職員のキャリアや職務の多様化も進んでいる。

そのため、所属長には、部下職員のキャリア形成や価値観を尊重するとともに、性格に応じたきめ細かいマネジメントが期待されている。

現場の声🎤

31

支店長のストレスと対応策

信用金庫　役員

▶**支店長は気楽な仕事…ではない！**

　一国一城の主とも言える支店長は、他人からは、自由で気楽な立場と見られがちであるが、金融機関の中でこれほどストレスの溜まる仕事はない。

　朝礼から始まり係間の打ち合わせ、取引先訪問、本部関係部署との折衝、さらに各種書類の検印等、1日は瞬く間に過ぎていく。支店の経営イコール支店長の体力と言っても過言ではない。

　そうした中で、支店長が抱えるストレスは、大きくは4つに分けられる。

▶**支店長が抱えるストレス**

　第一は、「**目標と実績の乖離**」である。支店長たる者の最重要の仕事として、"目標の達成"があるが、この目標を達成していたり、あるいは達成まで着々と進んでいる場合は、ストレスはあまり溜まらない。目標と実績の乖離こそがストレスの元凶となる。

　目標達成がどうしても厳しいときは、本部に「これは未達成だが、これはできた」と説明できるようにすればよい。

　第二は、「**体調の不良**」である。体調が悪いと正しい判断もしにくいことから、体調管理は大切である。特に深酒は内臓の疲労や睡眠不足を招き、翌日の集中力が鈍るため、宴席等の日程を

コントロールすることも必要となる。

　第三は、「**職場の人間関係**」である。気を使い過ぎることなく、大らかな気持ちで部下職員とはつき合うこと。

　第四は、「**厳しい経営環境への不安**」である。地域経済の先行きに不安を感じることもあるが、なるようになると考えればよい。

▶**支店長は、笑顔で過ごすべし**

　支店長のストレス解消法としては、次の3つが考えられる。

①**適度な運動**

　精神的な疲労を肉体的な疲労に転換するために運動することも有効だ。

②**職場外の人たちとの交流**

　異業種や異文化の人たちとつき合うと交流が広がるうえ、その人の人生観や経験談を聞くと新たな気持ちになる。

③**笑顔を増やし自分の気持ちもほぐす**

　支店長は、笑顔を見せることで自身と周囲をリラックスさせるべきである。

　支店長が眉間にシワを寄せていたのでは、部下たちにも伝染してしまう。

　営業店職員は、お客さまの顔を見たら反射的に笑顔が出るくらいでないと仕事にならない。自然に笑顔が出やすい雰囲気を普段から支店長自身が作ることも大切な心がけである。

現　場　の　声 🎤

32

支店長に求められること

信用金庫　役員

▶**近年の支店長に求められること**

　昔の支店長は、誰よりも威厳のある存在であり、職員と会話する機会も少なかったが、当時の営業店は手管理での事務処理が多く、店内で勘定の違算を発生させないためにも、職員たちの緊張感を高める意味合いがあった。

　現在は、普段はリラックスした状態とする一方で、いざというときに集中力を発揮することが求められる時代となり、支店長には風通しの良い職場づくりが期待されるようになった。

　また、支店長は、分け隔てなく人と接することはもちろん、朝礼等の場において、"語り部"となることで職場の士気を高めることも期待されている。

▶**得意先係との接し方**

　率先垂範も重要。営業活動では支店長がお客さまの所によく顔を出すことで、お客さまとも通じていると、"上司の目"が行き届くことで、得意先係もいい加減な仕事はできなくなる。

　現場の状況を部下からの報告だけに依存することなく、上司自身も把握しておくと適確な状況判断も行いやすい。

　一方で、支店長が1人で客先を訪問した際に、部下の得意先係が褒められたら、帰店後には本人に「褒められとっ

たよ」と伝えてあげることも大切だ。

　本人はお客さまと支店長の両方に褒められたと感じて嬉しいものである。

▶**その他の心構え**

　支店長は、部下に指示しただけで安心するのではなく、指示の内容を部下が本当に理解して実行しているかを進捗管理する必要がある。

　現実には、1回"言った"だけで、きちんと動ける部下ばかりではない。

　自分の指示を部下が理解し行動して、はじめて指示の内容が遂行されることを肝に銘じておくべきである。

　また、先日読んだ心理学の本に『何も伝えられずに暗室に閉じ込められると人間の脳波は5分で狂うが、事前に15分後に部屋から出すことを伝えられた場合には、脳波は狂わない』と書かれていて、なるほどと思った。

　結局、**全体のスケジュール感を伝えておけば、人間は頭の中で段取りを組み立てられるため、ストレスに対する耐性も高まる**ということである。

　部下職員のストレスを軽減するためには、自店の全体的なスケジュールを全員で共有しておくほか、各計画の時間軸を正しく設定しておくこともリーダーである支店長の重要な役割となる。

現 場 の 声 🎤

33

支店長と部下

信用金庫　本店営業部／部長

▶地位が上がると"役損"が増える

終戦直後の日本でGHQとの交渉等で活躍した故白洲次郎氏は、**「地位が上がれば役得ではなく、"役損"というものがあるんだよ」**と語っていたそうだ。

実際、当金庫の支店長も同様であり、お付き合いの幅が広がるにつれて各種の出費が増えるうえ、土日も仕事絡みの予定が入り、ゆっくり休んでもいられない。本業においても、上司として部下の監督責任を問われることはしょっちゅうだ。

昔、先輩の支店長から「支店長は、辛いことがあっても、顔で笑って心で泣け。下の者は見ているのだから」とアドバイスされた。支店長は支店の象徴として常にどっしりと構えることで、部下が安心して働ける職場環境を提供する責務を負っているからである。

▶部下を信頼しよう

支店長は、部下を信頼することも大切である。"能力は、心の状態に比例するもの"なので、部下は自分が支店長から信頼されていないと感じると、十分に力を発揮できなくなるからだ。

そのため、普段は指導が厳しい支店長でも、業務時間外などには、逆に褒めることに時間を割いたほうがよい。

そうすれば、部下も「この上司は、昼間は厳しいことを言うが、本当は俺を信頼してくれているんだな」と感じ、安心して仕事に取り組めるようになる。

なお、私が部下たちによく言うのは、**「自分の仕事ぶりは、自分で評価しろ。他人に評価を預けることなく、自分が納得できる仕事をしろ」**ということ。

結局、自分の本当の仕事ぶりは自分にしかわからない面がある。上司が高く評価してくれれば嬉しいが、評価されなくても、自分が納得できる仕事をすることが大切なのである。

▶若手職員には穏やかに接する

最近の若い職員に対しては、「ソフトに接すること」も心がけている。

例えば、部下を観察して"○○の推進が停滞してきたな"と見えたときは、直接に行動の鈍化を指摘するよりも、「最近は、○○をしてくれてるのか？」等と穏やかに語りかけたほうが、部下たちも素直に「やらなきゃな…」と思うし、「実は、こんな面がありまして…」等と相談してくれるようになる。

本来、営業活動は面白いものなので、得意先係等が自分で楽しみながら創意工夫をしたほうが、本人も成長するし成果も出るものである。

現 場 の 声 🎤

34

ベテラン支店長から新任支店長への助言

信用金庫　営業店／支店長

▶最初は土台づくりに専念すべし

　支店長は、「実績」を上げることも大切だが、新任の支店長は、まずは日々「今日も無事に終わった」だけでよい。

　新任支店長は、**初めは自分を売り込むことよりも、相手（お客さま、部下職員）の話をしっかりと聞くことで、信頼関係を構築すること**が肝心である。

　就任1年目は、周囲の期待に応えようとして無意識のうちに肩に力が入りがちだが、無理はせずともよい。

　初年度のうちに "前まわし" だけはしっかりとつかみ、2年目から勝負を仕掛けるくらいの意識がよいだろう。

▶鋭敏さもほどほどに

　一般的に、リーダーは心配性な性格の人が多く、それゆえに広範囲に神経を張り巡らせることで、様々な事象に俊敏に反応できる面がある。

　しかし、それが表面に出過ぎてしまうと部下たちの神経も消耗するほか、**ピリピリした状態の支店長には、人や情報が集まらなくなるもの**だ。

　"バカな大将、敵より怖い" と言うように、愚鈍なリーダーに率いられることは危険だが、一方で、鋭敏過ぎるリーダーも部下たちを疲弊させる。

　実際、上司はそこにいるだけで部下の交感神経を高める（＝ストレスを与える）存在なので、無駄な小言は言わず、なるべく笑顔を見せることで、副交感神経も機能させてあげるとよい。

　リラックスした雰囲気は、組織内のコミュニケーションを円滑化させて、仕事の生産性を高める効果もある。

▶支店長は早く帰ろう

　支店長は、早く帰宅することを心がけたほうがよい。

　夜、支店長がいると無意味に話しかけて仕事が滞ってしまったり、部下たちが「支店長になっても残業が続くのか」と自分の将来像を暗くイメージしてしまったりするからである。

　また、支店長がいないほうが、部下同士で自由に会話ができるので、職員間での "ガス抜き" ができたり、新しいアイデアも生まれやすい。当然、"つき合い残業" の防止にもなる。

　支店長自身にとっても、気分転換の時間を持つことは大切だ。

　海運業者では、船底にカキ殻が付くと船のスピードが落ちるため、定期的にカキ殻を落とす習慣があるという。

　支店長も自宅等で "カキ殻落とし" をしてリフレッシュしたほうが、仕事の能率向上につながるものである。

現 場 の 声 🎤

35

支店長が管理すべきこと

信用金庫　役員

▶「PDCA管理」の責任者

　支店長の最大の仕事は、支店業務の「PDCA管理」と「4大管理」であろう。

　「PDCA管理」とは、各課題の解決に向けた計画の策定から実行後の改善までのサイクルを回すものである。

　良い計画は良い結果を生むものなので、**まずはしっかりとした「PLAN」を立てることが円滑にPDCAを回すコツ**であるが、一方で世の中は、計画を立てても予定通りには進まないことも多いため、進捗管理を通じて活動内容を修正していくことが重要となる。

　例えば、「目標Aは、現状では達成が難しいからこう工夫しよう」、「目標Bは、このままでも達成しそうなので、来月からは自然体で臨もう」等と判断することも支店長の大切な役割だ。

▶「4大管理」の責任者

　「4大管理」とは、「①計数管理」、「②行動管理」、「③時間管理」、「④情報管理」を意味している。

　特に「**①計数管理**」は、最も重要である。どのような物事でも、何かを考える際には現状分析が出発点となるが、**数字は現実を映す鏡であると同時に全体像の把握を容易にもする**ことから、支店長は数字も使って戦略立案や業績

管理をすることが大切となる。

　実際、数字の動きを見ていれば、今後の推移も予測しやすいほか、次に自分たちが取るべき行動も判断できる。特に"異常値"には注意を払うこと。

　「**②行動管理**」は、「誰がどのような考え方に基づき、どのような活動をしているか」を常に把握することである。

　支店長は、部下職員の性格や考え方、動きを適切に把握しておく必要がある。

　「**③時間管理**」は、行動管理にも関連するものだが、適切な期日の設定や部下職員の勤務時間の管理等は、業務の効率化にもつなげることができる。

　「**④情報管理**」は、幅広い分野での情報の管理が支店長には求められている。部下職員には顧客情報管理をはじめ、適切な"ホウ・レン・ソウ"の実施を求めるとともに、支店長自身も周囲に対して"情報の共有"を実践することが大切である。

　ただし、立場上知りえた機密情報などは絶対に他に漏らしてはならず、これは、職位が上がるほど要注意だ。

　なお、「PDCA管理」は縦軸、「4大管理」は横軸に当たると考えており、両者を組み合わせた「面での管理」により支店を経営するという感覚である。

現場の声 🎙

36

営業推進部長から見た優秀支店長の共通点

信用金庫　営業推進部／理事部長

▶優秀な支店長の共通点

　木登りの名人は、登る前に登り方の道筋をイメージしてから登り始めるというが、営業の仕事も同じである。

　実際、業績の良い営業店長の共通点は、「①本部の方針を正しく理解して」「②自店がやるべきことを推進計画にして」「③こだわりを持って実行する」など、事前にきちんと道筋を立ててから営業推進活動をしている傾向がある。

　特に、③の"支店長のこだわり"が重要であり、支店長が何にこだわりを持っているかによって、部下たちの意識や行動は大きく変わることになる。

　こだわりの対象としては、まずは「推進計画の内容」へのこだわりが大切。

　一生懸命に考えた推進計画は、活動にも熱が入りやすいことから、計画をしっかりと練っておくことが重要だ。

▶部下の活動管理も重要に

　次に「部下の活動管理」へのこだわりも大切である。部下を放任せず活動状況を小まめに検証することで、その部下が正しい手段と方向で努力しているのかを確認することが重要である。

　また、各職員に自身の役割と責任を明確に認識させておくことも大切だ。

　最後に「目標達成（数字）」に対する

こだわりも大切。業績が悪い営業店では、職員が目標と実績の乖離状況を理解できていないことが多い。**目標達成へのこだわりが、推進に向けたエネルギーや新たなアイデアを生む面もある。**

　これらを徹底していけば、次第に営業成績を向上させることができる。

▶優秀な得意先係の共通点

　一方、優れた得意先係の共通点は、本人の資質が高いことである。

　ここでいう資質とは、生まれ持った頭の良さよりも、「仕事に熱意を持って取り組む」といった姿勢の面である。

　上から言われなくても自分自身で「成長したい」、「お客さまに喜んでもらいたい」と考えながら仕事をする人は、充実感を持って仕事に取り組むため、自然と成果も出てくるものだ。

　その姿勢が5年、10年と続けば、そうでない人との差は大きく開いていく。

　なお、お客さまの役に立つことは大切だが、お人好しになってもいけない。

　信用金庫の職員は、お客さまからの様々な依頼事に対応するが、世の中は、持ちつ持たれつ、ギブ＆テイクである。

　利己的過ぎても、利他的過ぎてもいけないことから、バランス感覚を持って活動することが重要だ。

現場⚫️声🎤

37

雰囲気の良い店舗づくり

信用金庫　役員

▶来店客への挨拶の大切さ

役員として臨店しながら感じることは、「職員が元気よく挨拶できる店舗は、支店の雰囲気も良く営業成績も良好」ということ。**「職員の挨拶」**と**「業績」**は**連動するもの**であり、来店客たちにも元気な声で明るく挨拶ができていると、お客さまたちからも支持されやすく、自然と業績も上向くものである。

雰囲気の良い店舗は、お客さまとの店頭でのトラブルも少ない。お客さまも気分よく来店されるため、気に障ることが生じにくいのだと思われる。

▶元気な挨拶は"福"を招く

昔、自分が営業店で融資係をしていた頃、業績が悪化して延滞先となっているA社という会社があった。

A社の社長は、来店したときは常に元気よく皆に挨拶してくれたものだが、ある日、テラー職員が何気ない会話の中でそのことに触れたところ、社長は「苦しい経営状況だからこそ、挨拶だけは元気よくすると決めたんだ」とのことであった。

人は、相手の声や表情、動きから身体エネルギー（元気）を感知するが、元気な人間は、他者からの信用を得やすいほか、好意や援助も受けやすい。

その後、当社の業績は見事にV字回復したのだが、社長の"挨拶力"が逆境を跳ね返したような気がしてならない。

▶支店長も率先して雰囲気づくり

「元気」は伝播する性質のものなので、元気のよい職員がいれば、店内の雰囲気も自然と良くなるものである。

特に支店長が元気で明るい性格であると職員たちも声を出しやすく、店内のコミュニケーションもとりやすい。

実際、**"風通しを良くすること"**は、**最良の効率化策**でもあることから、支店長には率先して良い雰囲気づくりに励んでもらいたい。

▶営業成績も大切な要素

最後に、スポーツも営業の仕事も、勝負事は、勝つことが大切である。

勝っているチームは、自然と雰囲気が良くなるからである。

スポーツなら、重大な場面で大きなミスがあった場合、負ければミスをした人が責められ、チーム内の雰囲気も悪くなるが、勝てば、ミスした人にも「あのときのエラーはドキドキしたぞ」と笑い話にできる。

同様に、**自店の成績を好調にしておくことは、店内の雰囲気を良くするうえでも大切なポイント**となる。

現 場 の 声 🎤

38

支店長と次長の関係性

信用金庫　役員

▶次長こそ支店の大黒柱

　支店長が円滑な支店経営を進めていくうえで鍵を握るのは次長である。

　次長が「内部管理」から「職員の心理的ケア」まで店内を上手にマネジメントしてくれれば、支店長も安心して対外的な仕事に意識と時間を集中できるため、営業店の業績も上向きやすい。

▶次長は大事なパイプ役

　もしも支店長が「自分は職場での出来事は何でも知っている」と考えているならば、それは過信であり、むしろ支店長だけが知らないことが往々にしてあることを自覚する必要がある。

　そうした中で、支店長が"裸の王様"にならないためには、次席者（次長等）に職員とのパイプ役を務めてもらうことが重要となる。

　上司と部下の間に入り、互いの意思を翻訳して伝えられる中間管理職は、上司と部下の双方から信頼される。

▶支店長の評判も次長しだい

　自分が営業店次長の頃に、いま一つ部下（特に女性職員たち）からの評判が芳しくないAさんという男性の支店長の下で働いたことがある。

　A支店長をしばらく観察していると、性格や判断力の問題というよりも、自分の仕事に没頭するあまり、周囲の状況に気が回らないタイプであることに気がついた。彼のような職人気質の人間は、高い集中力を発揮することで目の前の仕事では優れた成果をあげる一方で、視野が狭くなるのが弱点である。

　そこで私は、職場での出来事は、細かい事でも逐一、A支店長の耳に入れるようにした。

　例えば、テラー職員が店頭セールスに成功すれば、「今日、〇〇さんが…」とA支店長に報告するようにしたところ、A支店長も「そうか、すごいな、頑張ったな」とキチンとその職員を褒める言葉をかけるようになり、次第にA支店長は部下たちからも受け入れられるようになった。

　その後、A支店長は私よりも先に異動したのだが、送別会で贈られた寄せ書きに、女性職員から**「今までご一緒した支店長の中で一番好きで、一番男らしくて、一番頼りになる支店長でした」**と書いてもらっていた。

　周囲は、「この寄せ書きをA支店長は、お墓まで持っていくんだろうな…」と囁き合っていたが、自分は内心、支店長の人望は次長の心がけ次第なのだと感じたりもした。

現 場 の 声 🎤

39

S支店長との思い出

信用金庫 営業店／支店長

▶"男気のある"支店長

昔、Sさんという支店長と働いたことがある。Sさんは、学生時代は有名大学の応援団長であったが、仕事以外でも他人を応援し続けた人であった。

以前、私の知り合いの（地元企業の）経理担当者が、勤め先の廃業で失業してしまったことがある。雑談の中でその話をSさんにしたところ、数日後、「この会社が経理担当者を探しているよ」と話を持って来てくれて、最終的に無事にその人の再就職がかなった。

信用金庫の支店長ともなれば、ハローワークにも載っていない人材募集の情報を持っていたりもするが、気に留めて行動してくれた姿勢に驚かされた。

▶情けは人のためならず

Sさんは、得意先係だった当時、担当先の町工場の社長が働き盛りの年齢で急死したことから、自身の異動後もずっとご家族の相談相手になっていたが、同様にお世話していた先は数知れない。

Sさんは、「地域の人たちを応援すれば、巡り巡って自分たちにも良い影響がある」、「信用金庫の職員は、誠実かつ謙虚に行動することで、お客さまから応援される人間になることが大切」と部下たちには、いつも説いていた。

さらに、Sさんは判断力も確かであった。自分がこうしたいからとか、自分の変なこだわりとか、そうしたことを度外視して常に客観的な判断ができる人だったので、職員だけでなくお客さまからの信頼も厚かった。

▶"偉い人"とは

Sさんは、若くして支店長になり、数店舗で支店長を務めた後、家庭の事情で信用金庫を退職することになった。

退職が決まったある日、面倒な客に部下が因縁をつけられたSさんは、「私が責任をとって信用金庫を辞めますから、それで帳消しにしてください」と言って、相手を驚かせていた。

相手が「そんなこと言うなよ」と慌てても、「いえ、男に二言はありません」と言って事を収めて辞めていったが、部下たちには「こんな時にでも使わないとな」と豪快に笑っていた。

自分が子供の頃、**「"偉い人"とは地位や財産を持つ人のことではなく、後ろから拝まれるような人のことだよ」**と両親から教わったが、Sさんは、まさにそうした人物であった。

現在、同じ支店長の立場となっている自分も、Sさんのような支店長を目指して頑張っていきたい。

営業推進のための
各種の取組み

第5章 事業性融資の推進

§ 信用金庫による中小企業向け融資では、景気変動等に左右されることのない安定的な資金供給機能の発揮等が求められている。

現状と課題

◎中小企業金融機関として

　信用金庫が中小企業を支える地域金融機関としての大きな役割を果たすうえで、事業性融資は、特に重要度の高い業務と言えるでしょう。

　信用金庫の得意先係にとっても、事業性融資は、最もやりがいがあると同時に最も難易度の高い業務かもしれません。必要な知識の範囲も「業種別の商慣習」から「企業の財務分析」まで幅広いことから、奥深い仕事でもあります。

◎中小企業金融機関の本質的な役割とは

　「景気」や「企業業績」には波がありますが、コロナショックのように経済環境が急激に暗転した場合でも、信用金庫には事業先に対して円滑な資金供給機能を発揮し続けることが求められます。

　ただし、そのためには、信用金庫は普段から適切な貸出金利水準で中小企業に与信することにより、自金庫の内部留保を十分に蓄積しておく必要があります。日常的に低金利で貸すばかりでは、いざという時の内部留保が不足してしまいます。

　最近では、こうした本質的な部分をご理解いただけない事業会社も増えており、それが際限のない"低金利競争"を生み出している気もします。

◎理想的な事業会社との関係とは

　ある信用金庫は、自金庫の応援団となる事業会社（コア顧客）を定積集金により囲い込んでいましたが、得意先係が訪問するたびに資金繰りの相談や他社の紹介、各種情報提供等が事業会社の側から行われることで、あたかも信用金庫の営業チャネルの一部のように機能していました。その分、得意先係は浮いた時間を事業会社の本業支援に向けた活動等に充てられるなど、この両者はwin-winの関係にあり、信用金庫と事業会社の理想的な関係性のように感じられました。

改善のヒント

　信用金庫が事業性融資を推進するうえでは、低金利競争に巻き込まれないためにも、次のような"信用金庫の強み"を十分に発揮することが重要となります。

◎長期的な視点での取引

　事業会社にとって、信用金庫（職員）は、「今後も当地にいる」との安心感があるほか、長年の信頼関係から"信用金庫は当社の業況の良し悪しや支店長の交替等の影響を受けることなく安定的な取引をしてくれる"との期待があるものです。

　こうした長期的な視点で取引ができることは、信用金庫の強みです。

◎地縁人縁・定性情報が豊富

　地元でのネットワークを活かした営業推進活動は、信用金庫の十八番ですが、一度築いた地縁人縁は、金庫職員が人事異動になっても基本的には近距離への配置転換となりますので、リレーションが持続しやすいのが利点です。

　また、信用金庫では、個々のお客さまの特性を長年のお付き合いを通じて熟知することで、お客さまに応じて柔軟に対応できることも強みです。

◎面談機会が多い

　信用金庫は、一般的に定積集金等により面談機会が多いことも強みになります。お客さまと頻繁にお会いすることで人間関係を強固にするとともに、"地元の言葉"を使いながら胸襟を開いて語り合うことにより、相手側の社内事情やニーズを的確かつ早い段階で掴むことも上手です。

◎定性面を加味した企業審査が得意

　今後、金融機関における事業性融資の審査では、ＡＩが過去の取引履歴や信用スコアを用いて審査する形態が発達していくことが予想されています。

　ただし、中小企業向け融資審査では、データには現れにくい「経営者の人間性」等の無形資産を評価する力が今後も最重要のスキルとなるでしょうから、一般的に信用金庫が得意とする当該スキルは、さらに磨きをかけるべき強みとなります。

◎本章のポイント

　本章では、事業性融資を推進する際の留意点をはじめ、第三者から見た信用金庫の強み、自金庫の融資を企業側に利用してもらうための諸施策等について掲載しています。若手職員による自由闊達な活動も盛り込んでみました。

現場の声 🎤

40 貸すも親切、貸さぬも親切

信用保証会社　役員

▶「質屋」と「金融機関」の違い

全信協の元会長である小原鐵五郎氏が**「貸すも親切、貸さぬも親切」**という有名な言葉を遺しているが、ここに信用金庫における融資判断の真髄がある。「十分な担保があれば誰にでも貸す」というのは、質屋金融の発想である。

質店は、確実な質草さえあれば、誰にでも貸してくれる。質店は、質草の品質を見極めることにプロとしての技能を有する一方で、お金を借りにきた相手を見ることはしない。

それに対して、金融機関による融資は、相手の人間性や借入により得られる利益、返済原資の有無等を踏まえて、融資実行の是非を判断することになる。

▶相手の身になり考える

小原氏は**「その人が手掛ける仕事や生活がどうすれば上手くいくかを相手の身になり親切に考えた上でお金を貸さなければ、本当の金融にはならない」**とも説いていたが、こうした取組姿勢は、実は信用金庫の専売特許ではない。

現在ではグローバル企業となっているＡ社が、創業間もない頃にＢ銀行へ運転資金の申込みに行ったときのこと。

借入を希望する創業者に対して、Ｂ銀行の支店長は、「貴社は売掛金が多すぎるため、まずは全員で売掛金の圧縮に取り組むべきです。そうすれば、銀行からお金を借りなくても済むでしょう」と回答、それを実践した当社では、数ヵ月後には、キャッシュフローが一転して潤沢となったそうである。

その後、当社では新しい工場を建てることとなり、再びＢ銀行に融資の相談に行くと、それまで社長の言動を観察していた支店長は、即座に融資の実行を決断した、とのことであった。

以後、Ａ社とＢ銀行は、極めて親密な関係を今日まで続けているそうだ。

▶課題解決型金融の大切さ

Ｂ銀行の支店長がとった行動は、会社側の立場に寄り添ったものであった。

創業期に安易に融資を実行すれば、増加運転資金に対する利払いが、その後の経営の重荷になった可能性もある。

この支店長が、目先の融資実績よりも、相手の立場になりアドバイスをしたことが、その後の両者の信頼関係の礎にもなった。「貸すも親切、貸さぬも親切」の銀行版の好事例である。

取引先は、低金利融資ばかりを求めている訳ではない。**「顧客の課題解決」こそが、金融機関に求められる姿であることは、昔も今も同じなのである。**

現場の声 🎤

41

事業性融資の新規開拓

信用金庫　営業店／優績支店長

▶支店長の背中を見せる

部下の得意先係たちを事業性融資の新規先開拓に取り組ませるためには、支店長が普段から同行訪問により自分の背中を見せることが大切である。

ただし、格好よい姿を見せようとするよりも、失敗しても、次の訪問先に飛び込む姿（ファイティング・スピリッツ）を部下に見せることが重要だ。

そもそも新規開拓訪問など、**「応接間に通してもらえれば勝ち」**くらいに考えてよい。支店長でもなければ受付で面会を断られるのが普通であるため、「ダメもと」の心境で臨んで構わない。

部下たちに新規開拓を怖がらせないことが大事なのである。

▶課題解決型営業をするためには

その一方で、無策のまま支店長が断られ続ける姿を見せても仕方がない。

まずは、お客さまにとって「役立つ情報」や「お得な情報」をたくさん手元に集めたうえで、それを武器に訪問することが新規開拓活動では大切だ。

こうした武器を持っていれば、自信を持って新規開拓にも取り組める。

また、訪問先では「顧客の課題認識がどこにあるのか」を探ることに意識を集中させることも大切である。

「御社では、業務上で解決したい課題はありませんか？」、「売上の増加策を考えてみませんか？」等と聞いてみて、反応があれば、次回訪問時での参考情報の提供を約束することになる。

▶先入観もなくそう

新規開拓のターゲット先を増やすためには、前任者からの引継ぎを鵜呑みにしないことも大切である。

例えば、**「この先には絶対に行くな」といった話は、どの店舗でも都市伝説のように存在するもの**だが、具体的な根拠がなく敬遠されていた先は、実際に訪れてみると、全く問題ないことも多い。「行っても相手にされないぞ」みたいな話も同様である。

そうした中で、当金庫では、定期的に他店舗の得意先係が僚店のエリアで事業先へのローラー活動を行うのだが、他店から応援に来た職員のほうが先入観がない分、無心で片っ端から訪問していくことで、本来の地区担当者たちよりも新規開拓に成功する傾向もある。

なお、新規開拓活動を通じて訪問先で冷遇されるような体験をしておくと、普段、定例訪問先が自分たちの訪問を温かく受け入れてくださることの有難みを再認識できたりもする。

現場の声 🎙

42

事業先開拓のポイント

信用金庫　役員

▶まずは訪問(アタック)が大切

新規開拓の成果が出ない営業店は、新規先へのアプローチ件数が少ないなど、根本的な取組みが浅いことが多い。

特に事業性融資の新規開拓では、タイミングよくアプローチすることが大切となるため、まずは訪問件数（母数）を増やすことが重要である。

そうすれば、「あなた、いつも顔を出してくれるから相談するけど、こういう借入内容なら金利はいくら?」などと声を掛けてもらえる回数も多くなる。

▶新規開拓先との接点もいろいろ

信用金庫は、未取引企業に対して、「法人の所在地を管轄する店舗」と「社長の居住地を管轄する店舗」の両面から攻略できるのが強みであることから、これを実践することも大切だ。

例えば、普段、リテール営業として個人宅を訪問する際にも、家族や親族に事業者がいるかを確認し、該当者がいた場合には社名をヒアリングしておき、後日、紹介を依頼することで僚店等で取引が開始されることもある。

また、親との個人取引をきっかけに「息子の開業資金」が持ち込まれたり、地元の未取引先企業の経営幹部と出身校や居住地が同じ役職員が金庫内にいれば、そうした人脈からアプローチする方法も考えられる。

▶信用金庫の強みもアピール

事業性融資の新規開拓では、**「当金庫と取引するメリット」**を説明できるように準備しておくことも大切である。

例えば、「(エリア内での)店舗数の多さ」や「地元情報の提供力」、「信金業界のネットワーク」等に加え、「補助金申請支援」等をアピールする方法もある。

"自金庫と取引するメリット"がわからなければ、当金庫をメインバンクとするお客さまに聞いてもよい。お客さまは、金融機関の"違い"をよくご理解されているからだ。

なお、融資の新規先開拓では、少しでも接点がある先として**「出資金がある先」**や**「普通預金口座の開設先」**を狙う方法もある。前者は過去に借入していた可能性が高いほか、後者は金庫自体を認識してはいる。

ただし、前者は過去に融資トラブルがないかを事前に確認したほうがよい。

そのほか、**「営業地区内に地元の雑誌や新聞等で報道された企業」**があれば、本部から所轄の営業店に連絡して、未取引先であれば、記事を話題にしつつ訪問させたりもしている。

現場の声 🎤

43

融資提案のきっかけ

信用金庫　営業店／支店長

▶欲しい機械を聞いてみよう

"課題解決型営業"と言ってもあまり難しく考えずに、当店の得意先係には、相手側が製造業などであれば、社長に**「欲しい機械設備はないですか？」**とストレートに聞かせている。

「○○○が欲しいけど、先立つものが無いからな～」等の返答であれば、「まずは補助金やリースが使えないか、調べてみますよ！」などと言いつつ、話を前に進めていくことで、少しずつ社長をその気にさせている。

工場などの現場を見学しながら社長の話を聞くのもよい。社長から「本当は、これをこうしたいんだ」といった言葉を引き出せれば、具体的な資金需要につなげられることもある。

▶融資提案書も効果的

当店では、早めに融資提案書を渡すことも心がけている。資金需要が具体化していない段階でも、その時点での貸出金利等を記載した融資提案書を提供しておけば、他行に先駆けて当金庫に相談を持ち込まれやすいからである。

また、自金庫がメインバンクの先には、**「他行が提案書を持ってきたら、必ず見せて下さいね」**と言っておくと他行に抜け駆けされることが防止できる

ほか、場合によっては、同一条件で当金庫が融資を実行できることもある。

既に他行からの借入による設備投資を行った場合でも、設備投資後の会社では、銀行への返済により手元流動性資金が不足しがちなため、当金庫での（当座開設等による）運転資金の借入を提案すれば、採用されることもある。

▶不動産に関する提案もいろいろ

そのほか、取引先が事務所の移転等を目的として土地を探している場合には、当金庫が不動産業者を紹介するとともに、業者と連携しながら土地情報を提供したりすると、土地購入資金や建物建築資金を当金庫から借入してくださることもある。

なお、信用金庫は、世の中に不動産情報として出回る前の（鮮度の高い）潜在的な売買ニーズ情報等を保有していたりもするが、これは、お客さまが、自身にとって身近な存在である信用金庫に最初に相談する傾向があるからだ。

実際、信用金庫のお客さまにとって、日常的に会話する信用金庫の職員には、金融に限らず様々な相談をしたいとのニーズも強いことから、将来的には、こうした点が信用金庫の新たなビジネスモデルに繋がるような気もしている。

現場の声 🎤

44 私の事業性融資推進策

信用金庫　営業店／得意先係（優秀成績者）

▶新規先の開拓にも挑戦

　事業性融資の新規開拓活動を"コスパが悪い"と敬遠する得意先係もいるが、新たな取引先を開拓しなければ、信用金庫の顧客基盤が縮小してしまうため、新規開拓も積極的に行っている。

　新規開拓に関しては、数多く回ることが１つのコツであるが、この世界は、『打率』ではなく、『安打数』や『打点数』が問われるからであり、「ピンポンを押す勇気」が一番大切だったりもする。

　自分が新しい担当エリアを任された時は、最初にバイクで回りながら道を覚えつつ、発見した会社を全て写真撮影しておき、帰店後にインターネットや信用調査会社の資料、反社照会等で情報収集することから着手している。

　そして、信用調査会社のデータから抽出した先と合わせて新規開拓先をリストアップ。「地区担当の〇〇と申しますが、ご挨拶にお邪魔させてください」と電話で申し込み、アポを取って訪問。断られたら名刺だけでも置いて帰る。

　新規開拓先を訪問していく際には、「訪問の証（名刺、ティッシュ等）を残す」、「従業員さんからも情報収集」、「キーパーソンに会えないことが続けば時間帯を変えて再訪」等を心掛ける。

　実際、現場に出ているタイプの社長などは、朝早い時間帯や夕方16時以降に訪問すると会えたりもする。

　数十回目の訪問で初めて会えた社長に、「お前、どんだけ置いていくねん！」と笑顔で叱られながら、自分の名刺の束をまとめて返されたこともある。

▶雑談からチャンスを狙え

　なお、新規開拓先では、まずは雑談できる関係を構築することが大切だ。雑談の中で相手の「興味があること」や「お困りごと」を聞き出していけば、自然と融資のチャンスは巡ってくる。

　例えば、社長から「あそこの空き地が気になっているんだ」と言われたら、謄本を調べて所有者が当金庫の取引先であれば、不動産業者と連携しながら仲介していくことも考えられる。

　また、雑談が終わって帰る際には、「何かあれば何でも言ってください」と毎回伝えておけば、資金が必要なときには声を掛けてくれるようになる。

　もちろん機会があれば、直接、資金需要を聞いてもよい。「お金の流れ」や「売掛先」、「回収のサイト」、「資金不足になるタイミング」等を聴取しながら、間合いをつめていくこととなる。

　なお、老舗企業なども顔が広いため、

新規先を紹介してくれたりもするが、取引先企業の振込先リストを見ると、「この会社と取引があるんだ」とわかるため、紹介を依頼したりもするほか、振込先が他行の口座になっていたら、「この会社には、当金庫の預金口座もあるので、そちらを使ったほうが手数料も下がるので変更してください」とお願いしたりもしている。

▶肩代わりにもトライ

当地では、大手銀行の営業担当者が小規模企業を訪問することは少なく、会社側が借入の相談をしたいときは、社長が銀行を訪問することが多い。

それに対して、当金庫は自分から会社に足を運び色々な情報提供をすることで、徐々に切り崩していくことになる。

そのうち、**社長が「信用金庫には、気軽に何でも相談できるし、うちのことは現場も含めてよく理解してくれているな」と言ってくれるようになると、融資シェア奪取のチャンス到来である。**

他行の事業性融資を肩代わりする際には、ベタな手法ではあるが、決算書を見て借入本数が多い会社であれば、制度融資により借入を一本化したうえで金利を引き下げたり、借入期間を延ばすことで、会社側の毎月の返済金額を減らす提案をすることが多い。

▶既往取引先には資金需要を喚起

一方、既往取引先には、資金ニーズが乏しい中での融資提案を余儀なくさ

れがちだが、運転資金については、現在の低金利環境を追い風に、交渉次第では資金需要を喚起できることもある。

例えば、月商分くらいの預金しかない会社の社長には、**「資金繰り上、リスキーですよ」**と言えば、借りてくれることがあったり、ジャブジャブの先でも本業支援を重ねることで、社長が信用金庫に感謝している場合は、特に目先の資金ニーズが無くても「信用金庫との取引をつないでおくか」と考えて、融資を利用してくださることもある。

▶社長の懐にも入り込む

何事もお客さまに聞くのが一番早い。特に社長との会話は価値が高く、地域の情報、自社の情報、取引先の情報、全て社長から教わっていくのが質の高い情報を収集する秘訣と考えている。

社長の中には、純粋に若い得意先係を可愛がってくれるタイプの人もいるため、信用金庫の得意先係は、「頼りになる」だけでなく、「応援したい」という人間になることも大切である。

例えば、「先週、○○の融資を他社で実行したのですが、僕、得意なんで社長の所でもやらせてください」、「僕のスピードを社長に見せたいんです」などと言うと、「やってみたいんか」と言ってOKしてくださる社長もたまにいる。

ただし、事前に社長が大好きなゴルフの話をたくさんしてご機嫌にしてから、提案するなどの工夫も必要だ。

現場の声 🎤

45

地元での人脈づくり

信用金庫　役員

▶共通の知人を探せ

同世代のお客さまと会話をする中で、互いに知っている地元の一般人の名前が出ることがある。

そうした話題が出ると、短時間で仲良くなれたりもするが、このような人縁で補強された先は、黙って他行に借換えたりはしないものである。

当地のような5万人程度の街では、各世代（3年間で1グループ）を輪切りにするとそれぞれ2千人程度になるが、目立った人間は、それなりに信用金庫と関係の深い誰かとつながっているものであり、何かあれば、その人脈をたどって当人と接触できたりもする。

▶「縦の関係」と「横の関係」

信用金庫は、狭いエリア内で活動することから、**人や会社の「縦の関係」と「横の関係」をよく理解したうえで、上手に動き回ること**が重要となる。

当金庫では、各営業店が主催する「信友会」という顧客組織が会合やゴルフコンペを企画しているが、信用金庫の職員は、色々な場に顔を出すことで、交流の範囲を広げておくことが大切だ。

信友会のメンバーに知り合いの当金庫未取引先の社長等を紹介してもらうことで、人脈を広げられることも多い。

▶各種施設の非常勤役員を味方に

地元の各種施設（医療法人、社会福祉法人等）に非常勤役員や評議員等として誰が入っているのかを把握しておくことも有効である。

例えば、施設内の理事会等で金融機関からの借入について付議・報告をする場合に、当金庫への応援演説をしていただけそうな方を事前に探しておき、**「応援してください」とお願いしておくだけでも全然違う。**地元の有力者の中には、どこにでも顔を出している人がいるものだ。

そのため、当金庫では地元の有力者との関係を強化しつつ、「信用金庫が融資等を推進していること」を有力者たちに認識してもらうようにしている。

▶人脈づくりとは…

金庫の役職員が地元での人脈を作りたければ、そうした意識で日々を過ごせば良いだけだが、自分の「睡眠時間」と「財布（お金）」は削られる。

体調がすぐれない時でも誘われたら顔を出さなければ「自分の都合が良いときだけか…」と言われてしまうので、無理して付き合うこともある。

それでも、そうして培った人脈は、公私にわたり自分を助けてくれるものだ。

現場の声 🎙

46

決算書からのアプローチ

信用金庫　営業店／支店長代理（優秀成績者）

▶新規融資の開拓パターン

自分が事業先の新規開拓を行う際の典型的な手順は、次のとおり。

①訪問して雑談できる関係を構築

②当貸枠の設定を依頼

③枠の利用を働き掛ける

④枠を使い始めたら一定金額になった段階で証書貸付にシフトさせて、貸出金残高の維持向上を図る

特に「③枠を利用してもらうこと」が大切であり、ここを突破する目的で、"特別低金利の当座貸越"を提案したりもしている。

▶決算書から融資提案策を練る

自分の場合は、決算書から提案できることも考えてきた。

例えば、固定資産の中で減価償却が発生するものについては、取得時期を把握している。買い替えが期待できる設備であれば、訪問時に声掛けしておくことで、競合金融機関に先駆けて資金需要をキャッチできることもある。

また、**決算書に見慣れない科目があれば、内容を聞いておくことも大切**。

先日、取引先の会社が「外貨預金」を計上しているのに気づき、理由を聞いたところ、メインバンクの金融機関から勧誘されたために契約したが、あま

り気乗りがしなかった旨を吐露されたため、メインバンクへの不満が溜まっていると判断、融資の肩代わりを提案したところ成功した。

そのほか、価格の高騰や品薄により先行きの材料調達に不安を抱いている先があれば、**材料一括購入資金の利用を提案**してもよい。まとまったロットで仕入れることで、値引き等のコストダウンにつながることもある。

▶金融機関取引の変化に注目

「①預貸金シェア」と「②貸出金の長・短バランス」も注視している。

例えば、金融機関借入明細を見て、他行が大口融資を実行していれば、会社側に内容を確認することとなる。

特に当金庫がメインバンクの場合は、他行借入が増加しているのに何も言わなければ、「当社に関心が無いのかな。他行取引を増やしても大丈夫そうだ」と会社側が誤解してしまうので要注意。

また、新規参入してきた銀行があれば、最初は少額の信用貸しで入り込み、企業実体を把握してから低金利融資による肩代わりを図ったり、信用保証協会の枠が空いたタイミングで協会付融資を推進する傾向があるため、こうした動きには警戒が必要となる。

現場の声 🎤

47

低金利融資の取扱いについて

信用金庫 役員

▶金利の引下げは段階的に

当地区では、低金利での事業性融資が広まっているが、当金庫のように小口融資を数多く抱える金融機関では、貸出金利を高めに設定せざるを得ないと考えている。

大口の相手にまとまった金額で貸す大手金融機関と比較して、当金庫では小口の資金を何万件とお貸しするため、どうしても事務コスト全体が高くつき、これをカバーするための貸出金利も高めになるからである。

ただし、金庫取引先の社長にとって、「貸出金利の低さ」が取引金融機関を選択する際の絶対的な基準であれば、そこは金利勝負に出ざるを得ない。そうした会社に付加価値サービスうんぬんと言っても効果は見込めないからだ。

その代わりに、**極端な低金利融資の提案や既貸先への階段を踏み外すような一足飛びの金利引下げは、同業他社への影響等もあるため、当金庫としては避けるべきであり**、そこは相手側にも一定の理解を求めたほうがよい。

可能であれば、金利を引き下げる条件として、追加担保の差し入れ等により保全率を高めるような交渉も必要と思われる。

▶金利設定の水準感を探る

既貸先への具体的な金利引下げを検討する際には、他行借入との金利の差異を確認しつつ合意できる金利の水準感を探ることになる。

その際、実際に当金庫債権の金利が他行よりも著しく高めであったとしても、他行債権とは借入時点が異なるケースもあり、その場合には、当時の基準金利（市場金利）の水準が異なる旨を借入先に説明することで、一定の理解を求めることにしている。

また、**債務者側の意向が「他行の金利と同水準でないと他行に移る」のか、「金利の引下げを少しでもしてほしい」のかによって、当金庫の選択すべき回答が異なることにも注意が必要だ。**

本当は後者なのに、前者のような形で本部に報告してくる支店長もいるが、支店長はお客さまに良い顔ができたり、貸出金残高が維持できたとしても、自金庫への収益貢献度は低下するため、要望の内容は正しく報告させている。

低金利融資は、当該企業への次回以降の実行金利や同業者向けの貸出金利に影響することもあるため、安易な金利の引下げは、厳に慎むべきである。

当金庫では、それを抑制する目的で

全営業店の貸出金平均利回りの推移を一覧表にして月次で還元しているほか、個社別に預金残高・給振有無・各種手数料等を加味した「総合採算シート」を作成、融資稟議書に添付することで、採算状況を検証するようにもしている。

仮に優良企業でも、極端な低金利融資や過剰サービス等により当金庫にとって取引採算に乗らない先は、取引を見直すことも選択肢の1つとなる。

▶業績評価基準も工夫する

従来、安易に貸出金利の引下げに走る営業店が後を絶たない背景として、営業店の業績評価基準が「貸出金残高偏重型」であることも影響していた。

そこで、当金庫では、**昨年度から業績評価基準の重点を「残高ベース」から「収益ベース」に切り替えたところ、貸出金利回りの低下に一定の歯止めがかかるようになった。**

一般的に評価制度の内容は、経営の意思が反映されており、職員の行動もその内容に沿うものになる。

そのため、仮に「貸出金利によって自分たちの評価が左右される」となれば、職員も金利交渉を粘れるのである。

▶取引先の見極めも大事

一方で、補助金の獲得を当金庫のサポートで実現させた会社が、受給までのつなぎ資金の借入金利についてうるさく言うことは少ないことから、そうした会社を増やすことも大切である。

ただし、金庫取引先の中には、要望ばかりが多く、当金庫とwin-winの関係になるのが難しい先もある。

世の中には、持ちつ持たれつの関係を維持するために引き受けておくべき案件も往々にしてあるものだが、時間の経過とともに、そのバランスが崩れていくこともある。

そうした先への見切りは、役員が決断しなければならないと考えている。

実際、信用金庫として大きな取引や業務等をやめるには、役員クラスが決断しないと実現しないケースも多い。

金庫内の"スクラップ&ビルド"を進展させるためには、役員が「やめることを評価する」、「やめることこそクリエイティブ」等と発言することで、現場の背中を押していくことも必要だ。

▶社長の性格に即して対応

そのほか、金利の引下交渉に関して、初回の他行攻勢は本当でも、2回目以降は架空の話を持ち込んでくる社長もいるため、社長の性格によっては、慎重に裏をとったほうがよい。

逆に、人の好い社長の場合には、一度金利引下げをした後で、再び他行攻勢を受けた際に、「2度も金利引下げを信金に頼むのは気が引ける」と考えて、当金庫に相談せずに他行等にシフトしてしまうこともある。

そのため、当金庫も社長の性格に応じて柔軟な対応をとることが必要だ。

現場の声🎤

48

「ピンチ」と「チャンス」

信用金庫　役員

▶**冷たい会社が寄ってきた！**

　事業性融資の世界は、「ピンチ」と「チャンス」が紙一重である。

　支店長の頃、なかなか取引してくれない会社があったが、ある日、経理部長を訪問するとトントン拍子に話が進み、「チャンスが来た！」と判断、一気に融資実行まで漕ぎつけたことがある。

　しかし、数ヵ月後にその経理部長が会社の金を横領したうえに粉飾決算をしていたことが発覚、会社も倒産した。

　自分は支店長として傷心状態なのに、一時は自分が経理部長と共謀して融資を実行したのではないかと疑われる始末で、散々な体験となった。

　これまで冷たかった会社が急に優しくなったり、相手側から接近してきた時は、用心深く接するべきだと学んだ。

▶**融資案件を奪われても諦めない**

　逆に、失敗後に成功することもある。

　例えば、水面下で話を進めていた融資案件が他行の手に渡った際には、「なぜ案件情報が他行に漏れたのか」等と考えて悔しくなるが、こうした時は、簡単にあきらめずに「**金庫内でも話を進めてしまっているので、全額とは言わないまでも、せめて何割かは回してほしい**」等と社長に交渉してみると、

「喧嘩になってもいかんから、〇割は信金にお願いしよう」と折れてくれることもある。

　それでも駄目なら、「**預金も大募集中です**」などと言ってみると、「いくら必要なんだ？」となったりもする。

　それが断られても、将来の布石にはなる。次回の融資案件が出てきたら、「**今度は、うちの番ですよね**」と言って、一歩前に出ることが大切だ。

▶**お客さまのピンチに関係強化**

　まだ若い頃、（金庫がサブ取引先の）タイル製造の会社で火災が発生して、機械の一部が焼失したことで、生産ラインが停止してしまったことがある。

　当金庫の役職員が、代替可能な機械を保有する会社を廃業先も含めて地元で探し回った結果、停止した作業工程を代替できる会社を発見、そこに発注することで工場のライン停止期間を最小限に食い止めることに成功した。

　現在は、有料で代替先を探してくれる専門機関もあるが、当時は、そうした会社も無かったので「これこそが信用金庫の仕事だな！」と実感できて嬉しかった。当社の側も、以来、当金庫をメインバンクとしたうえで、今でも大切にしてくれている。

現場の声 🎤

49

融資の事前協議制度について

信用金庫　役員

▶個社別の取引方針を設定

事業会社に融資を提案した得意先係にとっては、お客さまから「せっかくだから、借りようか」と言われた後に本部（審査部）が提案した条件での融資を承認してくれないことが一番怖い。

そのため、当金庫では、事前に営業店が本部と協議し、既往取引先に関しては、個社別の融資の取引方針を定期的に定めることにしている。

具体的には、**既往取引先に対しては、各社の信用力や保全状況等に応じて事前に決めた融資条件（金額、金利、期間等）の範囲内であれば、すぐに営業店が融資の申込みに回答できるようにしている。**

「この先は、残高5千万円以内までは、金利○％以上であれば支店長専決で実行してOK」等と決めておけば、営業店も自信を持って日頃の推進活動ができるようになる。

▶素早い回答は最大の武器

事前に取引方針を決めておけば、「社長、この条件でどうですか。すぐにご融資できますよ」と言うこともできる。

融資提案の内容も、より具体的なものを自信を持って練ることが可能だ。

また、支店長が社長から融資の相談を受けたときにも即答できるため、支店長の"株"が上がり、社長からの信頼感が高まることもある。

導入以前は、お客さまも「信用金庫で大口資金を借りるには、営業店が本部に相談するために時間がかかる」との印象があったせいか、導入当初は、回答の早さに驚かれたりもした。

実際、融資相談に対して素早い回答をすれば、金利は多少高くても、お客さまには利用してもらいやすい。

ただし、各営業店長には、当金庫のクレジットポリシーを遵守しつつ、厳格な審査判断をすることが求められる。

▶自己査定時期がベスト

なお、営業店からの事前の取引方針の申請は、年2回の自己査定時期に合わせて行うのが効率的である。

この時期は、本部と営業店が各与信先の財務状況や取引内容を記載した各種資料を読み込む時期なので、その時にいっぺんに済ませたほうが、担当者の負担感も少なくて済むからである。

一方、未取引先に対しては、現時点では取引方針の設定対象外としているが、今後は、未取引先には簡単な手続きで少額の無担保融資を出せるような仕組みも検討していきたい。

現場の声 🎤

50

当座貸越の推進

信用金庫　役員

▶当座貸越で貸出金残高を増やす

当金庫では、優良企業への貸出金残高を増やすためには、当座貸越を通じた取引深耕が有効と考えており、借入専用商品である「専用当座貸越」をシステム対応のうえ推進している。

当商品は、当座預金であるが口座振替などは設定できず、企業が当金庫から借入する場合のみに利用できるのだが、優良企業を対象に活用されている。

当座貸越で当該先の貸出金残高を増やしつつ、**当貸残高が当貸枠の上限に近づいてきたら長期資金（証書貸付）に振り替えることで、全体の貸出金残高をさらに増加させていくこととなる。**

なお、取引歴の浅い優良企業に対して、最初から長期資金を低金利の証書貸付で狙う金融機関もあるが、仮に一時的に参入できたとしても、後が続かないことも多い。

したがって、当金庫では"急がば回れ"と考えて、当座貸越から入る形での取引深耕を推進している。

▶利用状況の検証も大切

当座貸越の与信枠がある先については、利用状況を定期的にチェックすることも大切である。

利用状況が芳しくない先については、利用促進に向けて条件を見直すほか、当面の利用見込みが薄ければ、当貸枠を減額する対応も考えられる。

いずれにしても、放置しておくことは時間と信用コストの無駄遣いなので、必要な対応はこまめに実施している。

▶利用促進に向けた取組事例

当座貸越の条件見直しにあたっては、**「当座貸越の金利を引下げる代わりに利用していただく」という"攻めの金利引下げ"**をすることもある。

ただし、利用促進を理由に当座貸越の金利を引下げた場合には、その後の自金庫をはじめとする「各金融機関の当貸利用残高」の推移を確認することで、効果を検証することも必要となる。

一方で、預金残高が多い会社に少額の当座貸越枠を設けたところで利用される可能性は低く、枠の更新の手間ばかりかかるため、優良先であれば、大きめの枠を提供したうえで利用を促す方法もある。

なお、当座貸越や手形貸付の利用を促す際には、当社が短期借入をどのような目的で利用しているのかも念頭に置きながら、会社訪問時の会話（提案）を組み立てることも大事なポイントだと考えている。

現 場 の 声 🎤

51 創業支援に向けた活動

信用金庫　経営支援部／担当者

▶**創業セミナーで起業家を発見**

当金庫における創業希望者の発見方法は、「**創業セミナーを開催して、参加者を集めること**」が最も効率的と考えている。

講師には創業体験者を招くことが多いが、楽しい話だけでなく辛かった過去の体験もセミナーで話してもらうことにより、「大変だが、それでも本当に創業したいのか」とのメッセージを受講者に向けて発信している。

そのうえで、ポジティブな反応があった受講者には、翌月から開始される事業計画の策定方法等の研修への参加を勧奨している。

「クラウドファンディング」や「IT活用営業」、「知的財産権」、「特許」、「税務」等に関するセミナーが創業希望者の関心が高く、リアルでの開催に加えてWeb開催や動画配信等を交えながら実施すると、さらに参加率は高まりやすい。

▶**事業計画の策定**

こうした基本的な情報提供を実施する中で、当金庫として創業支援を決めた先が策定した事業計画は、当金庫職員や外部機関が参加して2ヵ月程度でブラッシュアップを図っていく。

練り上げられた事業計画は、さらに専門家に検証してもらい、「改善点」、「注意点」、「伸ばしたい強み」等のアドバイスを受けることになる。

なお、重厚な事業計画を作成できる先ばかりではないため、Ａ3の1枚紙による簡易な事業計画のこともある。

事業計画が固まったら、それを元に「金融機関からの借入が必要か」、「事務所の設置が必要か」等を整理していき、金融機関借入が必要ならば当金庫での融資（創業支援融資）を検討し、事務所が必要であれば、レンタルオフィスの手配等をサポートしている。

▶**創業支援融資の実行**

創業支援融資の実行にあたっては、「創業すると言って実際にはしない先」や「すぐに倒産する先（最悪のケースでは"計画倒産"）」もあり得るため、十分な審査が必要となる。

やむを得ず、金庫内の審査を経て融資を見送るケースもあるほか、自己資金を貯めてからの再チャレンジを勧めるケースもある。

資金調達方法（≒融資）については、制度融資やプロパー融資のほか、公的金融機関の利用を勧めることもあるため、各関係先との連携も重要になると感じている。

現場の声 🎤

52

ビジネスマッチングの仕組み

信用金庫　営業店／得意先係

▶2種類のスキームを併用

　営業店がビジネスマッチングに取り組む目的は、「取引先企業の課題解決」、「新規先開拓の武器」、「融資機会の創出」等である。ビジネスマッチングの案内は、競合金融機関との差別化にもなるため、**当金庫では「自金庫専用」と「広域連携用」の2種類のスキームを併用して積極的に取り組んでいる。**

　マッチングの商談件数については、支店単位で目標件数が設定されており、毎日、得意先係は最新の（全店分の）登録内容の閲覧を行っている。

　ただし、成約の見込みが薄い"石案件"が混ざることを防ぐため、登録件数は目標にはしていない。

▶自金庫専用ビジネスマッチング

　「自金庫専用」スキームは、自金庫の顧客同士を紹介するものであり、金庫内のシステムに「売」「買」情報をそれぞれ登録する仕組みである。

　登録内容は、要点だけを簡潔に記載しておき、詳しい情報は、登録した店舗への電話や顧客照会により入手する。

　得意先係は、外出先からでもタブレット端末で登録情報を閲覧できるため、訪問先でマッチングの依頼があれば、その場で検索できる仕組みだ。

　先日は、訪問先で「サイバーセキュリティ対策の強化」を相談されたので、登録されていたシステム会社を紹介、商談をまとめることができた。

　特に「内装工事を頼みたい」といった"買い情報"には、申込みが殺到するため、新規登録を発見したら、すぐに登録した店舗に電話をするほか、自分でも積極的に"買い情報"を集めている。

　また、本部のビジネスマッチング担当者からのサポートも受けられる。

　「こういう先が僚店で登録されたけど、君の担当先のA社に合うのでは」等と電話でアドバイスされるほか、登録情報の文章を添削されたりもする。

▶広域連携用ビジネスマッチング

　一方、「広域連携用」は、金庫内でのマッチングが難しい案件について、他金融機関の顧客とのマッチングを図るものであり、外部システムを活用する。

　不十分な情報量で登録しても紹介先は現れないため、必然的に自金庫内でのマッチングと比較してシステム上での掲載情報は多くなる。

　情報の掲載にあたっては、食品などは「FCP展示会・商談会シート」の記載内容に準拠することで、マッチングの成功率が高まるように工夫している。

現場の声 🎙

53

ビジネスマッチングの成功事例

信用金庫　営業店／支店長代理

▶お客さまにとってもwin-win

多くの事業主の共通の関心事は、自社の売上向上であるため、信用金庫の事業性融資の推進においても、事業先の売上向上を支援しつつ、当金庫の融資を利用してもらう方法が有効である。

以前、得意先係として、A社という家族3人で経営している自動車整備業者を担当していた頃、時期による繁閑が極端な会社であったため、社長は受注時期の平準化を希望していた。

ある日、私が地元大手の運送会社を訪問した際にトラックの整備状況を聞くと、約100台のトラックを3ヵ月ごとの法定点検に出していたのだが、整備業者がトラックを引き取りに来ず、点検費用も安くないとのことであった。

そこで、A社の社長を紹介すると、「引き取り」と「ディスカウント」を条件に定期点検の受注が契約できた。

「売上は倍増するが、人も採用しないと仕事が回らんぞ」となり、今度は人を探してあげようというところで、自分が僚店に異動になってしまった。

その後、A社では、当金庫から増加運転資金を調達したが、今でも社長は**「信金には、足を向けて寝られない」**と言ってくれているそうだ。

▶飛び込み訪問からの急展開

トラックと言えば、以前、B社というトラックの販売会社に飛び込み訪問をしたところ、社長に金融機関からの借入状況を聞くとメガバンク等から金利0.4％で運転資金を借りていた。

「信用金庫は同じ条件で貸せる？」と聞くので、**「無理ですよ。うちは1.8％ですから」**と答えた。

そこで会話が終わってもまずいので、「どうすれば借りてくださいますか」と聞くと、「高機能の冷凍車を数台仕入れたので売ってきて」と言われた。

とりあえず販売用のチラシを20枚ほど預かり、知り合いの運送業者の社長に配ってみると、「ちょうど買い換え時期なんだけど、値引きできるの？」と言う先があったので、B社に電話で聞いてみると「買うのかよ！」となった。

すぐに面談をセッティングした結果、冷凍車2台を合計1,500万円で売り上げ、喜んだ社長に3,000万円を金利1.8％で借りていただいた。

翌年、社長は決算書を見たメガバンクの営業担当者から**「なぜ信金からこんな高いレートで借りたのですか？」**と不思議そうに聞かれたが、堂々と事情を説明できたとのことであった。

現場の声 🎤

54

補助金申請支援の有効活用

信用金庫　営業店／支店長

▶将来の有望企業が対象

　行政による各種補助金の対象分野や対象先は、「今後、伸びる分野（業種）は何か」、「将来的に税金を納めてくれる企業に成長するか」等から判断される傾向があり、補助金対象先には将来性が期待される会社が選ばれやすい。

　成長性の高い会社や優れた技術力を有する会社等を応援していくことは、信用金庫の社会的な使命でもあるが、当該企業との関係強化は、当金庫にとってもメリットは大きいものである。

　なお、補助金申請支援の手段には、金庫職員自身がサポートする方法や、信頼できる専門家を紹介する方法もあるが、自分は前者のタイプである。

　自分自身の補助金申請支援のレパートリーは「ものづくり補助金」、「IT導入補助金」、「事業承継補助金」をはじめとする10種類以上であるが、これまでに多くの申請をお手伝いしてきた。

▶融資推進上でも追い風に

　補助金を申請した場合には、認可されたとしても実際に支給されるまでにはタイムラグがあるため、信用金庫がつなぎ資金を融資することも多いほか、補助金と実際の設備投資金額の差額を融資することもある。

　十分な自己資金がある先でも、「お世話になったので」と言って、信用金庫から借入してくださるケースもある。

　当地は狭い街なので、「しんきんに頼めば補助金申請を支援してくれる」との口コミが地元では広がっており、「設備投資を検討する際には、まずは、しんきんに相談してみよう」との流れはできてきた。それが融資推進上でも追い風となっている。

▶新規先開拓にも最適

　当店では、新規先開拓のため未取引企業を訪問しても、武器がないと取引開始は難しい中で、「どうすれば当金庫を選んでいただけるか」を考えた結果、**「東京から遠く離れた当地でも、素早く会社経営に役立つ最新情報をお届けすること」**をウリにすることにした。

　その代表格が補助金や助成金に関する各種情報であり、これらは、税理士や会計士よりも早く情報を提供しているとの自負もある。

　具体的には、毎朝、インターネットで中小企業庁、中小機構、各自治体、厚生労働省（雇用関係の助成金）などのホームページを閲覧、新たな補助金・助成金の募集開始等を確認している。

　そうした情報を提供するなど、相手

が望むサポートをすれば、無駄な労力を費やさずともスッと相手の懐にも入り込めるものである。

補助金申請支援という武器を手に入れてからは、年商50億円以上の企業に対しても、自信を持って訪問できるようになった。

▶時間が無い時は、客先で作成

大切なことは、単に「こういう補助金制度があります」と言うだけでなく、**「申請書作成もお手伝いしますよ」**と伝えることであろう。

補助金申請書の様式はインターネットで取得できるものが多いが、提出期限が迫る中で申込みがあった場合には、申請用の事前準備を済ませたうえで、申込先の会社を訪問して、その場で自分が社長にヒアリングしながら申請書の作成を手伝うことで、申請書を完成させることもある。

なお、「補助金」の種類によっては、大量の件数をこなすために行政側でシステム化されているタイプもある。

この場合は、(インターネットで接続し)パソコン上でアンケート調査書等をクリックしていき、「YES-NO」レベルの設問に回答していけば、自動的に審査されるケースが多い。

そのため、パソコン操作が苦手なお客さまに対しては、アンケート調査書等を事前に紙で印刷しておき、お客さまに筆を入れてもらったものを私がパソコンに入力していくこともある。

また、各種計画の申請書を穴埋め形式のフォーマットにしておき、「当社(○○)の強みは○○で…」といった"ひな形文"をあらかじめ準備したうえで、○○の部分を社長に聞いて埋めていくことで、手早く申請書が完成するような工夫もしている。

なお、補助金申請が無事に通過して喜んだ社長から「お礼に何かしようか?」と尋ねられたときは、定積集金の契約をお願いすることが多い。

月1回の訪問を半年間ほど続ければ、新たな取引にもつながるからである。

▶企業の実態把握が簡単に

補助金の申請書類には、基本的には「①自社の概要」、「②強み・弱み」、「③経営課題」、「④課題への対処方法」等を記載することになるが、これらは信用金庫が当該企業に対して営業推進や審査を行う際にも必要な情報となる。

そのため、ヒアリングを通じて企業の実態を把握できることは、信用金庫の営業店にとってもメリットが大きい。

そもそも、企業側にとっては、金融機関に自社の事業計画や財務状況を細かく開示することは、内心では抵抗感があったりもするため、本来は金融機関が企業の事業実態を把握することは口で言うほど容易なことではない。

しかし、**補助金申請という共通の目的を持った場合においては、「少しでも**

金融機関側に自社のことを理解してもらおう」とのインセンティブが企業側にも強く働くため、普段は聞けないような"深い情報"を聞き出せることも多い。ちなみに、こうした傾向は、事業承継支援や相続手続きのときにも発生しやすいといえる。

▶決算書を入手しよう

申請書に記載する事業計画を社長と信金職員が一緒に練ることで、互いの心理的な距離感が近づくこともある。

また、申請にあたっては、決算書の報告も必要となるため、自然な形で決算書3期分を入手できることなども、信用金庫にとってはメリットである。

決算書を眺める中で金利が高い他行からの借入があれば、当金庫への借換えを提案することもできるため、決算

書は未取引先企業からはどうしても欲しいものだが、補助金申請支援を行えば、簡単に入手できる。

なお、決算書を徴求した時は、些細なことでも必ず褒めている。利益が出ていれば、「さすがですね」と褒める。売上がプラスでも褒める。何もなければ、「給与」を褒める。「さすがですね、これだけ社員さんに支払われているんですね」と褒めたりしている。

1人あたりの給与水準がそれほど高くなくても、社長としては、社員たちを養っている自負があるため、そこを褒める。「地域貢献されていますね」との言葉を添えたりもする。

褒めていれば、相手側から「でも、〇〇が悪化してしまってね」等と自分から課題を言ってくれるものである。

☕ Break time

日本の明るい未来にとって、全国の地方都市の活性化は、必要不可欠な要素です。

地方を元気にするためには、各地域のキープレイヤーが力を合わせて各地域の振興や課題解決に取り組むことが重要ですが、例えば、各地域の信用金庫が地方自治体や地元大学を巻き込み"産学官金連携"を進めることも、有効な取り組みの1つです。

例えば、バブル期以降の日本経済が米国や中国と比較して停滞した要因の1つに、両国ほど有力な新興企業が台頭しなかった点があげられますが、GoogleやFacebookのような大学を起点としたスタートアップ企業や第二創業企業を増やすためには、各地域の大学と地域金融機関が巧みに連携することで、地域課題の解決や雇用の創出につながるような企業（起業家）の発掘や育成に努めることも大切な視点です。

信用金庫にとって、大学は員外先となる場合が多いこともあり、これまでやや疎遠な存在となりがちでしたが、今後は地域発展のためにも一層の関係強化が期待されます。

現場 の 声 🎤

55

公認会計士や税理士との連携

信用金庫　役員

▶当金庫の販売チャネルに

　信用金庫は、地元の士業（公認会計士、税理士等）を味方にするべきだ。

　士業には「帳簿屋タイプ」と「アドバイザータイプ」がいるが、特に後者は、クライアントに金融機関取引に関する各種の助言をする機会も多い。

　資金調達に関して、当金庫への相談や利用を勧めてくれる存在となれば、当金庫にとって新たな販売チャネル（窓口）が増えることにもなる。

　実際、信用のおける会計士等からの顧客紹介であれば、当金庫としても十分に検討の余地があったりもする。

　例えば、起業者が事業計画や税務申告の手続きを会計士等に相談した際に、資金調達面で当金庫を紹介してもらうケースもある。

　また、普段の得意先係の渉外活動において、仮に自分が会計や税務面での知識が不足している場合でも、公認会計士や税理士と懇意にしておくことで、電話一本で同行訪問してもらえる関係性が作れれば、お客さまからの各種相談にもスムーズに対応できたりもする。

▶関係強化に向けた取組み

　会計士等の中には、クライアントに**「借入金利の引下げを取引金融機関と交渉したらどうか」**等と余計な（？）提案をする人物もいるが、信用金庫が懇意にしておくと、そうした動きを抑止できる面もある。

　そのため、当金庫では、定期的に営業エリア内の会計事務所等を訪問することで、士業とのネットワーク作りに努めているほか、会計士等を金庫内研修の講師としたり、自金庫の会合等に招待することで関係を強化している。

　なお、当金庫の顧問税理士は、逆に地元の税理士の会合に金庫役職員を招待、定期的に講演をさせてくれている。

▶専門家と連携することも

　「当金庫にとって面談機会の少ない経営者」や「会計士のアドバイスを重視する経営者」には、会計士を通じた提案が効果的なこともある。

　また、契約している会計士等の手腕に不満を持っている経営者がいた場合には、当金庫と懇意な関係にある優秀な会計士等を紹介することもある。

　そのうえで、債務一本化による資金繰りの安定化を信用金庫と会計士等の双方から提案したりするほか、（守秘義務の範囲内で）与信先に関する情報交換を会計士等とすることで、与信先管理にも活かしている。

第6章

個人ローンの推進

§ 個人ローン商品の推進は、各信用金庫の組織レベルでの推進力が問われることから、本部と営業店が一体となって取り組む必要がある。

現状と課題

◎個人ローンは"組織力の戦い"

個人ローンは、事業性融資と比較して業務内容が定型化していることもあって、「各信用金庫の組織的な推進力」が問われるローンと言えます。

すなわち、自金庫として「商品特性（優位性）」、「推進時期」、「ターゲットの抽出方法」、「提案ツール」、「応酬話法」等を商品ごとに整理したうえで、効率よく推進していくことが成果を出すための鍵となります。

こうした推進方法を体系的に整理・共有しておけば、再現性が高まることで、全体の底上げとなるほか、得意先係以外の職員でも、店頭セールスや電話セールス等を効率的に行えるようになるため、本部主導で取り組むことが効果的です。

◎商品性の"強み"を作る

推進にあたっては、お客さまから各個人ローン商品の「ストロングポイント」を質問された際の答えを用意しておくことも大切です。

例えば、車の販売員でも、お客さまから販売対象となる車の長所を聞かれれば、「燃費」、「価格」、「デザイン」等と必ず答えてくれるのと一緒です。

個人ローン商品の性能には、「金利」、「返済方法」、「申込手続きの簡便さ」、「審査スピード」等の切り口がありますが、本部で競合金融機関の商品性を分析しつつ、自金庫商品にも必ず何らかの強みを設けたうえで、その強みをお客さまにわかりやすい形で伝えていくことがポイントです。

◎"標準モデルの確立"と"職員教育の徹底"

優れた事業会社ほど、「業務や作業ごとに標準を作る習慣」と「標準を従業員に習得させる教育力」を併せ持つものですが、信用金庫の営業推進活動も同じです。

"標準"を確立＆進化させつつ、職員に徹底していくことが大切となります。

改善のヒント

◎競争力のある商品を揃える

　個人ローン商品では、前述のとおり、競合金融機関の商品にも目配りしつつ、顧客の金融ニーズに即した競争力のある商品を揃えることが重要です。

　一般的な「個人顧客のライフイベント」と「自金庫の個人金融商品・サービス」を対比した一覧表を作成しながら、品揃えを充実させている信用金庫もあります。

◎"推進策"を立てる

　物事を成功させるためには、常に"作戦"を立てることが重要となります。

　個人ローンの推進も、各商品のニーズが高まる時期を正しく認識したうえで、その時期に合わせて活動することが"効果"と"効率性"を最大化させます。

　また、各個人ローンでは、ニーズのある人と接する機会が多い人たちがいます。例えば、住宅ローンであれば「住宅業者」、カーローンは「（中古車）ディーラー」、教育ローンは「高校の進路指導課」等ですが、こうした人たちとwin-winの関係を構築し、自金庫の応援団に取り込みながら推進していくことも大切な視点です。

◎"推進方法"を磨く

　信金職員が自信を持って商品をセールスするためには、十分な商品知識を身につけることが大切ですので、定期的な庫内研修は必須となります。

　その際に、個人ローン推進のノウハウを効率的に学ぶ方法としては、自金庫が提携している信用保証会社の営業担当者から教わることも有効です。

　信用金庫によっては、信用保証会社から他金庫の推進成功事例を聞いておき、後日、当該金庫を直接訪問して詳細を教わったりもしています。

◎取引拡大を図る

　個人ローン取引では、ローン利用者との接点を足掛かりにして、当該顧客との取引深耕を図ることはもちろん、他のお客さまへのご紹介も含めて、さらなる取引拡大を目指すことによる採算性の向上が重要です。

◎本章のポイント

　本章では、各個人ローン商品の推進施策を中心に掲載しています。個人ローンの推進は、貸出金残高の増加に加えて、（信用リスク控除後の）貸出金利回り向上等の効果も期待できますので、積極的に推進したいところです。

現場の声 🎤

56

リテール営業の心構え

信用金庫　営業推進部／部長

▶声掛けすることが大切

個人ローンの推進では、数多くの人たちに声を掛けることが大切となる。

ただし、最初からカードローンなどを提案すると相手によっては、「自分はお金が無いように見られている」とネガティブに捉えられてしまうこともあるため、初めは定期預金や定期積金の提案から入り、預金を断られてからカードローン等を紹介する方法もある。

一方で、カーローンについては、普段の営業活動のなかで、会う人全員に「車を買う予定はありませんか」と言いながら推進しても違和感はない。

カーローンを制すれば、他の個人ローンに波及するケースも多いことから、積極的な推進が望まれる。

▶事前準備の重要性

定例訪問先以外の個人顧客を訪問する際には、リストアップが重要となる。

例えば、カードローンの口座を持っているが未利用の先は、過去に金庫担当者に好意を持って契約してくださった可能性もあり、現在の得意先係が訪問しても話を聞いていただきやすい。

また、証貸残高リストを用いてリピーターを増やしていく方法もある。

リピーターの獲得にあたっては、既貸の利用先に対して、返済の途中でも既貸を繰上償還して新たに借入できる商品があることを案内してもよい。

▶住宅ローン先へのご案内

住宅ローンの利用先には、当金庫の各種の個人ローンの利用を勧奨することが大切となるが、例えば、「住宅ローン利用者専用の〇〇ローン」を開発することで訴求力を高める方法もあるほか、住宅ローンの実行時に他のローン商品を十分に案内しておくことで、カードローン等を"ついで買い"していただく方法なども考えられる。

▶事務員さんとも仲良くしよう

個人ローンの推進では、「職域セールス」も重要であり、特に訪問先の事務員さんとは仲良くなっておくとよい。

例えば、経理担当の事務員さんなどは、仲良くなると給料日に給与明細と一緒に信用金庫の商品チラシを社員に配ってくれることがある。

同様に、経理担当の事務員さんは、年末調整で住宅ローン控除を受けている社員さんたちをご存知なので、他行住宅ローンの利用者に当金庫のチラシを渡してもらうようにすると、後日、住宅ローンの借り換えに成功することもある。

自分の経験では、病院の事務員さんと仲良くなったときには、当金庫商品の見込み先（主に看護師さん）が院内で見つかると事務員さんが電話等で私に教えてくれるという、大変ありがたい関係になったこともある。

なお、職域セールスは、"最初の1人"が契約してくれると声掛けがしやすくなったり、他の従業員さんとの垣根が低くなることから、最初に事務員さんにお取引いただくことも多かった。

テラー職員が職域セールスに行く際にも、普段、事務員さんが窓口に来店される会社の場合は、事務員さんと仲良くなっておくと、その人を頼った職域訪問ができたりもする。

▶普通預金口座の活性化も重要

個人取引の推進にあたっては、普通預金口座の活性化も重要となる。具体的には、給与振込を設定してもらうほか、公共料金の引落しやクレジットカードの返済用の決済口座にしていただくことが考えられる。

決済口座については、引落し等に備えて多めに預金残高を置かれることから、決済口座の増加は、安定的な預金残高の増加にもつながりやすい。

個人ローンの推進にあたっても、決済口座を獲得できていると将来的に当金庫のローンを優先的に利用されやすくなるほか、既利用先であれば他行肩代わりの防止策にもなる。

▶店周地区内のメイン化も徹底

ちなみに、十分に預金を持っている先でも、ライフステージを踏まえた商品提案をすれば、ローンをご利用いただけることもある。

例えば、40代は手元の預金があったとしても、一方で出費も多いため、ローンのニーズが少なからずある。

50代も退職してからではローンが組みにくくなるとの心理が働くため、ローンを提案すると"駆け込み需要"でご利用されたりもする。

そのほか、店周の500m圏内は店頭セールスの延長として考え、ローラー活動、情報収集ともに内勤職員が中心となって取り組めると理想的である。

ローラー活動を行うことで、各職員が地域の特性を掴むとともに、取得した世帯情報（特にお客さまや家族の「イベント情報」）を店内に蓄積しておけば、推進活動上の基本データとなる。

なお、個人事業主の中には、ローン金利に無頓着な人もおり、個人のカードローンを使って会社の運転資金や家族の教育資金に充てていることがある。

他行のカードローン等でこのような利用をしている人を見つけ出して、事業性の証書貸付や教育ローン等に切り替える提案は、自金庫の業績につながるほか、お客さま自身の金利負担の軽減にもなるため、積極的に行うように指示している。

現場の声 🎤

57

「カーローン」の推進について

信用金庫　営業推進部／部長

▶**カーローンは人生最初のローン!?**

「人生で最初に利用したローンは、カーローン」というお客さまは多い。

実際、カーローンは、20代の若者に最もニーズがあるローンなので、当ローンを若者を囲い込むための戦略商品と位置づけている金融機関もある。

最近では、国内のマイカー購入者の約3分の1が何らかのローンを組んでいると言われるが、信用金庫のカーローンでは、一般的に本人だけでなく、家族（配偶者や子供）が使用する自動車の購入も対象となることから、40〜50代の父親世代による利用ニーズにも応えていきたいところである。

▶**ディーラーとの競合**

信用金庫のカーローンにとって、競合先の代表格は、自動車販売店が取り扱うディーラーローンであろう。

ディーラーローンは、利用者にとって申込み手続きが簡単で便利な面はあるが、金利が高めであったり、所有権留保と言って、ローンを完済するまでは車がディーラー系クレジット会社の名義となるために、自由に車を処分できないなどの不便な面もある。完済後の所有権留保解除（名義変更）も購入者自身が実施することが多い。

また、**一般的に信用金庫のカーローンのほうが資金使途が広い**ため、訪問先では、自金庫のカーローンが車両購入のほか、車検費用等の車関連費用にも使えることを話題にしておくとよい。

さらに、**購入する自動車が決まる前から仮審査申込みができる**ことから、安心して車を選べる点も強みである。

なお、信用金庫が提携する保証会社にもよるが、通常は、貸付期間が新車、中古車を問わず最長10年まで認められるため、**ディーラーローンよりも毎月の返済額を抑えやすい**面もある。

近年、多くのディーラーが推奨している残価設定型ローンと比較しても（返済期間を長めにすれば）毎月の返済額を同水準以下に落とせたりもする。

そのため、ディーラーローンからの借換えを提案することで、お客さまの毎月の返済額を抑えていただくという推進方法も考えられる。

▶**ターゲット先の抽出方法**

過去にカーローンの利用実績がある世帯は、リピートする可能性も高いため、当該先の囲い込みにも努めている。

また、自己資金で購入する予定のお客さまには、満額を期待するのではなく、「一部でも借りておきませんか？」

と提案しておけば、借入の話が具体化するにつれて、「どうせなら、全額を借りておこうかな」となることもある。

そのほか、中古車ディーラーからの紹介も貴重なルートとなるが、彼らとは、見込み客がいれば、いつでも業務用携帯に電話連絡が来るような関係性を築いておくとよい。

信販会社の提携ローンを斡旋している中古車ディーラーも多いが、金利を重視する購入者には、当金庫のローンを紹介してもらうことになる。

なお、外車の中古車ディーラーは、高価格帯でローンも利用されやすいが、名義貸しや転売には注意が必要となる。

また、カーローンのチラシは、自動車教習所や自動車修理工場などにも設置しているが、ニーズがある人の目に留まることで、利用されることもある。

特に当金庫のカーローンは、競合金融機関と比較して金利が低いことから、「周知するほどお客さまは来る」と考えて、積極的にチラシを配布している。

▶店頭セールスでのポイント

カーローンの推進は、営業店の窓口でもできる。例えば、自動車税の納付では、毎年5月に自動車税管理事務所から納税通知書が自動車の所有者に送られるため、その時期は、**テラー職員が店頭に自動車税を納めに来たお客さまに車のローンの有無や家族を含めた買換えニーズ等を聞いておくとよい。**

また、自動車税を納税されたお客さまに納税証明書をお渡しする際には、「車検の時に必要ですから、無くさないでくださいね」との言葉を添えつつ、車検の時期を聞いておくのもよい。

個別車両の「車検時期」を把握しておく伝統的な推進手法は今でも健在であるが、**車の買替えは、車検の数ヵ月前に集中する傾向があり、有効な施策である。**この場合、家族が5人いれば、車を5台置くこともあるため、家族の1人がローンを借りたら、他の家族の車検情報も把握することで、セールスのきっかけにしている。

▶推進時期について

カーローンが利用されやすい時期としては、**新生活の開始直前となる2～3月は、ディーラーの決算時期にも重なるため、実行件数が伸びやすい。**

特に、新社会人になる直前に車を購入する人もいるので、なおさらである。**ボーナス時期の6、12月、ディーラーが仮決算の9月も狙い目だ。**

そのほか、**家を購入して1年以内に車を買い替える世帯も多い**ことから、住宅ローンの実行先には、カーローンも併せて案内しておくとよい。

完成した駐車スペースを見てから、そこに合った車を購入する世帯や、賃貸物件に住み大型車に乗っていた世帯が、持ち家になったらコンパクトカーに買い替えるケース等もある。

現場の声 🎤

「教育ローン」の推進について

信用金庫　営業推進部／部長

▶ **人生の3大資金**

　教育資金は、「住宅資金」や「老後資金」と並び、"人生の3大資金"と呼ばれるほど家計には大きな負担となる。

　そうした中で、教育ローンを推進するためには、当ローンの対象となる世帯を絞り込む必要があるため、まずは、自金庫の取引世帯において「中学3年生」、「高校3年生」、「大学生」の子供の有無と卒業後の進路等について、情報収集することが大切となる。

　「お子様もあと半年でご卒業ですね」等と言いつつ、教育ローンの感触を探るのであるが、進学予定先が「近隣」か「遠方（下宿の発生）」かによって親の経済的負担は大きく異なることから、その辺りも聴取しておくとよい。

　信用金庫における教育ローン（証貸）の実行月は、3月と4月が多いほか、後期授業料を支払う9〜10月の実行も比較的多いため、当該時期の前に集中的に推進することが考えられる。

　11〜12月も推薦入試の時期なので、やはり狙い目となる。

▶ **リピーターを囲い込め**

　また、教育ローン利用者の多くは、同ローンを再利用するのが大きな特徴である。

　教育ローン実行後も下に弟や妹がいる世帯は、再利用の可能性が高いことから、フォローアップしておくことが重要となる。

　子供の数が多く、教育ローンが複数発生することで返済に不安を持たれているお客さまには、**複数の教育ローンを一本化する**ことで、毎月の返済額を抑えたり、在学期間中の元金返済の据置きが可能であることも伝えておくと、ご安心いただけたりもする。

▶ **商品性も理解する**

　当金庫の教育ローンには、「証書貸付型」と「カードローン型」があるが、お客さまには、両者の違いとメリットをわかりやすく伝えることも大切だ。

　例えば、入学金や授業料のような、まとまった資金の支払いには、金利が低い証書貸付型を利用する一方で、カードローン型は出し入れ自由なので、急な仕送りの発生等により資金繰りに困った時に利用することが考えられる。

　カードローン型は、通年で推進できるのが強みであり、子供がいる先であれば、「もしものために」というフレーズで推進できる。"教育"と付くことで金利も通常のカードローンよりも低くなるため、利用率も総じて高い。

▶得意先係による推進方法

当金庫では、古典的な手法ではあるが、訪問先の個人宅に高校の通学用ステッカーを貼った自転車があったり、高校のジャージを洗濯物として干していれば、教育ローンを案内している。

また、計画的に教育資金を準備しようとしているお客さまにも、不足分は教育ローンを低金利で利用できる旨を案内しておけば、安心していただける。

親は子育てや教育に係る資金はローンを利用したくないと考えやすいが、前向きなローンである点をアピールしつつ、**他の世帯でもよく利用されている旨を伝えることで、利用しやすい雰囲気を作るようにもしている。**

なお、教育ローンでは、お客さまから金利の高低はあまり言われない傾向がある。特に入学金や初年度の学費については、合格発表から振込までの日数が少なく、金融機関別に比較検討する余裕が限られるためと思われる。

親にとっては、合格までに費やした経済的な負担や労力を考えたら、金利の高低どころではないのかもしれないが、その分、金庫側にもローン審査の回答や融資実行には正確性と迅速性が求められることになる。

▶窓口担当者による推進方法

営業店の店頭では、入学金や授業料を支払いに来たお客さまがいれば、窓口担当者が教育ローンのチラシを渡すほか、上司や得意先係に情報を伝えることで、得意先係等が電話や訪問によりコンタクトをとるようにもしている。

そうすれば、大学4年間のどこかでローンが必要になることもある。

また、定期預金の解約に来たお客さまには、解約理由を聞き、教育資金が理由であれば、教育ローンをご案内することとなる。お客さまが定期預金を中途解約するのは、何らかの資金需要が発生したからであり、そこにはローンのニーズが隠されているものだ。

なお、**定期預金や定期積金の目的が「教育資金」のお客さまは、教育ローンの見込み先リストにも入れておく。**

そのほか、預金通帳から教育資金ニーズを読み取る方法として、同姓の人への定期的な振込は、仕送りの可能性があるほか、予備校への振込があれば、進学予定の子供がいる可能性が高い。

教育ローンの取引先は、対象となった**子供の卒業時にカーローンの提案にもつなげやすい**ことから、その点も留意しておくとよい。

ライフサイクルとして見ても、子供が高校・大学に進学する時期は、前後も含めて多くの世帯で家計が赤字となることから、各種ローンの需要が高まることは間違いない。

そのため、当該世帯には教育ローンに加えて、各種の個人ローンをご案内しておくことも大切な心がけとなる。

現 場 の 声 🎤

59

「カードローン」の推進について

信用金庫　営業推進部／課長

▶まずは声掛けすることが大切

カードローンは、声掛けした数に比例して契約件数が増えやすい金融商品であり、**目的型ローンと違いターゲットや推進時期を選ぶ必要性も低いことから、推進しやすい商品といえる。**

カードローンの推進は、得意先係の知識や経験も問われないため、"勇気と笑顔"があれば売れる商品でもある。

本来は、テレビCM等をきっかけにインターネット経由で不特定多数の先から非対面で申し込んでいただければ効率的であるが、信用金庫の場合は、コストや営業エリアの制限がネックとなり、結果的に得意先係による手売りが中心となりやすい。

当金庫では、QRコードを記載したチラシやポケットティッシュを配布しながら、「ここからも申し込めますので、ご興味があれば、ぜひお願いします」等と伝え、反応がよさそうなお客さまの名前は控えておき、翌月、申込み状況を約定履歴により確認して、「お礼」や「再勧奨」をすることにしている。

カードローンの推進では、そうした"追っかけ"が大事であり、「声掛けして終わり」では数字は伸びにくい。

申込みが無かった先には、「先月、ご案内したカードローンは、いかがでしたか？」と笑顔で確認している。

▶お客さまの利便性は高い

カードローンは、金融機関にとって高利回りが魅力である。**収益で比較するとカードローン10億円（粗利6％）は、住宅ローン200億円（粗利0.3％）に匹敵するとの試算もある**など、収益的には非常に効率の良い金融商品であり、その対価として、お客さまには高い利便性を提供することになる。

実際、当金庫のカードローン金利は、14.5％であるが、仮に10万円を借りたとしても5日間であれば利息は200円弱であり、上手に利用すれば、賢く使える商品である。

住宅ローン等と違い契約するだけでは金利は発生しないことから、枠だけ確保しておいて、本当に必要な時にご利用いただくのが良いと思われる。

ただし、その便利さゆえにカードローンを過度に利用してしまう人がいるのも事実であることから、当金庫では、「（限度枠が一定金額以上の先への）所得確認」、「途上管理の実施」等の体制整備を進めたうえで、カードローンを推進しているところである。

なお、お客さまのカードローンの申

込書には、「家族構成」や「年収」、「住まいと居住年数」等の情報が掲載されており、得意先係は、これらに目を通しておくのも有益である。

▶保証審査を否決されたとき

多くの得意先係がカードローン推進で懸念することは、金庫側からのセールスにより申し込んでくださった先が保証審査で否決されたときの対応だ。

一般的に、得意先係が手売りでカードローンを売った場合、保証会社の審査で承認される可能性は90%前後とされているが、否決されるような人は、自分でも心当たりがあることが多いことから、たとえ否決されても得意先係が気に病む必要はない。普段通りに、「こんにちは！」と明るく対応すれば良いのである。

ただし、申込人に「否決されました」と回答するよりも、「通りましたが希望金額には届きませんでした」と答えたほうが金庫側も対応しやすいと判断した場合には、**保証会社に「少額でも良いので、承認してほしい」とざっくばらんに相談する方法もある。**

限度枠が低ければ、どのみち利用されない可能性も高いことから、保証会社によっては承認してくれることもある。

▶その他の留意事項

年収水準も高めで勤続年数も長い人なのに、審査した保証会社からの上限金額の回答が「50万円以内」であれば、「これは、他社からも借入しているな」と推察できたりもする。

そうした場合には**「おまとめローン」を提案する**ことが考えられる。

おまとめローンは、せっかく見つけた申込人でも、既に他社で数百万円借りていたため、年収金額の都合から50万円しか貸せない先でも、他社からの借入分を自金庫にシフトさせることで、大きなロットで消費性資金のローンを実行できる点に魅力がある。

ただし、最初から延滞しそうな雰囲気を持った申込人には注意が必要だ。

例えば、**会話をする中で、自分を過度に良く見せようとする人物などは、警戒したほうがよい。**そうした人物は、むやみに見栄を張ることで債務を膨らませてしまい、延滞が始まっても「返せないわけじゃないんだ」等と言って現実を直視しない傾向がある。

そのほか、当金庫における各個人のカードローンの利用期間は、平均7年間であり、20代から使い始めて家族を持つまでの7年間、さらに住宅ローンや子供の教育費が増えてからの7年間、といった使い方をしている人が多い。

なお、**最もスムーズにカードローンを販売する方法は、20代〜40代のお客さまが目的型の個人ローンを申し込んだ時にセットで契約してもらう形**であるが、この世代は出費も多いため、カードローンも利用される傾向にある。

現場の声 🎤

60

「フリーローン」の推進について

信用金庫　営業店／渉外役席（優秀成績者）

▶ **ルールに詳しくあれ**

スポーツの世界で成果を出しているチームやプレイヤーの共通点は、「ルールを熟知していること」にある。

信用金庫におけるカードローンやフリーローンの推進においても同様で、**各保証会社の保証審査の基準を（正式には非公表であるが）社員さんに教わりながら深く理解しておくことが、保証付き商品の推進活動では、重要なノウハウ**であると考えている。

フリーローンは、金融機関にとって融資の相談を受けてから実行までの期間が短く、案件組成の手間が少ないながらも、収益的な寄与度は高い商品であることから、当店では重点的に推進している。

▶ **見込み先を探せ**

フリーローンの推進にあたっては、まずは見込み先を探すことになる。

例えば、職域サポート契約先の会社を訪問した際などには、従業員さんたちに「周りに高金利の金融商品をご利用されていたり、お金が要る人がおられたらお役に立ちたいのですが」等とストレートに聞くようにしている。

仮に話しかけた本人をターゲットとしていても、警戒心を持たれたり、失礼のないように「周りに」と言うのがコツである。

なお、話しかけた相手が該当者の場合は、冒頭から話に興味を持っていただけるため、実際はすぐに判別できる。

そのうえで「現在ご利用されているキャッシングの金利はご存知ですか？」と聞くと、だいたい「十数パーセント」と曖昧な答えを言うので、「一般的には15〜18％でのご利用が多いようです」と伝えたうえで、「利息がもったいないですから、当金庫の商品のほうが金利が低ければ切り替えませんか」と当金庫のカードローンやフリーローンを勧めることになる。

そのほか、個人先で毎月のように預金残高不足が原因で振替（引き落とし）不能になっている先を明細表から抽出して訪問すると「お金が無い訳ではないが、クレジットの返済等が給料日前に集中するため、毎月一時的に資金繰りに窮する」と言われることがある。

その場合には、「フリーローンで借入をまとめることにより、返済日を変更する方法もありますよ」と提案すると、ご利用いただけるケースもある。

同様に、ボーナス払いの他行ローン等を組んでいる人が、何らかの理由で

ボーナスが減額してしまい返済に困られた場合には、フリーローンを使うことで返済を平準化する方法もある。

▶借入状況をヒアリングする

実際に審査の申込みとなれば、申込人には、「**審査にあたって別の所で借入があると審査に影響がありますので、差し支えない範囲で借入状況を教えていただけますか?**」と言えば、「こんなのも利用しているけど、大丈夫かな?」等と言いつつ他行等からの借入状況を教えていただけることが多い。

そこで、他行ローン等があり、当金庫のローンのほうが条件的に有利であれば、借換えを提案することになる。

なお、**申込人の借入状況等をきちんとヒアリングできていると、仮に初回の保証審査が通らなかった場合でも、否決の原因が想像できるようになる。**

異動・延滞情報への登録者であれば、最初から「再審査不可」と伝達されるためにすぐに原因がわかるのだが、そうでなければ、原因を紐解くことで、再審査にリトライできることもある。

▶工夫をこらして保証審査を通す

例えば、個人ローンを申し込んできた人が、返済比率に問題はないのに保証審査が通らなかった場合には、複数の消費者金融等から高金利のカードローンを借りているため、信用情報(評価点)が悪いことがある。

その場合には、1つのフリーローンにまとめたうえで、再審査を申請する方法もある。

なお、個人ローンの審査では、多少の"粘り"も大切。

例えば、個人としての収入が少ない人でも、資金使途が世帯としての利用であれば、「**配偶者の収入を加算して審査できないか**」等と検討していけば、最終的に何らかの形でローンを実行できることも多い。

▶見込み客は利用者に紹介してもらう

フリーローン等の見込み客は、実際にフリーローン等を利用している人に紹介してもらうのも効率的である。

結局、お金に困っている人は、同じくお金に困っている人を知っており、最近では、私自身も利用者から「友人の相談に乗ってあげてほしい」などと自分の携帯電話にホットラインのような形で相談されるケースが増えてきた。

なお、フリーローン等の申込人に他の見込み先の紹介を依頼する場合には、審査結果の回答が出る前のほうが協力してもらいやすいと感じている。

一方で、紹介先や窓口での申込者の中には、「この人には貸さないほうが良いな」と直感的に感じるケースもあり、その場合には、仮に保証審査が通った場合でも金庫判断として謝絶している。

そうしなければ、当金庫の代弁率が上昇するほか、債務者自身のためにもならないからである。

現場 の 声 🎤

61

「住宅ローン」の推進について

信用金庫　営業推進部／部長

▶住宅業者からの新規実行先の紹介

住宅ローンの新規実行を増やしたければ、住宅業者からの紹介案件を増やすことが大切な取組みとなる。

業者からの紹介を増やすためには、「業者側担当者とのリレーション強化」や「回答スピードの速さ」が重要となるほか、銀行が匙を投げるような審査が難しい案件でも、保証会社等と粘り強く交渉することで融資審査を通していくことが期待されている。

具体的には、必要に応じて「同居家族の支援見込み」や「自営業者のみなし所得（減価償却費、配偶者の専従者給与等）」を収入に加えて審査している。

こうした工夫なども試みることで、業者にとって紹介しやすい金融機関になることが重要なのである。

業者との間で信頼関係が醸成されれば、住宅販売員が当金庫を紹介してくれるようになるため、そうした関係先を増やすことが大切となる。

そのためには、住宅展示場に顔を出すことも有効であることから、当金庫では、月初の住宅ローン金利の更改時に、（毎月）挨拶回りを兼ねて住宅展示場を訪問、金利表を（電子メールによる通知に加えて）手交している。

ちなみに、**新規住宅ローンの実行は、3月が多く、通常月の倍近い実行額となっている。次が12月、9月と続くが、3月が多いのは、新生活のスタート直前の時期と多くの住宅業者の決算月が重なり売買が活発化するからであろう。**

そのほか、不動産業者が分譲住宅を建設する際の造成費用を当金庫が融資した場合は、住宅購入者に当金庫の住宅ローンを紹介してもらうこともある。

▶肩代わりローラー活動

金利環境にもよるが、他行住宅ローンの肩代わりも推進策の1つである。

当金庫の場合は、木〜金曜日にポスティングやDM送付を実施しておき、日曜日の訪問時には、それを口実にドアノックをしている。

なお、ポスティングやDMのほかにも住所地やあて名がわからない世帯にも広告物を届けられる「タウンメール（配達地域指定郵便）」を利用している。

また、残存金額が少ない住宅ローンを他行で借りている先からリフォーム資金の相談があった際には、両者を合算したうえで「無担保住宅ローン」による借換えを提案したりもする。

債務者にとっては、担保設定のコストが発生しないほか、当金庫にとって

も相手金融機関側に気づかれずに借換えができる点にメリットがある。

▶金利も大切

住宅ローンの肩代わり推進では、金利水準が他金融機関に劣らなければ、いかに1軒でも多くアプローチできるかが勝負となる。

ただし、金利で劣っていると、肩代わりのシミュレーションまでは行えても、そこから先はお客さまが他金融機関の住宅ローンをインターネット等で調べ出して、そちらに鞍替えしてしまうケースも少なくない。

なお、教育ローンの実行先などでも、住宅ローンを抱えた世帯が多いため、教育ローンの相談を受けた場合には、必ず住宅ローンの話題にも触れるように各営業店では心がけている。

▶自金庫役職員にも利用してもらう

自金庫の職員が自宅を購入する際に、当金庫の住宅ローンを利用してもらうことも大切な視点である。

基本的には、保証会社の保証を外すことで、職員の負担を減らしているほか、金庫内での審査にあたっても融資審査会ではなく審査部長決裁にすることで職員の個人情報が庫内に広がらないように努めるなど、職員が利用しやすい商品となるように工夫している。

▶その他の留意事項

都市部の信用金庫であれば、「住宅ローンは収益採算が厳しいから推進しない」という選択肢もあるだろう。

実際、現在のような超低金利での住宅ローン実行は、商品単体として見た場合には、"赤字商品（採算割れ）"と見なされても仕方がない面がある。

ただし、当金庫のような田舎の信用金庫では、エリア内の事業先数が限られていることもあり、貸出金残高を維持する観点からも住宅ローンの推進は止め難い状況にある。

そのため、住宅ローンを実行した先との取引深耕を進めることで総合採算を向上させることが重要と考えている。

具体的には、**住宅ローンの返済シミュレーションを行う際に、今後のライフプランを聞き出しておくことで、将来的な教育ローンやカーローンの実行等にもつながるように努めている。**

そのうえで、給与振込や口座振替といった基盤取引を獲得することで、はじめて住宅ローンを獲得した意義が出てくるものと考えている。

ちなみに、最近のネット銀行等では、（保証料を無料とする一方で）実行金額の2〜3％を事務手数料として徴求していたりもする。

その分、金利が少し低かったりもするのだが、実際の住宅ローンは、平均10年程度で繰上償還されてしまうものなので、返戻が不要となる事務手数料の徴求は、金融機関側にとって貴重な住宅ローン関連からの収益源となる。

現場の声 🎤

62

「リフォームローン」の推進について

信用金庫　営業推進部／部長

▶リフォームローンの利用パターン

当金庫でリフォームローンの主なターゲットとなるのは、営業区域内に住む"一軒家"の所有者である。

提案する相手は主婦が中心となるが、最初に、キッチン等に関する不平不満を聞き出しておき、リフォームローンの利用による不満等の解消を提案していくのが典型的なパターンである。

主婦は、家の中で直したい場所がいくつもあるのが普通だが、「そろそろ」という気持ちと「まだ大丈夫かな」という気持ちの狭間にいることも多いため、**得意先係による"最後の一押し"**が、主婦にローンの利用によるリフォーム実施を決断させることもある。

▶どんな言い方が効果的？

商品販売における普遍的なコツは、「商品ではなく商品が生み出す価値を売れ」ということであるが、リフォームローンの推進は、その典型例である。

例えば、主婦に対しては、一般的にリフォームローンのチラシを見せながら「何かお考えのことはありますか？」、「最近は、こんなキッチンが使いやすくて人気があるそうです…」等の話題から入ることが多い。

それにより、相手の「リフォームし

たいな」という気持ちを高めておいて、「100万円くらいからできるようですよ」、「5年間だとボーナス払いが〇〇万円ならば、毎月△△万円くらいで返済できますよ」、「仮審査だけでもしておきませんか？」等と伝えていくことになる。

「もったいないからいいわ」と言われたら、「キッチンは毎日使いますから、良い状態で使えると料理を作る側も楽しくなりますし、美味しい料理ができれば、ご家族も嬉しいですよね」等と言うことで、"ローン商品が生み出す価値"をアピールすることが考えられる。

▶リフォームのタイミング

個人がリフォームを行うタイミングとしては、まずは「中古住宅の購入直後」が挙げられる。

そのため、**中古物件購入の住宅ローンを実行する際には、併せてリフォームの実施を提案しておくと住宅ローンの実行額が上乗せされることもある。**

同様に、他行から住宅ローンを肩代わりする際にも、併せてリフォームを実施してもらえれば、実行金額が上乗せされることもある。

なお、当金庫では、無担保住宅ローン（上限10百万円）も商品として用意し

ているが、リフォームローンの代わり
に利用されることが増えており、両者
の垣根が低くなってきた印象はある。

　無担保住宅ローンは、当金庫ではリ
フォームローンよりも金利が低いなど
債務者にとってもメリットがある。

　そのほか、当金庫の住宅ローンの利
用先に対しては、ローン実行から10年、
15年を経た段階で、DMの送付や挨拶
を兼ねた訪問を実施、リフォームロー
ンも案内することにしている。

　ちなみに、最近のリフォームでは、
築浅の物件でも、耐震補強や防犯強化、
省エネリフォーム等を業者がPRして
いる影響もあり、幅広いリフォーム
ローンの需要が発生する傾向がある。

　そのため、「築浅の住居ではリフォー
ムローンのニーズはない」との先入観
は持たないほうがよいと考えている。

▶住宅ローン完済時にもチャンス

　当金庫では、住宅ローンは、「個人顧
客との基盤取引を確立するための商
品」と位置づけているが、実際には、
住宅ローン利用先のうち当金庫の他の
個人ローンを利用している比率は4分
の1程度であり、ここが課題である。

　そこで最近は、住宅ローン利用先の
他ローンの取引の比率を高める活動に
も努めており、特にリフォームローン
の利用を増やしたいと考えている。

　実際、**住宅ローンの返済期間中にリ
フォームをする世帯もあり、家族の高**

齢化に伴う「**バリアフリー化**」や「**二世
帯住宅化**」が行われたりもする。

　住宅ローンが完済された際に得意先
係等が訪問し、これまでの住宅ローン
の利用に謝意を述べるとともに、リ
フォームローンのニーズをヒアリング
することも有効である。

▶その他の推進方法

　教育ローンの利用先も、「教育ローン
が完済したらリフォームローンでも借
りて改装しようかな」と考えている主
婦もいるので要チェックといえる。

　なお、リフォームの相談は、信用金
庫の取引先の工務店等に直接、お客さ
まが話を持ち込むことも多いため、**工
務店等に当金庫のリフォームローンを
紹介してもらうことも有効である。**

　また、造成後に一定期間を経過した
集合住宅や分譲住宅地では、一世帯で
リフォームローンが発生すると、周辺
世帯でも同様のニーズが顕在化しやす
いことから、リフォーム箇所を把握し
たうえで、チラシを重点的に配布した
り、ローラーをかけることが考えられる。

　支店内で保管されている住宅マップ
にマンションや分譲住宅地の建設日を
記載したうえで、一定の築年数を経過
した先に声掛けしていく方法もある。

　リフォームは、一度実施すると別の
場所もしたくなるものなので、**利用者
による"おかわり"のニーズを見落とさ
ないことも大切なポイントである。**

現場の声 🎤

63

「リバースモーゲージ」の推進について

信用金庫　営業推進部／部長

▶担保評価は厳正に

　当金庫では、独自にリバースモーゲージを取り扱っているが、実際に始めてみると、当座貸越に担保を設定している感覚に近い。

　商品の性質上、仮に債務者が死亡すれば、相続人に「物件処分による返済」か「債務の引受け」を選択してもらうことになるが、多くのケースでは、担保物件を売却することで「金庫には完済」、「相続人には剰余金が遺産として入る」というケースが多い。

　そのため、担保評価をきちんと行うことで二次ロスの発生を防ぐことが重要となるが、現時点では**地価が一定水準を維持している都市部の金融機関のほうが、取り扱いやすい商品ではある。**

▶利用方法はさまざま

　実際に取扱いを始めてみると、当初、自分たちが事前に予想していたよりも、1人あたりの利用金額は小さかった。数千万円の枠を作っても、100万円未満しか利用していないお客さまもいる。

　資金使途は、「住宅のリフォーム・建替え費用」か「施設入居費の捻出」のどちらかが多いが、たまに「生活費」に使われるお客さまもおられる。

　また、「(高めの金利で借りていた)他行住宅ローンの肩代わり」という人もいた。要は、退職金で返済すると預金が減るため、**リバースモーゲージに借換えることで、手元の流動性を確保したい**とのことであった。

　なお、「担保評価額」が一定金額を超えないと取扱いができないルールとしているほか、「年齢制限」を上回る人からの申込みもお断りしている。

　金利については、住宅ローンと比較して高めの設定だが、金利の高低を口にするお客さまは、ほぼおられない。

▶その他の注意点

　当金庫では、債務者による配偶者との同居を容認しているため、借入契約にあたっては同居者の承諾も得ている。

　金融機関によっては、推定相続人全員から同意書を徴求するケースもあるようだが、債務者にしてみれば、「自宅を担保に差し出すのに、なぜ子供の同意が必要なんだ」と嫌がる人もいる。

　ただし、最初は夫婦だけだったのに、いつの間にか息子夫婦等が同居していることもあり、注意が必要な面はある。

　なお、「年金(受取)型」は取り扱っていないが、"人生100年時代"を迎えて潜在的な需要はあると思われるため、今後の検討課題となっている。

現　場　の　声 🎤

64

「アパートローン」の推進について

信用金庫　営業店／支店長

▶借換えされて大ショック

新年度が始まったばかりの 4 月に、大口アパートローンの債務者から他行への借換えを申告されたときは、本当**に目の前が真っ暗**になった。

月初に本部からアパートローンと住宅ローンの金利水準が相対的に高い先をまとめた**「肩代わり注意先リスト」**が還元されており、該当先の 1 つとして対応策を考えていた矢先であった。

翌月の部店長会議では、役員たちから「1 回戦敗退になって気が楽になったか？」とか「どうリカバリーするかを見ているぞ」等と言われたりもした。

▶施工会社とのリレーションも大切

肩代わりをしたのは、A 銀行 B 支店であったが、**自行が取引している賃貸物件の施工会社や管理会社を通じて、地元のオーナーたちに同行の低金利ローンへの借換えを提案していた。**

実際、アパートローンの債務者が借入金利を見直したいと思ったときは、金融機関よりも先に施工会社等に相談することも多いことから、信用金庫としては、普段から施工会社等から情報を得ることで、自金庫や他行の取引先にそうした動きがあれば、水面下で教えてもらうべきであった。

なお、施工会社等への過去の融資書類の中から工事引当の明細を閲覧し、そこから、アパートローンの肩代わり候補先を見つける方法も考えついた。

▶アパートローンで挽回

それから半年後、融資取引の無い地元企業の社長を訪問していると、「実は中古アパートの購入を検討中であり、法人と個人のどちらの名義で購入するかを迷っている」との相談を受けた。

税理士と連携して、節税の面では法人で対応したほうが良い旨を伝えたほか、その後も各種の情報提供を続けた結果、アパート管理会社を設立したうえで、(資産家なので) 既に個人として保有していた複数のアパート物件もそこで一括管理することとなった。

また、購入する中古物件も、当初の価格が相場よりも高いと感じたので再交渉を勧めたところ、2 割ほど減額したので、社長も大変喜んでくれた。

最終的には、アパート購入資金の融資のほか、管理会社の決済口座、家賃振込の口座等も当金庫で獲得できた。

さらに、A 銀行で社長が組んでいた他のアパートローンについても、当金庫役員たちの後押しもあり低金利での融資提案が実現、肩代わりに成功した。

店頭セールス・電話セールス

第7章

§ 内勤職員による店頭セールスや電話セールスは、得意先係が面談できない先も含めて、幅広い先にアプローチできることが特長である。

現状と課題

◎店舗の意識的な活用へ

　最近の金融業界におけるデジタル化の進展は、金融機関におけるインフラの主役の座を「店舗」や「ＡＴＭ」から「スマートフォン（アプリ）」に移行させつつありますが、高齢の来店客を数多く抱えているような信用金庫では、一足飛びに非対面チャネルのウエイトを高めることは難しく、当面は、店舗等の既存のインフラ網を活用した営業活動が中心になると思われます。

◎店頭セールスについて

　そうした中で、テラー職員の１日あたりの接客数は、一般的に得意先係の訪問軒数の数倍となりますので、窓口は依然として重要な営業チャネルです。

　窓口への来店客は、信用金庫の金融商品やサービスに詳しい方ばかりではありませんので、足を運んでくださったお客さまへの情報提供として、テラー職員等による店頭での積極的な商品等のご案内が期待されています。

◎電話セールスについて

　電話セールスもお客さまとの有効なコミュニケーション手段となりますので、積極的に実施する信用金庫が増えています。

　電話セールスで成果を上げる職員は、商品知識が豊富な傾向がありますので、テラー職員にしっかりと商品知識を身に着けさせることが成功の秘訣です。

　最近は、外部との非接触を嗜好する人が増えていることから、電話セールスは、ますます重要な営業ツールとなっています。

　なお、店頭セールスや電話セールスでは、いますぐには契約しないが、近い将来、契約の可能性があるお客さまが必ず現れることから、当該先をきちんとストックしておくことで、次の機会に備える姿勢も大切な心がけとなります。

改善のヒント

◎店頭セールス・電話セールス強化のための5原則

　2種類のセールス活動における共通のポイントは、①売れる人が②売れる相手に③売れる商品を④売る時間を確保して⑤（職員が）売る気を起こして取り組む…ということです。

```
        売れる人
       ／      ＼
  売る気        売れる相手
       ＼      ／
  売る時間 ── 売れる商品
```

　①"売れる人"を作る

　まずは、テラー職員に商品知識やセールス・スキルを習得させるため、「商品約款の学習」、「応酬話法の訓練」、「店頭セールス成功事例の共有」等を行います。

　②"売れる相手"を選ぶ

　次に、各ローン商品のターゲット基準を作成、リストアップ後に勧誘します。

　また、ニーズのあるお客さま側からもアプローチしていただけるように、ポスター掲示（ディスプレイ）やホームページの内容も十分に工夫します。

　③"売れる商品"を揃える

　「各商品のストロングポイント」を明確にしたうえで、セールストークやチラシ・ポスターの記載内容等に反映させます。

　④"売る時間"を確保する

　内部事務の効率化とともに、各職員がチームワーク良く対応することで、店頭セールス等の時間を捻出します。そのためには、支店長が店頭セールス等に積極的な姿勢を示すなど店内の雰囲気づくりに努めることが重要です。

　⑤"売る気"を起こす

　「支店の目標」と「内勤職員に期待すること」を職員に伝えたうえで実施します。店頭セールス等にトライする職員を励ますことはもちろん、他の来店客を引き受けるなど縁の下の力持ちとなる職員を労う意識も大切です。

◎本章のポイント

　本章では、内勤職員におけるセールス活動での体験談や留意事項を中心に掲載しています。世の中のデジタル化が進むほど、人間的な情緒（ヒューマンタッチ）が価値を持つようになる可能性もあり、信用金庫による"face to faceの活動"が、今後より一層、評価されるかも知れません。

現場の声 🎤

65

店頭での声掛けの重要性

信用金庫　営業推進部／課長

▶**個人ローンは、人を幸せにする**

お客さまに「ローンをお貸しする」という行為は、本来、ローンを借りた人の夢を応援したり、幸せな生活を送っていただくための行為である。

例えば、学費の負担がネックとなり、子供の進学や希望する学校を諦めそうな家庭が、教育ローンを利用することで希望をかなえられることもある。

同様に、住宅ローンを利用して、住宅購入資金が貯まるまで待たずに念願のマイホームを購入できる人もいる。

お客さまへのローンのご提案は、ニーズのあるお客さまにとっては、最高の情報提供となることから、テラー職員も積極的にご案内するべきである。

▶**融資相談窓口は敷居が高い**

一方で、個人のお客さまにとっては、金融機関の店舗を訪問し、貸付課の相談窓口に座ることは、意外と心理的なハードルが高いものである。

まして、そこで「お金を貸してくれ」と言うのは、住宅ローンでもなければ抵抗感があり、特に教育ローンなどは恥ずかしい気持ちを持たれる人もいる。

そのため、テラー職員が普段の会話を通じてニーズを掴んでおき、後から得意先係が訪問して相談に乗ったりす

ると、お客さまに喜ばれることもある。

なお、店頭に融資相談の受付ができる女性職員がいると、来店客にソフトな印象を与えることで、お客さまもリラックスして相談できることから、当金庫においても融資相談の受付ができる女性職員を増やしたいと考えている。

▶**声掛けされると借りやすい**

実際、**"お客さまが相談しやすい雰囲気をつくること"**は、あらゆる営業推進活動における普遍的なコツでもある。

借りる側の心理としては、「声をかけられたので」とか「(金庫職員に)協力したいので」といった理由があると、お金を借りる際の口実にもしやすい。

そのため、金庫職員が声掛けをしておけば、後から「以前、あなたから〇〇ローンの案内を受けたけど、あなたも目標があるのかも知れないから、せっかくだから、今度、借りてみようかな」等と言っていただけることもある。

職員側が「ありがとうございます！」と言えば、「ええのよ～、私も協力できて嬉しいわ」と言われたりもする。

子供の頃、友達の家に遊びに行った際などに、その家のお母さんに「また遊びに来てね」と言ってもらえると、行きやすくなるのと同じである。

現場の声 🎙

66

コンビニエンスストアでの店頭セールス

信用金庫　営業店／パート職員（女性）

▶夜間のコンビニ勤務を経験

自分は、地元の信用金庫を結婚退職した後、同じ金庫に復職するまでの間、コンビニのパート社員として働いていた時期があるが、その当時のこと。

コンビニの店頭に立って来店客を観察していると、夜間勤務であったため常連客が多かったのだが、各人の店内を回るルート（順番）が無意識に決まっていたのが面白かった。

購入する内容もパターン化しており、本人は一生懸命に選んでいるのだが、デザートであれば「ゼリー」、飲み物は「炭酸飲料」といった一定のカテゴリーの内から選択する傾向が強かった。

そのうち、自分でも「このお客さまは、こういう人なのかな」と勝手に想像するようになった。

以前は、コンビニの業務をレジ打ちの簡単な仕事と考えていたが、実際に働いてみると、陳列の調整から本部からの指示に沿った推進商品の店頭販売など色々なノルマもあり、大変な仕事だと感じた。

それと同時に、流通業の最先端を知ることで、「今の世の中、こんな進化を遂げているんだ！」という新鮮な驚きも身をもって体験できた。

▶コンビニで店頭販売にもチャレンジ

コンビニでの店頭販売では、「○○が本日、お安くなっております！」と明るくご案内すると、「じゃあ、お願いします」と言ってくれるお客さまも一定の割合でいた。

声掛けをする際には、「このお客さまは、こういう人のような気がするから、こんなトーンでお勧めしてみよう」等と考えながら対応すると、意外と面白いものである。

また、仮に断られても、「今日はそういう気分じゃないんだな」と思えば良いだけであり、あまり真面目に「私の声掛けの仕方が良くなかったのかな」等と考え込む必要はないと感じていた。

実際、同じお客さまに同じ商品を提案した場合でも、買っていただけることもあれば、断られることもあった。断られた時は、あっさりと引き下がればよいだけである。

いつも断られるお客さまでも、たまに「いつも勧めてくれるから、今日は買おうかな」と言ってくださることもあった。

声掛けは、その場では結果が出なくても、"心の中のポイント"は蓄積されていくことを知った。

現場の声 🎤

67

個人ローンの店頭セールス

信用金庫　審査部／課長

▶**マインドセットが重要**

　個人ローンの「店頭セールス研修」というと、一般的には商品説明の方法や契約手続き面を中心に教えることが多いが、当金庫では、**テラー職員等の推進意欲を高めることが、店頭セールス研修の最重要の目的**と考えている。

　ちなみに自分は、事業会社への経営改善支援も担当しているが、対象企業の社員が自社の商品・サービスに自信を持っているか否かで、販売活動の売上実績が左右されることを知っている。

　そのため、元気がない会社の社員には、「当社には、こういう思いと強みがあり、当該商品・サービスを通じて、お客さまにこのような価値を届けようとしている」とのストーリーを理解してもらうようにすると、社員たちも、「なんだかモチベーションが湧いてきました！」等と言ってくれたりして、徐々に業績が向上したりもするのだが、信用金庫の営業推進活動でも、実は同じことがいえる。

▶**店頭セールスは、PRの感覚で**

　そもそも、地域の人たちの中には、信用金庫で個人ローンが借りられることをご存知ない人もいる。

　以前、車のローンで迷っている友人に、「俺が信用金庫に勤めているのだから少しは相談しろよ」と言うと、「信用金庫で貸してくれるんか!?」と驚かれたことがある。住宅ローンでも同様のことがあった。

　当金庫では、カーローンの資金使途として「バイクの購入資金や自動車免許の取得費用」等も対象にしているが、そうした商品性も、あまり知られていなかったりする。

　自分たちは信用金庫で働いているから当然のように知っていることでも、世の中には知らない人も多いのである。

　そのため、**当金庫の店頭セールスでは、商品の販売もさることながら、まずは地域の人たちに当金庫の金融商品を知っていただくことが大切**となる。

　したがって、テラー職員も慣れるまでは"売ろう"とするよりも、"お知らせしよう"という意識でよい。

　親しいお客さまでも、声掛け（勧誘）していなければ、悪気なく銀行と契約してしまい、後から「信用金庫でも取り扱ってたんだ〜」となることもある。

　これは、紹介しなかった金庫職員の責任である。

▶**カーローンの推進について**

　例えば、カーローンの推進について

も、本来、窓口でカーローンを売ることは、簡単ではない。得意先係であれば、訪問先の車の有無や車庫のスペースを見ることで、「今後、誰か車を買うために空けているのかな…」等とわかったりもするが、窓口では、カーローンの新規見込み先を探すのは難しい。

そのため、まずは**他行や他社で契約しているカーローンの借換えを提案することから始めてもよい。**

カーローンは、車を購入した時点でしか利用できないと思っているお客さまも少なくないが、原則として借換えも可能であることから、ディーラー系の信販会社から高金利で借りている先があれば、借換えを提案してもよい。

例えば、預金者の通帳を見た際に、ディーラー系の信販会社等の引落しがあった場合には、カーローンを返済している可能性が高いことから、返済状況等をお客さまにお尋ねすることも考えられる。

以前、そうしたお客さまがいたので借換えを提案したところ、**「もうすぐ完済になるから」**と断られたが、その後、**車を買い替える際に当金庫のローンを利用していただけたことがある。**

また、先日、カーローンを獲得したテラー職員から聞いたのだが、店頭に通帳を作りに来た男性のお客さまに口座開設の理由を聞いたところ、「車を購入するので信販会社の引落し口座が必要になった」とのことであった。

そこで当金庫のカーローンを紹介したが、既にディーラーでローンを組むことで話がついていた。

ただし、「信用金庫のほうが金利が低いんだね」ということになり、後日、奥さんが車を購入する際には、当金庫のカーローンを利用していただけたそうである。

▶潜在顧客にもアプローチ

定期預金の解約のために来店されたお客さまなどにもローンを紹介しておくと、その時は「やっぱり定期預金を解約するわ」となったとしても、将来、再び資金が必要となった時に、思い出していただけることがある。

結局、信金職員がお客さまに声掛けをしても、今すぐ金融ニーズがあるお客さま（顕在顧客）は、全体のごく一部であり、大部分のお客さまは、将来的にニーズの発生が期待されるお客さま（潜在顧客）なのである。

そう考えると、信金職員は、日頃から後者にも広く声掛けしておくことで、ニーズが顕在化した際に最初に当金庫を思い出していただくことが大切だ。

▶人間の判断基準は様々

ちなみに、**人はそれぞれ、「預金」に対する考え方を持っている。**

例えば、結婚資金として少しずつ楽しみながら預金を貯めてきた人が、急に車を買う必要が出てきた時に、その

109

預金を取り崩すのも一つの方法ではあるが、「せっかくここまで貯めたのに残念」という気持ちになることもある。

この場合に信金職員がカーローンの利用を勧めることは、決してお客さまに損をさせることではない。

人間の判断基準は、「論理基準」と「感情基準」に大別されるが、仮に非論理的な判断だとしても、人間の感情としては選択する価値があるモノも世の中には少なくないものだ。

信用金庫の職員は、お客さまのこうした心の機微も上手に汲み取りながら、活動していくことも大切である。

同様に、「預金を取り崩してしまった後に、想定外の資金が必要になったら困るな」と考えている人もいる。

そうした場合に、「当金庫は、低金利のカーローンをご提供していますので、お車はローンで購入しておき、定期預金は温存しておく方法もありますよ」等と提案してみると、お客さまにご納得いただけることもある。

▶応酬話法も工夫する

なお、ローンを勧められたお客さまが「いらない」と考える理由としては、「金利負担」や「手間（時間）」がハードルになっているケースが多い。

特に金融機関からの借入経験が乏しい人ほど、各々のハードルを高く感じやすい傾向がある。例えば、「金利」についても、仮に「金利２％」と聞くと、

お客さまもなんとなく「安いのかな…」という感覚は持つが、実感が湧いていなかったりもする。

それよりも、実際の利息金額の負担（＝仮に金利２％ならば、150万円借りても年間最大で３万円）を伝えると、「それならば、ローンを組もうかな」と成約につながることもある。

また、「手間」に関しては、ローンの申込みに必要な手続きや時間を簡潔に説明するほか、契約に必要な書類の案内も、「これとこれだけで、簡単にお申込みができます！」等と手軽な雰囲気で説明しておくと、それほどお客さまに負担感を与えずに済む。

▶商品チラシの活用

店頭セールスの代表的なツールとして、「商品チラシ」などもある。

ただし、チラシをお客さまに渡すにしても、当金庫のチラシには、「詳しくは得意先係か窓口にお問い合わせください」等と書いてあるため、自分が商品に詳しくなっていないと恥ずかしい思いをすることになる。

自分も若い頃は、「自分でチラシを配っておいて答えられんのか」と言われるのが怖くて、自分の名前をゴム版で押したチラシを配るのが嫌であった。

逆にいえば、チラシ配りは、職員に勉強を促すきっかけにもなるのだが、勉強の方法としては、まずは、チラシの文面を音読してみると良い。

そのうえで、内容に関してわからないことがあれば自分で調べていく。それでも不明な点は、上司や先輩に質問して教わりながら約款や要領も読んでいけば、必ず短期間で習得できる。

信用金庫の窓口を任されている職員であれば、少し本気を出して勉強すれば、どの個人ローンでも十分に説明できるようになる。

そもそも説明に必要な情報の多くは、チラシに記載されており、チラシの内容が頭に入っていれば、基本的な"応酬話法"は確立できている。さらに約款まで理解できていれば完璧だ。

窓口で円滑に対応できるスキルを身に着けることで、安心してチラシを配ったり、窓口に座ったほうが、精神的にはよほど楽なものである。

さらに、人間は知識やスキルを身につけると、それを使いたいとの欲求が自然と湧いてくるため、窓口セールスのモチベーションも高まることになる。

▶テラー職員と得意先係の連携

窓口での提案だけで、お客さまがローンを借りて下さるケースは限られるため、実際には、得意先係等との連携により、はじめてローン案件を形にできることも多い。

そのため、テラー職員の段階では、お客さまから収集した情報をもとにタイムリーな金融商品をご案内することで、**お客さまに「商品の利用を検討してみようかな…」と考えてもらえただけでも、まずは十分な成果**と言える。

そこから先は、役席者や得意先係に「このお客さまに〇〇ローンをご案内して、検討していただいていますので、フォローをお願いします」と言えば、得意先係等が引き継いでくれる。

テラー職員が店頭で何も言わなければ何も起こらないが、店頭で一言ご案内しておくことで、どこかのタイミングで花開くこともある。

当金庫のテラー職員には、お客さまとのコミュニケーションを図る意味でも、店頭で個人ローンをご案内する機会を増やしてほしいと考えている。

☕ Break time

「百年兵を養うは、1日これを用いんがため」と言いますが、非常時のために備えておく人や物は、平時は目立たなくても短期的な採算で見てはいけないという意味です。

信用金庫によっては、警察OBの人を警務顧問等の肩書で雇用していたりしますが、そうした方々の経験知やネットワークもまた、"有事"では大きな力を発揮します。

もちろん平時においても、"外から入ってきた人の目"という観点から、プロパー育ちの役職員では気づかないような、貴重な意見を聞ける有難い存在だったりもします。

現場の声 🎙

68

電話セールスのポイント3点

信用金庫　営業店／支店長

▶電話セールスの要諦とは

当金庫では、電話セールスを成功させるためには、「電話をかける勇気」と次の3点が必要と考えている。

①洗練された「営業台本」
②「ターゲットリスト」の充実
③「職員のスキル」に即した対応

▶洗練された「営業台本」

電話セールスにあたっては、「営業台本（トークスプリクト）」を庫内で作成しておくと便利である。

商品によっては保証会社等が提供してくれたりもするが、得意先係が作成したものを内勤職員が自分の言葉に置き換えて使ってもよい。

電話セールスに自信がない職員は、「自分が話すべき内容」や「質問された際の切り返し」がわからないものだが、想定問答を盛り込んだ台本があれば、こうした懸念は払拭される。

お客さまには職員の姿は見えないことから、**台本を見ながら話せることで、誰でも一定以上のレベルで説明できる点が電話セールスのメリットでもある。**

しっかりとした台本は、職員のモチベーションも高めることから、随時、台本の内容を磨くようにもしている。

▶「ターゲットリスト」の充実

電話セールス対象先はリスト化し、職員の誰がどこに電話するかも分担しているが、部下たちには「セールスではなく、お知らせするつもりで」と指示することで気楽に電話をさせている。

なお、電話セールスでは、当金庫との「取引がある先」と「無い先」で相手側の反応に温度差があるため、両者を明確に分けて実施したほうがよい。

ちなみに、当店では、電話セールスの対象を既存取引先に限定し、未取引先に対してはポスティングを実施することで、相手側からアプローチしてもらうことにしている。

実際、**電話セールスのコツは、「お礼から入ること」**なので、「給与振込先」や「融資取引先」をリストアップして電話をすると円滑に会話が進みやすい。

最初に「突然お電話してすみません。○○信用金庫です、いつもご利用いただきありがとうございます」と言えば、「ありがとう」と言われた側は、"信用金庫の人か。この人には優しく対応したいな"との心理が無意識に働くため、話にも耳を傾けてもらいやすくなる。

そうした中で、特にカーローンの利用先などは、商品自体のリピート率が

高いため、成果も出しやすい。

「住宅ローン」と「カーローン」の利用先をリストアップしたうえで、得意先係の定例訪問先を除外して電話をしていくと反応が良いことも多い。

▶「職員のスキル」に即した対応

電話セールスの成約状況や情報収集の質・量の実績を検証すれば、各職員のスキルは概ねわかるため、当店では、**スキルの高い職員の電話セールス時の会話を（窓口時間の終了後であれば）電話機をスピーカー機能に切り替えて他の職員たちにも聞かせることにより、スキルの共有化を図っている。**

逆に、不慣れな職員が電話する際には、上司の近くで電話させることで、サポートできる体制にもしている。

また、一定の経験を積んだ職員には、個室で電話をさせることで、顧客との会話に集中できるようにしている。

▶お客さまの反応には柔軟に対応

電話セールスでは、最初にご案内した商品への相手の反応が鈍くても、**会話の中に別の商品を提案するチャンスが隠されていることも多く、**電話をする職員側のアンテナを高くしておくことも大切な視点である。

例えば、フリーローンの推進を目的に電話した場合でも、お客さまの話を聞くうちに、教育ローンの提案につながることもある。

なお、上席者が部下に電話セールスをさせたときは、後から「お客さまの反応」を聞き、応酬話法をアドバイスすることで部下のスキルアップを促すことも大切な心がけとなる。

また、時間帯を決めて取り組む方法も有効だ。当地域では午前10時〜12時に電話がつながりやすく、お客さまに「それなら、お昼過ぎにでも窓口に行くわ」と言ってもらえることもある。

キャンペーン時期は、同じく電話がつながりやすい17時以降にセールスできるように、時差出勤も実施している。

▶クロージングもイメージする

電話セールスで目指すゴールも職員の立場により異なってくる。内勤職員の場合は、「詳しくご案内したいので、ぜひ窓口にお越しください」でもよいし、「営業担当者の〇〇を訪問させていただきます」でクロージングしてもよい。

一方、得意先係が自分で電話をする場合は、電話で詳しい商品説明をするよりもアポ取りを優先することが多い。

ただし、「職場や家庭では相談したくない」と感じているお客さまには、店頭等に足を運んでいただくことになる。

そのほか、当店では、過去の面談セールス時に成約まで至らなかった見込み顧客に対して、後日、**電話等によるフォローを行う"後追い"を徹底する**ことにしている。この場合には、運よく相手側と資金ニーズのタイミング等が合うことで、契約締結に至ることもある。

現場の声 🎤

69

電話セールスでの話し方

信用金庫　営業店／支店長

▶電話セールスは気軽に

電話セールスは、上司が近くで会話の内容を聞きながら、気づいたことをアドバイスできる点が利点である。

例えば、真面目で頭も良いが、営業成績がいまひとつ伸び悩んでいる得意先係のHくんの電話セールスを聞いて気づいたことは、面識のあるお客さまにも堅苦しく案内しているということ。

何度も面談している相手であれば、意識的に少しずつ崩した話し方をすることで、お客さまとの心理的な距離を近づけていくことも、得意先係に求められる大切なテクニックである。

特に電話セールスは、気軽なご案内として実施したほうが、相手側にとってもニーズに合わなければ軽い気持ちで断れるため、負担感を与えずに済む。

結局、アドバイス後にざっくばらんに話すようになったHくんは、次第に営業成績も向上していった。

▶警戒心を解くことも大切

電話セールスでは、冒頭、相手側に**「自分が信用できる人間であること」**と**「メリットがある話であること」を瞬間的に理解してもらうことが大切**だ。

そのため、最初に金庫と自身の名前を名乗った上で「〇〇（例：給与振込）

のあるお客さまに限定して、△△についてご案内しています」等と枕詞をつけることで、相手の警戒心を軽減してから会話に入るのがコツである。

最近は、数日前に商品案内のDMを送付してから電話をすることも多いが、DMを事前に送付しておくと、金庫職員も電話をしやすくなるほか、お互いに会話の目的が明確になったりもする。

同様に、キャンペーンの形にしておくと、お客さま側にとってもメリットをイメージしやすくなることから、電話セールスにも勢いがつきやすい。

▶話し方も意識しよう

会話にあたっては、最初は「YES-NO」で回答できるような簡単な問いかけ（クローズド質問）を心がけるとともに、電話口のお客さまは、金庫職員の「声」や「口調」から相手の信用力を読み取ろうとすることから、これらに関しても、十分な配慮が必要となる。

具体的には、明るい声で、なるべくゆっくりとした口調で会話をすることが重要であるが、さらに、商品案内時には、自信を持ってご説明することにより、"良い商品を案内されている"とお客さまに感じていただくことも、大切なポイントと考えている。

現 場 の 声 🎤

70

職域セールスについて

信用金庫　営業店／支店長代理

▶職域セールスで採算向上

職域セールスによる個人ローンの獲得は、従業員の勤務先事業会社との取引採算を向上させる効果がある。

仮に会社には低金利での小口融資が精一杯だとしても、職域セールスにより従業員を対象とした個人ローン等を獲得できれば、"軒"単位での貸出金の「残高」と「利回り」は、十分に確保できるという算段である。

▶普段からフレンドリーな姿勢を

職域セールスを成功させるためには、得意先係も普段から訪問先では明るく、フレンドリーに振る舞う必要がある。

訪問時も、入口から真っ直ぐに社長や経理担当者のほうに脇目も振らずに歩くようではいけない。にこやかに周囲に挨拶しながら歩くことで、話しかけやすい雰囲気を作ることが大切だ。

また、若い得意先係がフロア責任者に従業員への声掛けの許可をとる際には、「皆さん、僕なんかに用は無いと思いますが」等とあえて自虐的に言ってみると、応援してもらえることもある。

従業員たちが集まった場で商品案内をする場合には、最初に従業員たちにとって話を聞くメリットを伝えることで、聞く構えを整えてもらうと良い。

説明が終わったら、最後に「自分は常に仕事を探していますので、機会があれば、ぜひ私に仕事をください！」等と冗談めかして言っておくと、従業員たちも相談しやすかったりする。

なお、説明の場所が会議室であれば、最後に「当商品や各種ローンのご利用および借換えに興味のある方は、この場に残ってください」等と伝えると、数人が残ってくれることもある。

▶職域セールスにも色々

ローン推進以外でも、職域訪問先の従業員に当金庫の普通預金口座を保有していただいたり、給振口座やクレジットカードの支払口座としてご利用いただくことも大切な視点である。

また、経理担当者に「社員さんにもご案内ください」と言ってチラシを渡しておけば、回覧くらいはしてくれる。

なお、職域訪問先では、入りと出の挨拶をしっかりとすることも大切であるが、挨拶のポイントは、「笑顔」と「声」である。両者はセットになっている面があり、笑顔の状態で発した声は、自然と明るい声になりやすく、明るい声は、相手に好感を与えることができる。

"挨拶にスランプなし"の精神で、これからも続けていきたい。

現場の声 🎤

71

チラシを使った営業推進

信用金庫　営業店／支店長

▶営業店内でのチラシ配布

食品メーカーでは、お腹が空いたら自社の商品を思い出してもらえるように頻繁にテレビCMを流しているが、当金庫も地域の人たちがローンを組みたいときに「しんきん」を思い出すように、商品チラシを配布している。

例えば、当店がATMコーナーで来店客にチラシを配布する際には、20代にはカーローン、30代には住宅ローン、40代には教育ローンといった具合に相手の年齢層に応じたチラシを一番上に置いて渡している。

窓口でのチラシの手交についても、以前は事務処理後に通帳等と一緒にお渡ししていたが、現在は通帳等を受け付けたタイミングで渡すことで、事務処理の間に目を通していただいている。

また、**ロビーで来店客が眺めているチラシがあれば、最もわかりやすいサイン**なので「お車のご購入ですか？」等と声を掛ければ、「子供が就職するんだ」等と答えていただけたりもする。

▶ポスティングもやってみよう

内勤職員によるポスティングも積極的に実施している。ポスティング活動によって店頭での話題が増やせるほか、「あのお客さまは、この辺りから足を運んでくださっているのだ」等と感謝の気持ちが湧いたりもする。外出時には、職員が気づいたことをメモできるように、手帳等を持ち歩くのもよい。

なお、当金庫のポスティング活動では、金庫名を記載した紙袋にチラシを入れて歩き回るため、地域住民への宣伝効果もある。防犯面の注意は必要であるが、「何か配っているな、頑張っているな」と感じていただければ幸いだ。

先日、女性職員が道端で「普段は窓口におりますので、ぜひお立ち寄りください」と話しかけたところ、翌日に定期預金を組みに来店してくださったお客さまもいた。

「チラシ配り＝名刺配り」でもあり、当店の存在を地元の方々に広く認知していただくための活動でもある。

▶路上でのチラシ配りは場所が命

一方で、**路上でのチラシ配りは、「人通りが多い場所」で行うことが鉄則**だ。

キビキビとした動作で、元気よく声をかけることが大切であり、一歩踏み込んでお渡しするのがコツである。

手交時に「信用金庫です」と言えば、相手の反応率が上がることも多いため、地域内での当金庫の"信用力"の高さを感じて嬉しく思えることもある。

現場の声 🎤

72

クレジットカードの効果

信用金庫　営業推進部／部長

▶クレジットカードとは

「クレジット（Credit）」とは、日本語で「信用」という意味であるが、カード利用者は、クレジットカード会社から信用の証として貸与されたクレジットカードを利用することで、ショッピングや食事等が可能となる。

クレジットカードは、カードと同じブランドマーク（VISA等）を掲示しているお店（加盟店）であれば、世界中で利用できるが、カードの利用枠は、カードの種類やお客さまの信用状況等により個別に設定されている。

お客さまのカード利用のメリットは、キャッシュレス決済が可能になることに加えて、「ポイント制度によるギフト券等との商品交換」や「インターネットや通販での購入時の決済が簡単にできる点」などがある。

また、ETCの全国的な普及に伴って、「高速道路料金＝クレジット決済（ETCカード）」が定着した面もある。

▶加盟店のメリット

クレジットカードの加盟店になるメリットとしては、クレジットカード支払いによる購入金額は、（手持ちの現金を気にせずに出費できるため）現金支払いと比較して多くなる傾向があり、

小売店や飲食店等では、この傾向は顕著となることから、得意先係がこれらの業種に**売上増加策を提案する際には、ひとつのアイデア**として考えられる。

また、「集客力のアップ」も利点である。お客さまにとって支払い方法の選択肢を増やすことで、新規客の獲得や機会損失の防止なども期待できる。

最近は、現金の受渡しを敬遠するお客さまも増えていることから、当該顧客のニーズにも応えられることになる。

業務効率化の面では、現金の受渡しが無いため、清算時のスピードアップや両替頻度の削減が図れることになる。

▶その他の留意点

一方で、加盟店に発生するコストとしては、カード決済された売上高のうち一定金額がカード会社の手数料として差し引かれたうえで、お店の入金口座に振り込まれることになる。カード導入に消極的な店主などは、これによる利益の減少を嫌っていることが多い。

信用金庫にとっては、取引顧客にカードを使ってもらうことで、**「利用者」と「加盟店」ともに自金庫の決済機能を使ってもらうことによる顧客の囲い込みと手数料獲得の機会となる**ため、積極的に推進しているところである。

預金等の推進

§ 預金取引は、金融機関の経営基盤の土台になるとともに、最近では、
融資推進の足掛かりとしても取引拡大が期待されている。

第8章

現状と課題

◎預金は「信用」に基づき集まる

預金は「経営基盤」、貸出金は「収益基盤」と考え、預貸金をバランス良く推進し
ている信用金庫は多いと思われます。特に信用金庫の場合は、銀行と違い株式を
上場していませんので、"株価"の代わりに"預金残高の増減"を地域からの信用の
バロメーターと解釈している信用金庫もあります。

金融機関が一般の事業会社と比較して優位性があることの1つに、「キャッシュ
フローが枯渇しないこと」があげられますが、これは、金融機関が預金者から預託
された資金を潤沢に保有しているからです。

預金はお客さまからの「信用」に基づいて集まる性質がありますので、金融機関
にとっての「信用」は、何よりも大切であることを肝に銘じたうえで、預金推進の
ためにも、営業地域内での自金庫の信用力を高めておくことが重要です。

◎融資推進のためにも預金を推進

信用金庫にとって「融資」と「預金」は、前述のとおり"2大推進項目"と言えます
が、両者は相反するものではなく、基本的には、「融資が増えれば、預金も増える（逆
もまた然り）」という順相関の関係にあります。

例えば、新規の融資先を開拓すれば、「決済口座の確保」や「給振獲得」等による
預金の増加が期待できるほか、実行された貸出金もすぐに全額が費消されるとは
限らないため、滞留資金が預金残高を底上げすることもあります。

一方、融資の推進も、預金取引先を増やすことで顧客基盤の裾野を広げておか
なければ、融資（先数、残高）の伸びは頭打ちになりやすいといえます。

そのため、融資推進の足掛かりとしても預金を推進するという発想から、預金
の推進にも積極的に取り組む信用金庫は少なくありません。

改善のヒント

◎得意先係の活動もきめ細やかに

　近年は、（タンス預金志向の世帯を除けば）個人世帯が手元に置く現金を減らす傾向にあることから、得意先係が個人預金を推進するためには、以前にも増してきめ細やかな対応が必要となっています。

　例えば、定期預金の満期案内のために得意先係が客先を訪問した際に、次回の定期預金の『金額』を50万円から100万円に増額したり、『期間』を1年から3年へ延ばすといった交渉も大切です。それにより、お客さまが得意先係の希望を受け入れて、可能な範囲で営業協力をしてくださることもあります。

◎預金者との会話も工夫

　定期預金は、最近では預金金利の低さも相まってお客さまが簡単に解約してしまう傾向がありますが、お客さまに「定期預金にしておいた方が、（費消されずに）残りやすいですよ」と提案すると納得していただけることがあります。

　また、定期積金でも、集金先に対しては、集金の最終日に初めて定期預金への振替えを提案するのではなく、ラスト3回くらいは、「あと○回で満期となります。頑張って貯められましたので、ぜひ定期預金にされてください」等と繰り返し案内することで、事前に定期預金に誘導しておくことも考えられます。

◎決済口座を獲得する

　信用金庫が預金残高を増やすためには、お客さまに普段から信用金庫の預金口座をご利用いただくことも大切な視点です。

　例えば、「給振口座」にできれば、自然と個人の決済口座として利用されることで、預金も集まりやすいほか、派生的に個人ローン商品等の利用機会も増えやすくなります。

　「学校自振の口座」なども親が児童手当を受給する口座に指定する傾向があり、子どものための積立口座にする世帯では、預金残高が増えたりもします。

◎本章のポイント

　本章では、定積集金から年金・給振口座の獲得まで幅広い分野での預金推進策を列挙しました。なお、最後に保険専担者による保険商品の案内方法等についても掲載しています。

現 場 ⑩ 声 🎤

73

「預金」の推進について

信用金庫　営業推進部／部長

▶**安定的な預金獲得を目指す**

信用金庫が単純に預金残高だけを増やしたければ、高金利預金のキャンペーンを行ったり、地公体から大口の公金預金を獲得すれば済むのだが、それでは安定的な資金調達にはならない。

また、高コストで預金を仕入れると、どうしても預貸金利鞘も縮小することになる。

特にキャンペーン金利による預金推進は、将来の満期到来時に受け皿商品を用意しておかないと多額の預金が流出するおそれもあるため、結果的に高金利預金の継続を余儀なくされやすい。

預金を数千万円持っているような人ならば、上乗せ金利さえつければ遠くからでも預金をしてくださるが、地区外の預金者には満期交渉が難しいため、結局は、金利を上乗せしないと流出してしまう傾向もある。

▶**個人取引からの預金獲得**

信用金庫は、一般的に銀行と比較して個人預金の割合が高い傾向にあるが、現在のような超低金利の時代では個人預金に関しても魅力的な預金金利が恒常的にはつけにくいことから、代わりに**「目的のために貯める」という提案が重要**となる。

なお、当金庫の預金残高が1千万円未満のお客さまには、『ペイオフ対策』として預金先を分散させる観点から、本人や家族名義の他行預金を当金庫に移してもらう提案をすることもある。

▶**法人取引からの預金獲得**

一方、法人取引から派生して、預金を獲得することも多い。

例えば、社長自身が当金庫に好意的だが、実際の法人名義の預金残高が他行と比較して少ない場合には、社長に状況を説明して、他行預金を当金庫に振り替えてもらう方法もある。社長も金融機関の「融資シェア」は意識していても、「預金シェア」には無頓着なことが多いものである。ちなみに社長の世帯預金を当金庫に振り向けてもらうのも、預金の推進策としては有効だ。

また、相続税対策をしているアパマンローンの債務者（オーナー）等は、預金も相当の金額を保有している傾向があるため、当該預金を当金庫に回してもらったり、懇意にしている他の資産家をご紹介いただいたりもする。

アパマンのオーナーは、大規模修繕引当金として資金を貯めている人も多く、当該管理口座を当金庫に置いてもらうことも預金推進策の1つである。

現場の声🎤

74

預金解約に来たお客さまへの対応

信用金庫　営業店／支店長

▶ **預金解約者には粗品をプレゼント**

当店では、「定期預金を中途解約するために来店された預金者には、現金と一緒に粗品を渡せ」と指示している。

特に、定期預金を自動継続で長年にわたり置いてくださったお客さまなどは、その間に粗品を受け取っていないことも多いため、「長い間、お預けいただきまして、ありがとうございました」との感謝の言葉とともに粗品を渡す。

「あぁ、100万円が出ていく」ではなく、気持ちよく払い出すことが大切。粗品のプレゼントは、そうした気持ちを持てということである。「ありがとう」と言われたら、お客さまの心証も良くなり、「家計の余裕ができたら、また信用金庫に預金をしようかな」と考えてくださることもある。

▶ **中途解約の理由も聞く**

ただし、**中途解約の理由を聞くことで、ローンのニーズを確認することは必要**である。例えばリフォーム資金への充当であれば、「リフォームローンもございますので、ぜひご検討ください」と伝えておく。同時に「リフォーム後に余ったお金があれば、またお預けください」と言っておけば、再び定期預金を組んでくださったりもする。

車を買うための解約であれば、カーローンを利用したほうが、お客さまの資産形成にとって良いこともある。

ローン金利は発生するが、車のような消費財は、毎月の家計の中から少しずつ支払っていくほうが、資金繰りの安定には寄与するケースもあるからだ。

同様に、「一時的な資金需要」や「取り崩した定期預金金額の一部だけを使用する場合」であれば、預金を解約せずに各種ローンを利用する方法もある。

定期預金の解約を迷っているお客さまに対しては、「お積立や定期預金を取り崩しますと、解約癖が付いてしまい貯まりにくくなる方もおられますよ」などと説明することで、解約を引き止められることもある。

▶ **法人の場合も…**

そのほか、業績が悪化している会社が定期預金の解約を申し出てきた際には、「解約理由」を詳しく聞くとともに、解約対象が元々は目的のあった定期預金や積立であれば、穴埋めの資金繰り方法もヒアリングしておく必要がある。

また、会社によっては、手元に定期預金を持っていても本音では崩したくないことがあるため、預金の解約ではなく、融資で対応できることもある。

現 場 の 声 🎤

75

会社の決済口座を獲得せよ

信用金庫　営業推進部／課長

▶預金の獲得や実質金利の上昇に効果

　信用金庫にとって、事業会社の決済口座を獲得することは、預金推進面や収益面での意義は大きい。

　決済口座を獲得すれば、自然と預金が集まりやすくなり、融資をした時の実質金利も上昇しやすくなるからだ。

　実際、当金庫との取引で、貸出金残高と比較して預金残高が多い会社は、当金庫が決済口座に指定されていることが多いことから、決済口座の獲得には優先的に取り組んでいる。

▶債権保全面でも貢献

　与信取引のある会社が業況不振であれば、なおさら決済口座は確保したい。

　自金庫内に売上の決済口座があれば、売上代金の推移等が把握できたり借入返済時の延滞が発生しにくいほか、万一の時に債権の保全にもなるからだ。

　先日、業況不振先が当金庫に設定している決済口座を他行に変更しようとする"事件"が発生したが、会社側が当金庫の口座に入金された資金を金庫に回収されると懸念したためであった。

　結局、話し合いにより変更は回避できたが、会社側にとっても決済口座を置いている金融機関には、資金繰りを押さえられているという意識があるこ

との証左であった。

▶事業性融資の推進にも効果

　事業会社に「売掛先からの振込口座」を当金庫に置いてもらうためには、まずは、請求書の振込先に当金庫の普通預金口座を記載してもらう必要がある。

　仮に売掛先が当金庫の取引先企業であれば、振込先の会社が当金庫に決済口座を開設していないと振込手数料の負担が増えることもあり、取引先企業のためにも、決済口座数は増やしたい。

　請求書に複数の金融機関が記載されている場合には、当金庫を一番上に書いてもらうことも働き掛けている。

▶当金庫の日常での取引先も対象

　さらに、当金庫自身が契約当事者となり物品購入やサービスを享受する場合には、必ず当金庫に支払い用の振込口座を開設してもらっている。

　競合金融機関の口座に当金庫が経費支出を振り込むことは、（営業エリア内の会社には）原則として認めていない。

　そのため、経費の伝票（請求書）を総務部担当役員が逐一チェックすることで、万一、当金庫を振込口座に指定していない会社からの請求書があれば、直ちに営業店を通じて会社側に対応をお願いしているところである。

現場の声 🎤

76

給振口座の獲得について

信用金庫　営業推進部／課長

▶**給振契約の重要性**

当金庫では、個人取引のメイン化を図る観点から、給振口座の獲得についても積極的に取り組んでいる。

普通預金口座に給与振込をセットしたお客さまは、公共料金の引落しもセットする傾向があり、また、（預金金利が低い）流動性預金を多めに置いてくださることから、金庫の収益面にも貢献していただくことができる。

給与振込先と年金振込先を比較すると、両者とも当金庫にとっては安定的な資金調達源となるが、特に給与振込先は、各種ローンの提案先としても、貴重な存在となる。

▶**融資推進上でもメリット**

実際、給振口座の獲得は、個人ローンの推進上でも大きなメリットがある。

そもそも個人ローンを増やすためには、「ローンを貸せる人」を見つける必要があるが、「**ローンを貸せる人**」とは、**基本的に「働いている人」**である。

給振口座の保有者は、勤労者であるほか、入金金額を見れば毎月の給与水準も概ねわかる。

特に職域サポート契約先については、当金庫が給振の元請契約を締結していれば、推進活動もスムーズになる。

社員の預金口座があれば、最初は顔がわからなくても、顧客照会を閲覧すれば、「名前」や「年齢」、「取引内容」等から、なんとなく当たりがつくため、アプローチもしやすくなるのである。

▶**給振先の獲得に向けた対応策**

当金庫では、給振口座の増加策として、「職域サポート契約先」や「総代（経営企業）」に対して元請契約の締結を依頼するとともに、融資審査会等に上がってきた与信取引先についても、提案できる先が無いかを検証している（ただし、優越的地位の濫用への抵触には注意）。

なお、給振元請契約の獲得は、会社側の経理担当者が手続きを面倒に感じると頓挫することがあるため、経理担当者への事前の根回しも大切となる。

ちなみに、営業エリア内に大手企業の工場や工業団地等がある場合には、大手企業は、取引先金融機関の数や従業員の数が多いことから、意外と抵抗感なく当金庫を給振先に加えてくれたりもするので、トライする価値はある。

いずれにせよ、国内のキャッシュレス化が進展する中で、給振口座の獲得は、決済口座を押さえる意味でも、より重要性が高まっていると考えている。

現場の声 🎤

77 年金受給口座の獲得推進について

信用金庫　営業推進部／年金専担者（女性）

▶年金推進で感謝されることも

　自分は社会保険労務士の資格を有する"ママさん職員"であるが、現在は、当金庫の年金専担者を務めている。

　年金業務は、地道な仕事であるが、基本的には"お客さまに喜ばれる仕事"であるため、やりがいは大きい。

　「信金さんが対応してくれたので、本当に助かったよ！」とお客さまに感謝していただけることも多い。

　信用金庫にとって、年金受給口座の獲得推進は、「個人預金の残高増加」や「（高齢者世帯の）メイン口座の獲得」等につながるものであり、年金受給口座の開設者とは、長期間、安定的なお付き合いを続けることが可能となる。

　そうした中で、信用金庫が年金専担者を配置するメリットは、営業店職員が年金業務に詳しくなくても年金専担者に教わりながら案件を進めたり、場合によっては専担者へのトスアップ（見込み客の庫内紹介）により口座獲得につなげることで、金庫全体で効率的に年金業務を推進できる点にある。

　普段から年金専担者が営業店職員に「年金のことは、私に何でも相談して」と言っておけば、「こうしたお客さまでも年金を受給できますか…」等と聞いてくれるようにもなる。

　実際、世の中には、受給資格があるのに未受給の人もいる。

　年金受給手続きを疎かにした理由は、「仕事熱心のあまり放置していた人」もいれば、「手続きがわからなかった人」もいるのだが、こうした人たちを手助けすることも信用金庫の大切な役割と考えている。

　先日も営業店職員が「あそこのおじいちゃん、年金をもらっていません…」と教えてくれたので未受給が発覚した人がいたが、手続きの結果、まとめて数年分（約5百万円）が振り込まれたため、ご本人には、たいへん喜んでいただけた。

　相談に乗るなどで手間をかけたお客さまほど、「信金さんが親切に相談に乗ってくれた」という口コミ（評判）を広げてくださるため、別のお客さまへの紹介につながることも多い。

　年金受給世代の方々は、基本的に義理堅い人たちが多く、「信金さんに世話になった…」との思いがあると、何らかの形でお返しをしてくださりやすい。

　なお、年金制度に関する各種情報を知りたい人には、「日本年金機構のホームページ」などもお勧めしたい。

▶年金推進活動のポイント

基本的に「年金専担者」は、新規先（受給開始年齢の到達者等）への推進が得意であるのに対して、「得意先係」は、既に他行で受給している先からの指定替えの推進が得意である。

実際、**お客さまに年金受給口座の指定替えをしていただけるかは、金庫職員とお客さまの人間関係が鍵を握っている**ことから、普段からお客さまと接している営業店職員が説得したほうが、（年金専担者が説得するよりも）はるかに成功率は高い。

なお、一番もったいないのは、お客さまから「信金に年金口座を作ることも考えたけど、勧誘されないので銀行で開設した」と言われてしまうケース。

そのため、営業店では、入出金のために来店したお客さまなどにも、年金受給対象の年齢到達者（または予備軍）で当金庫に受給口座が無い先であれば、声掛けするべきであり、逆に当金庫で受給口座を設定している人に対しては、他行への指定替えを防止する意味でも、年金振込に関する御礼を申し上げることも大切な取組みとなる。

▶見込み顧客のリストアップ方法

年金受給口座の新規開設を勧誘する際には、事前に対象者をリストアップすることが肝要となるが、受給開始年齢（原則として65歳）の誕生日まで残り半年間となったタイミングで見込み先**に声掛けができればベストである。**

特に「預金残高」が多い先は、当金庫がメインバンクである確率も高いため狙い目である。

そのため、「65歳に到達する個人取引先のリストを本部から営業店に送付し、年金口座申込みが無い先に勧誘する」「窓口で高齢者の通帳をお預かりした際に、年金受給がなければお願いする」「誕生月に年金の粗品を持参する際に、配偶者が他行で受給していたら指定替えを提案する」等の推進を行っている。

預金残高が多い世帯は、経済的にゆとりがあるため、年金が入金されても資金を滞留していただける傾向もある。

▶見込み顧客を紹介してもらう

年金の推進では、「面談数（件数）」を増やすことが特に大切となる。渋る相手を説得することに労力を費やすよりも、1人でも多くの潜在顧客と面談したほうが効率は良いからだ。

なお、**見込み顧客は「自力で探す」だけではなく、「紹介してもらうこと」も大切**だ。「受給申請の方法がわからなければ、信金に相談すれば（社会保険労務士と連携して）やってくれるよ」と友人の高齢者に声をかけてくださるお客さまを増やすことが肝要となる。

年金専担者の場合は、各地区で出会った"応援団"とのネットワークを作り、そこから情報を吸い上げたり発信することも効率的かつ効果的である。

▶会話のポイント（見込み客の開拓）

　訪問時における最初の切り出し方としては、自分は「年金の受取りはどうされますか？」、「銀行さんからもお声がかかっていると思いますけど…」等と聞くことから始めている。

　その際に、「○○銀行にするよ」と言われれば、「そうですか。それでも、もしも、もしも気が変わった…なんてことがあれば、ぜひ信金（私）に声を掛けてください。ご相談事にも乗りますよ！」と言って名刺を渡しておくと、後日、「しんきんにするよ」等と電話が掛かってきたりもする。

　「まだ考えてないよ」と言われれば、「そうですか、まだお若いですものね。それでは、考えられる頃にまたお邪魔します！」と言って立ち去ればよい。

　なお、家族や身内の話から入るのは、意外と家族と仲が良くない人もいるので、避けたほうが無難である。ただし、先方から家族のことを話題に出してきたときは、話をたくさん聞いておくと別のセールスにつながることもある。

▶お客さまのお困りごとを解決

　高齢者ほど、将来の自分の足腰に不安もあるので「自宅近くの金融機関の店舗」で年金を受領したいと考えている。そのため、**自金庫の店周地区内は重点的に推進すると成功しやすい。**

　同様に、競合金融機関が店舗統廃合などで支店を廃止した場合には、廃店した店舗の周辺で近隣の信用金庫の営業店がローラー活動を行うと、年金受給口座を移していただけることもある。

　また、お客さまの心理状態としては、「今まであまり年金の掛金を支払って来なかったから本当に貰えるのかな」と心配している人や「自分の人生設計で最適な年金受給開始の時期はいつだろう？」と考えている人が少なくない。

　基本的には、「いつから」、「どれだけ」貰えるかが多くの受給予定者にとっての関心事であるため、その辺の相談に乗れるようになると、信頼してもらいやすいと感じている。

▶他行攻勢からも防御せよ

　営業店では、自店の年金顧客の入金状況を定期的に確認することで、顧客定着率向上への対応を図るべきである。

　具体的には、支給月（偶数月）の振込先リストの内容を前回と比較して、新規に加わった先があれば御礼の電話や訪問をするほか、逆に**流出（消滅）した先があれば、原因の確認や再利用の勧奨等を行うことになる。**

　なお、普段から既存顧客を定期的に訪問することで、他行への流出を防止したり、新規見込み先を紹介していただくことも有効な活動となる。

　自金庫に年金顧客向けの特典を用意しておいて、積極的にアピールしていくことも効果的である。

▶取引深耕も大切な役割

　そのほか、年金顧客に各種の金融商品を提案することも大切な活動であり、預金の獲得については、「年金受給口座」と「退職金」は、セットで獲得できると効率が良いため、年金顧客向けの定期預金や退職金専用定期預金などを勧めている。

　お客さまによっては、「年金受給手続きでは、信金に手間をかけさせたので、多少の営業協力くらいはしよう」と考えてくださり、預金や（シルバー）カードローン等であれば、無理なく契約していただけることもある。

▶アプローチ方法も色々

　お客さまといえども「男」と「女」なので、年金などは異性が頼んだ方が獲得しやすい時もある。

　60〜70代の女性にとっては、30代の男性は"息子"、20代は"孫"のような可愛い存在である。

　そのため、見込み先（ターゲット）が気難しいタイプの女性の時は、男性職員に説明をさせて、最後に「よろしくお願いします！」と笑顔でご案内すると一発で契約が取れたりもする。

　実は、男性の得意先係が定積集金に来る日は、**普段は着飾らないおばあさんが、「信金さんが来る」と言って、こざっぱりした服を着て口紅をつけて訪問を待っていることもある。**

　女性のお客さまは、相手が男性職員だと、ついつい無意識に格好をつけてしまうものであり、イケメンならばなおさらである。

　自分も、例えば、美容室で担当美容師が女性なら「ずぼらだから、なるべく手間をかけずに済む髪型にして」と素直に頼めるのだが、素敵な男性だと、そうも言いにくい。

　逆にいえば、同性のほうが愚痴や本音を言いやすい面はあるのだが。

☕ Break time

　「ベスト・プラクティス」という言葉があります。組織内外から、最も効率のよい技法を見つけ出し、それに学ぶという課題解決アプローチで、他者のアイデアや成功事例を上手に取り込んで、自分たちのスキルを短期間で強化しようとするものです。

　20世紀最高の経営者の1人と評されるGEの元CEOであるジャック・ウェルチ氏は、社員にウォルマートやトヨタなど数多くの会社を訪問させることで、各種のアイデアをもらったほか、社内の会議でもベスト・プラクティス事例を常時発表させていました。

　アイデアの質・量が企業の利益の源泉となる点は、昔も今も同じです。

　GEの視察を受け入れたウォルマート創業者のサム・ウォルトン氏もまた、若い頃に米国中のチェーンストア本部を訪問し、優れたアイデアを収集した人物でした。

現場の声 🎤

78

定積集金の戦略的位置づけ

信用金庫　営業推進部／部長

▶**訪問先の抽出基準**

　定積集金の目的は、預金を集めるだけではなく、情報を集めたりお客さまと仲良くなることにある。

　定積集金の契約先に対しては、得意先係は定期的に訪問できる"通行手形"を得たようなものなので、気軽に訪問することができ、結果的に訪問頻度を増やすこともできる。

　得意先係の仕事は、客先に足を運ぶことであるが、訪問頻度の増加は、ザイアンス効果（面談回数が増えると相手側の好感度も上昇しやすいこと）を発生させることにもつながるものだ。

　当金庫では、事業性融資の新規開拓に成功した得意先係に「案件の概要」と「自己分析による成功理由」を報告させているのだが、全店から寄せられる報告書を読みつつ感じていることは、融資案件の獲得で最も大切な要点は、"タイミング"ということである。

　推進スキルが不足気味の得意先係でも、訪問のタイミングさえ良ければ、案件を獲得できることから、定積集金等により訪問頻度を増やすことが重要だと感じている。

▶**訪問先を見極める**

　当金庫では、得意先係の定積集金先としては、「事業先」や「住宅ローン先」を優先させているほか、満期案内の訪問先も原則として「定期預金の金額が100万円以上の先」と絞り込んでいる。

　ただし、**大切なことは「訪問に値する先なのか」の見極めであり、"値する"と思える先であれば、仮に取引が少ない先でも訪問するべき**である。

　例えば、「将来的なローンの見込み先」や「顧客紹介をしてくださる先」であれば、訪問する価値は十分にある。

　また、人が集まる場所には情報も集まることから、気の良い店主がいる飲食店や美容室を定期的に訪問して最近の地元の話題を教えてもらうのも良い。

　こうしたインフルエンサーを応援団にしておけば、信用金庫の商品等を口コミで広げてくださることもある。

　ちなみに、当金庫では年2回、預金残高が3千万円以上の先を営業店職員が訪問しているが、当該先を定積集金先にすることもある。

　なお、定積集金先は、定期的に入れ替えるべきであるが、営業店の業績評価基準に「定積集金の先数目標」を設定していると、営業店は効果の薄い集金先でも訪問を継続させやすいことから、この点には注意が必要となる。

現 場 の 声 🎤

79

個人世帯への定積集金

信用金庫　営業推進部／部長

▶定積集金の目的は

定積集金は、証書と集金カードにハンコを押すのが仕事ではない。訪問先の情報を獲得し、それを次のセールスにつなげることが仕事である。

定積集金の課題は、『得意先係が成果ゼロでも仕事をした気になりやすい点』であるが、それを防ぐためには、定積集金の目的をしっかりと意識して取り組むことが大切と考えている。

例えば、一般家庭への訪問であれば、最終的に把握するべきことは、家や車の購入、子供の進学といった各世帯の**「イベント発生の予定」**と**「資金繰りの見込み」**であり、そのために様々な角度から会話をすることが重要となる。

そのことを常に意識していれば、面談時間に見合った成果（契約・情報等）を得られるようになる。

また、訪問先では、「公共料金の引落しや給与振込、預金・ローン等の利用金融機関」を探りつつ、タイミングをみて自金庫に各種取引を移し替えてもらうほか、自金庫の普通預金口座が動いているのかも確認し、動いていなければ、動かさないといけない。

そこまでして、初めて定積集金の意味は出てくるのである。

なお、定積集金先で毎回、ボーナスを当金庫の定期預金に組んでいただける世帯では、定期預金の金利に関わらず「信用金庫に預けるもの」と思ってくださっているため、そうした関係先を増やすことも得意先係の仕事である。

▶メリハリも必要

仲良くなるためには、訪問のたびに商品を推進するのではなく、あえて雑談だけをして帰るときも必要である。

"貧すれば鈍す"とも言うが、営業成績が伸びずに焦っている得意先係の中には、毎月、定積集金のたびに何らかの商品を勧誘してしまう者もいるが、よほど魅力的な得意先係や商品でない限りは、相手をうんざりさせてしまうおそれもあるため、営業推進にはメリハリも必要である。

同様に、せっかく得意先係が親身な対応をしてお客さまに喜んでいただいたとしても、すぐに見返りを求めてしまうと、「やっぱりこの人はこんな性格なのだ」となってしまうことがある。

ただし、あまり長く放置しておいても忘れられてしまうため、そのタイミングを上手く見計らうことも得意先係にとっては大切なテクニックとなる。

現場の声 🎤

80

定積集金のポイント

信用金庫　営業店／支店長代理（優秀成績者）

▶付加価値を提供しよう

　定積集金は、お客さまにとって自宅や職場にいながら、定期的に信用金庫の職員に各種の相談をしたり、情報提供を受けることができる、金利に勝る最高級のサービスである。

　ただし、お客さまにそう感じていただくためには、訪問する職員が一定の付加価値を提供できなければならない。

　この場合の付加価値は、**1〜2年目の職員ならば"かわいい"というレベルでも許される**。世の中は、多少ずっこけている人間のほうが、周囲から応援されるため、お客さまに「この子を育ててあげたい」、「手柄を立てさせたい」と思わせれば勝ちである。

　4年目までであれば、"元気さ"や"明るさ"だけでも何とかなる。「あなたが来ると楽しいわ」と言われるように、明るい話題を持参することが大切だ。

▶幅広い知識を備えよ

　ただし、5年目以降ともなれば、それだけでは業績は上がらない。

　そのため、**5年目以降の得意先係は、金融商品への深い理解は当然として、様々なことに関心を持ち、幅広い知識を備えていることが求められる**。

　"自己啓発は社会人の義務"であるが、

入庫後そうした意識で日々を過ごしてきたかは、5年目以降に如実に現れる。

　プロというものは、どのような道を選んだとしても、「何事かに詳しくて（秀でていて）」、「何かを人に与えられる」という状態にならなければ、生き残れないものである。

　それが差別化の基本であり、付加価値を生み出す根源となることを自分でも忘れないように心がけている。

　個人顧客に対しては、地域内での身近な話題や生活情報（病院や塾の評判、車の修理や車検の依頼先等）は、個人ローンや預かり資産の販売にもつなげやすいことから、話題として一通り揃えておくと汎用性が高い。

　地元での話題は、地域情報誌や自治体のSNS等で仕入れておくと良い。

　また法人に関しては、訪問先がどのような環境変化の影響を受けやすいかを知ったうえで、経済動向を見ておくと融資の提案にもつなげやすい。

▶効率よく回ることが大切

　自身が一定の付加価値を提供できるようになったら、次は効率よく担当エリアを回ることが重要だ。

　自分の場合は、週5日間のうち、担当地区を4分割したうえで、エリアご

とに集金する曜日を集中させることで、移動時間の短縮を図っている。（1日だけは新規開拓日に当てている。）

時間にルーズな集金先に対しては、集金日の朝に訪問予告の電話をしたり、「玄関の呼び鈴を鳴らさなくても、車の有無で在宅を確認する」とか「訪問NGの時間帯を把握する」といった細かい工夫も行っている。

そのほか、「売上集金の回数削減」、「振込回数が多い先には、IBを勧奨」、「税金の支払いを自振にしてもらう」等も渉外活動時間の捻出につながるため、機会を作って交渉している。

同様に、いちいち訪問しなくても、**"電話で要件を済ませられる先"を増やしておけると効率性はアップする。**

なお、定積集金は、信用金庫の各種の商品・サービスの中でも得意先係が「定積集金に来させてほしい」とお客さまに提案する形でスタートすることが多いのが特徴であり、**金庫側が「どのような先を定積集金のターゲットにするか」によって、その費用対効果は、大きく左右されることになる。**

▶情報蓄積と取引深耕が重要

定積集金の主目的は、顧客情報の蓄積と取引深耕であることから、訪問の都度、個人軒であれば「家族構成」、「勤務先」、「給料日」、「不動産の保有状況」、「金融取引のニーズ」等の情報の収集に努めている。

また、訪問先のお客さまから仕事や趣味に関して色々と教えていただくことも、自分の知見を広げる機会となる。

限られた時間内ではあるが、興味を持ってお客さまの話を聞いておけば、公私に役立つ自分自身の"引き出し"が増えていくことにもなる。

▶融資の機会も探る

定積集金による訪問時には、融資の推進に向けた種まきも行っている。

例えば、個人軒への口上としては、「定期積金は、貯蓄の目的に応じて、金額や積立期間を設定できますので、計画的な備えをするのに最適な商品となっております」、「それでも、もしも目標の金額に足りない部分があれば、当金庫では、各種の目的に沿ったローンをご用意しておりますので、いつでもご相談ください」等と説明している。

▶住宅ローンの見込み先には…

そのほか、定期積金の積立目的が「住宅購入資金の頭金」と考えている人であれば、購入希望の「場所」や「時期」を聞くことにしている。

そのうえで、「参考情報のご提供ができるかもしれませんので、具体的なイメージが固まってきましたら、ぜひ私（当金庫）にご相談ください」等とお願いしておくと、お客さまに「この信金職員は地元の情報に詳しそうだから、いつか相談してみよう」と考えていただけたりもする。

現場の声 🎤

81

お客さまに感謝される預金推進策

信用金庫　役員

▶預金は信用のバロメーター

「預金」は信用のバロメーターであり、貸出金と併せてバランスよく推進していくことが大切である。

ただし、当金庫は特別金利（とくり）をつけて推進することは好まない。

最近は、お客さまに対して何らかの付加価値を提供した対価として預金を預けてもらうケースを増やしている。

▶経費削減のお礼として

例えば、法人先に対しては、当金庫が通信費や電気料金が安くなる契約先を紹介することにより法人先のコスト削減に貢献できれば、先方にとっては金利以上のメリットがある。

それによって、「信用金庫と付き合って良かった」と実感していただければ、次の金融取引にもつながるものであり、「浮いたお金で積立を始めませんか」といった提案も行いやすい。

そうすれば、「積立はしたいけど、元手がないよ」等と言って断られるケースも減るものである。

▶イベント発生時にも取り込む

一般的に個人顧客に大きな金額が入るのは、「**相続の発生**」、「**退職金の入金**」、「**土地の売却**」等のケースが多いが、そうしたイベント発生時に当金庫に預金

していただくためには、普段からの関係構築が大切となる。

当金庫の預金残高３千万円超の個人先の平均年齢は67歳であるが、個人預金を増やすには、高齢者やその親族を囲い込む必要もあるため、相続相談にも積極的に取り組んでいる。

▶相続も大切なきっかけ

当金庫では、大口預金者が亡くなったときは、得意先係が焼香のために故人の自宅を訪問しているが、そのような機会に遺族と懇意になることもある。

さらに、**四十九日の法要が終わった頃に得意先係が税理士と一緒に訪問してお困り事がないかを聞いたりもする。**

具体的には、相続に強いタイプの税理士を連れていき、遺産分割の手ほどきをしたり、二次相続を意識した相続の方法等を説明したりしている。

その際、税理士からのアドバイスの中で、信用金庫への預金等を勧めてもらうことで、他行から当金庫に預金を移していただけることも多い。

相続を機会に都市部に住む相続人に預金が流出してしまうことも多いが、地元に残っている相続人との交流機会を増やすことで、相続を預金増加のきっかけにもしていきたいと考えている。

現 場 の 声 🎤

82

投資信託の取扱いについて

信用金庫　営業推進部／部長

▶人生100年時代へ

米国では、「良い医者、良い弁護士、良いファイナンシャルプランナーが家庭には必要」と言われるそうだが、当金庫も「信用金庫に相談すれば、お金の面では大丈夫だよね」と言われたい。

そのため、個人のお客さまへのワンストップサービスのご提供に向けた品揃えとして投資信託を用意している。

「人生100年時代」へと社会構造が変化する中で、個人の資産形成の重要性もあらためて注目されており、投資信託への期待も大きくなっている。

▶「長期積立」と「分散投資」

ただし、お客さまの人生設計において、投資信託が絶対に必要かと言えば、それはお客さまの考え方次第である。

投資においては、時間の長さが武器になるため、個人でも超長期の運用を行う際に、一定の投信を組み入れることは、理論上では有効な手段となる。

特に**「長期積立」**と**「分散投資（国内、先進国、新興国の株や債券等）」**を組み合わせることで、バランスよくリスク・リターンを整えておくと過去の運用実績を見る限りでは効率的な資産形成が実現できることがわかっている。

一方で株価等は変動するものなので、短期的には損失が発生する可能性も十分にあり、市場価格の変動に一喜一憂するタイプのお客さまには、あまり適していない面もある。一般的に“損失は利益よりも重く感じられる”ことから、「極力、損失の発生は避けたい」というお客さまに対しては、預金商品をお勧めするようにしている。

▶非課税枠を活用しよう

最近の年金制度や投資信託では、非課税枠が飛躍的に充実しており、これらを有効に活用することも有意義だ。

例えば、**「iDeCo（個人型確定拠出年金）」**は、積立時の所得控除があるほか、運用益が非課税となったり、受取時には退職所得控除や公的年金等控除の対象になるなどメリットも多く、老後資金の備蓄には最適な方法となる。

お客さまにとっても有意義な情報であるため、営業店には積極的に案内するように指示している。

ただし、現行のiDeCoは60歳までは引き出せないため、若いお客さまにとっては、やや敷居が高いきらいもある。

そうした**若いお客さまには、まずは「つみたてNISA（少額投資非課税制度）」**をお勧めし、非課税扱いのメリットを享受していただいている。

現 場 の 声 🎤

83

保険の推進について

信用金庫　営業推進部／保険専担者（女性）

▶前職は保険外交員

　自分は銀行を退職後に5年間ほど生命保険会社で勤務した後、現在は信用金庫の保険専担者を務めている。

　保険会社の外交員だった頃は、まずは自分の親族や友人・知人に保険契約を勧めることから着手していたが、これは、金融機関のように他の取引をきっかけに見込み客にアプローチすることが難しかったからである。

　実際、信用金庫を代理店として保険契約をする顧客の多くは、既に信用金庫と何らかの取引をしているお客さまであるため、ここに信用金庫は大きなアドバンテージを持っている。

　また、信金職員においては、お客さまとの間で何気ない会話をする中でも、保険ニーズがありそうな顧客に巡り合うことも少なくないと思われる。

　当金庫の職員は、「信用金庫は取扱商品の種類が多くて大変だ」とこぼすが、私に言わせれば、**預金・ローン・預かり資産等と幅広く商品を扱っていれば、お声掛けしたお客さま側もいずれかの潜在ニーズはありそうなもの**なので、「保険だけで勝負」という立場の生保の外交員に比べれば、はるかに恵まれている面もある。

　ただし、自金庫の取扱商品の多さから「各保険商品の詳細まで理解するのは無理！」と言う営業店職員たちの意見はごもっともなので、そのときは、営業店職員は見込み客だけを掴んでおき、私のような保険専担者に気軽にトスアップしてくれれば良いのである。

▶信用金庫の商品はバランス重視

　当金庫の職員と話をしていると、自金庫が取り扱う保険商品を親族や友人に案内することに抵抗感を持つ人が少なくないことにも驚かされる。

　客観的に見て何ら問題が無い保険商品の案内でも躊躇しているのだが、若い職員ほどそうした傾向がある。

　しかし、信用金庫が取り扱う保険商品は、バランスの取れたものが多く、きちんと説明をしてニーズの合うお客さまを見つければ、お客さまにとっても有益な商品ばかりである。

▶テクニックよりも自信が大事

　そうした経緯から、**最初に当金庫の職員に浸透させるべきことは、「自金庫が取り扱う保険商品を好きになってもらうこと」**と考えるようになった。

　そのため、金庫内研修で講師をする際には、「この保険商品がいかにお客さまの役に立つのか」を教えることが、

販売テクニックを教えること以上に大切だと考えている。

迷いながら保険のセールスをしても、お客さまが契約をすることはない。

中途半端な気持ちでセールスをするので成功率が低くなり、なおさらセールスが嫌になる。そうした負のスパイラルに陥らないことが大切である。

努力すべき方向として、まずは「保険のパンフレットや約款を読み込む」、「内容を実際に店頭や訪問先で案内してみる」等から取り組むこととなるが、何事においても**「好きになるコツは対象をよく知ること」**であるため、金庫職員も保険商品の内容をきちんと理解することが重要となる。

なお、保険のセールスでは、案内しても相手側にニーズが無いときは、あっさりと引き下がることも大切。

無理に契約してもらおうとするほど、お客さまへの声掛けが苦しくなるため、多くのお客さまに気軽に話を聞いていただくスタンスで臨んだほうがよい。

▶**適性は自分ではわからない**

そういう自分も保険会社にいた頃は、最初の半年間は、全く保険を売れなかった。友人に誘われて外交員になったものの、人に保険を勧めるのは苦手で、内心では1年経ったら辞めようと思っていた。

「保険の外交員」と言うと、当時は、"押しの強い女性"という印象もあった

ため、ママ友にスーツ姿を見られて、「保険を売っているんだよ」と言うと、引かれてしまうこともあった。

「ゴリ押しの販売はしないから大丈夫よ。でも、何かあったら相談してね」などと言っていた。

転機になったのは、周囲の人たちの「あなたは、セールス職が絶対に向いているよ」という言葉。自分では毎日「辞めたい…」と考えていたのに、複数の人から同じことを言われたことで、「それならば、もう少し頑張ってみようかな」と思えるようになった。

そのうち、保険のセールスにも慣れてくると、自分自身のスキルアップも実感できるようになり、次第に面白みも感じはじめたことで、結局、家庭の事情で退職するまで、保険外交員として活躍することができた。

▶**営業店職員との連携方法**

当金庫では、得意先係やテラー職員も保険を案内しているが、テラー職員は、外出可能な時間帯が限られるため、見込み先を開拓したら保険専担者にトスアップして引き継ぐことが多い。

保険専担者にとっても、営業店職員からのトスアップがあって、はじめて活躍できる面はある。

野球に例えれば、保険専担者は最終回に登板するクローザーのような役割なので、「この打者を絶対に抑えて勝ち星につなげるんだ！」という精神状態

で顧客説明に臨むことになる。

成功した時は、トスアップしてくれた職員が女性であれば、お茶や食事に誘ったりもしている。

▶ご案内先の絞り方

保険の推進にあたっては、当然ながらニーズのありそうな潜在顧客をリストアップすることが大切となる。

自宅を購入したお客さま（住宅ローン発生時）には、「火災保険」をはじめ、「就労所得保障保険」、「医療保険」等が考えられるが、「万一、住宅ローンを抱えた状態で世帯主が病気になった時のことを考えたら、保険に入っておくのも有効ですよ」等と説明したりする。

なお、**損害保険に関しては、地域内で台風や大雨、大雪等の自然災害による被害が発生した直後は、保険の見直しを検討する世帯が急増する**ことから、その機会を逃さないようにするとともに、既に当金庫で保険契約をしている先に対しては、被害発生の有無を電話等で確認しておくと、お客さまからの信頼感が高まることもある。

なお、個人年金保険などは、定期積金でお金を貯めている人に、もっと長い期間での積立を提案する際に良い。

保険料控除の適用により税金の負担が減るメリットも見逃せず、所得税率が上がってくる中高年層にも魅力のある商品である。

結局、インターネットでも保険の申し込みができる時代となる中で、対面型の営業担当者がなすべきことは、お客さまの潜在的なニーズを掘り起こすことで保険の必要性を表面化させつつ、お客さまとの対話を通じて最適な提案を組み立てることだと考えている。

そこで良い仕事をすればお客さまとの間で信頼関係が生まれ、新規見込み先のご紹介も含めて次の仕事にもつながっていくのが、対面型営業の基本スタイルだと思われる。

▶第三分野保険も推進

一方、第三分野（医療保険）は、「ザ・保険」であり、病気のリスクをお客さまがどのように認識するか次第なので、本人に興味が無ければ需要を喚起することが難しい商品である。「低コストでこれだけの保障が得られるなんて素晴らしい！」とお客さまが感じるように、保険の効能を説明していくことになる。

なお、医療保険は若者にも加入してほしいが、若年層はあまり信用金庫の窓口には来ないため、仮に店頭セールスで推進するならば、『来店客の親族』に目をつけて紹介を頼む方法もある。

「息子が医療保険に入っていない」と言う親御さんがいれば、「ぜひ、お勧めさせてください」、「社会人になったり、ご結婚を機会に加入される方も多いですよ」等と声を掛けていく。

実際、医療保険の中には、健康状態が万全でないと加入しにくいものも多

いため、健康なうちに早めに加入しておくことを勧めている。

▶お客さまと同じ体験をする

優秀な金庫職員になると、お客さまとの話題を広げるために「最近の医療業界・先進医療の実情」等を勉強していたりする。特に周辺地域における「分野別で評判の良い医者」や「先進医療を受診できる病院と内容」等を情報提供しておくと、お客さまに「いざというときは、この金庫職員に相談しよう」と思っていただくことができる。

また、保険商品をお客さまに紹介する際には、テレビやインターネットで報道されている情報（有名人の事故によるケガや病気等）や自身・家族の体験等を織り交ぜながら説明すると、お客さまにも保険契約のメリットをイメージしていただきやすい。

なお、保険商品の推進においては、自分自身が顧客となり契約（体験）してみることもスキルアップの近道であるが、これは投資信託の販売等においても同様だ。

自分自身がお客さまの立場になることで、情報への感度が高まったり、新たに気づくことがあったりもする。

▶預金残高の維持向上にも貢献

自分は、店頭に定期預金や定期積金を解約しに来たお客さまが、解約理由を「病気の治療費のため」と申告された場合には、「われわれの案内不足が原因

かもしれないよ」と営業店職員には言っている。

仮に医療保険を契約されていれば、普段の保険料は発生するものの、お客さまにとって急な多額の出費を避けられた可能性があるからである。

世の中、お金がすべてではないが、お金で守れる心の余裕もある。お客さまにとっても、手元の資金（預金）を確保しておくことは大切である。

ちなみに、保険商品の声掛けをして断られても、後から効果が出てくることもある。例えば、医療保険を窓口で提案して断られても、後から大病にかかって、医療費がかさんだりすると、「あの時にあなたの提案を素直に聞いておけば良かったよ〜」等と言われ、以降は信頼されることもある。

なお、保険契約に基づき保険金を受領した世帯に対しても、すぐに費消する予定がなければ、当金庫の定期預金等への振替えを提案することになる。

▶コンプライアンス面での留意事項

信用金庫が保険代理店として活動する場合の留意点としては、「お客さまが保険に関する意向があるため、信用金庫が説明する」という立てつけになっている点がある。

そうした中で、「ニーズを掘り起こすための声掛けは、信用金庫にも認められている」という整理である。

また、高齢者が「保険」を「預金」と

取り違えるトラブルの発生にも依然として注意が必要である。

対応策としては面談記録を残すほか、家族の同席もなるべく実施したほうが良い。同席が難しければ、家族と電話で話をさせてもらい、「何か疑問点があれば、信用金庫にお尋ねください」と伝えておくこともある。

▶最後に

保険専担者は、各営業店に出入りして多くの女性職員と接するため、たまに当金庫の役員や人事部門から「各営業店の様子を聞きたい」との理由で呼び出されることがある。

実際、保険専担者は、直属の上司よりも先に「〇〇さんは、今度結婚するので10月頃に辞めたいようだ」といった細かな情報を持っていたりもする。

また、誰でも「数字（営業成績）」を見れば、営業店で「頑張っている人」を見つけることはできるが、一方で、数字だけでは「頑張っているけど結果が出ていない人」まではわからない。

そうした人を見つけて励ますことも、専担者の大切な役割と感じている。

なお、医療保険等は、本人や家族から「あなたが案内してくれたことで助かった」と言われることもある商品だ。

一度でもこうした「ご契約していただいて本当に良かった」と自分でも実感できる機会があると、その後の推進活動にも勢いがつく。"保険に入っていて良かった"というお客さまのリアルな体験談を聞いておくと、その後の保険商品の案内時にも、説得力のある逸話として応用できたりもする。

☕ Break time

目の前の仕事に追われると視野が狭くなり、仕事の能率を悪化させてしまいがちです。ビジネス書の古典『７つの習慣』では、このような挿話が紹介されています。

> あなたは、森で木を倒そうと一生懸命にノコギリをひいている木こりに出会います。
> 木こりが、「かれこれもう５時間だ。クタクタさ。大変な作業だよ」と嘆くので、
> 「それでは、少し休んで、ついでに（傷んでいる）ノコギリの刃を研いだらどうですか。
> そうすれば仕事がもっと早く片づくと思いますけど」とあなたがアドバイスをすると、
> 「刃を研いでいる暇なんてないさ。切るだけで精一杯だ」と木こりは答えた。

……というエピソードです。

作業効率を高めることには目を向けず、懸命に目先の木を倒すことだけに力を注ぐ"木こり"の言動は、第三者からは滑稽に見えるものですが、自分が"木こり"になっていないか、ときには見つめ直すことも必要なのかもしれません。

経営基盤の強化に向けた
各種の取組み

お客さまとの交流

§ 信用金庫にとって、地域内の“地縁人縁”は最大の強みの1つである。
§ お客さまとの交流は、信金職員の自覚と成長を促す効果もある。

現状と課題

◎繁盛する会社にはファンがいる

　どのような商売でも、繁盛している会社やお店には、熱心なファンがついているものです。信用金庫においても、ファンの数を増やすことは大切な視点です。

　実際、「俺は○○しんの役職員みたいなものだ（笑）」などと言いながら、有形無形の応援をしてくださるお客さまほど、ありがたい存在はありません。

　そうしたお客さまを数多く抱えている信用金庫は、強固な顧客基盤を確立することで、地域に根差した金庫経営も行いやすくなります。

◎“人との出会い”が信用金庫で働く醍醐味

　筆者が信用金庫の役職員に「信用金庫で働いてきて良かったこと」をお尋ねすると、「人（特にお客さま）との出会い」を挙げる方が多いと感じます。

　お客さまにとっても、“しんきん”という気軽に何でも相談できる金融機関の存在は貴重であり、互いにかけがいのない存在になっていたりもします。

　仮に今、“仕事がつまらない”と感じている金庫職員がいるとすれば、お客さまとの間での心豊かな交流が不足しているのかもしれません。

◎緊密先をつくろう

　支店長でも得意先係でも、新任地の営業店に赴任したら、まずは「仲の良い先」や「訪問しやすい先」を作ることが大切です。そうしたお客さまがいれば、営業で辛いことがあっても自信を持った活動が続けられるからです。

　一方で、そうしたお客さま（法人・個人）がお困りになった時に信用金庫職員が全力でサポートするためには、普段からサポートに向けたノウハウの蓄積等といった鍛錬が求められますが、自分たちによるサポートがお客さまのお役に立てた時の充実感は、何事にも代えがたい体験となります。

改善のヒント

◎お客さまとの人間関係が財産

　お客さまのことを親身になって考えつつ、長期的な視点でお付き合いできる点は、信用金庫の強みの１つです。

　信用金庫では、いったん異動した営業店職員が再び同一店舗に赴任することも珍しくありませんので、人事異動で店舗を去るときにお客さまたちから惜しまれるような人間関係を日頃から構築しておくことで、再び同一店舗に戻った際には、お客さまたちに歓迎していただけるような関係づくりが大切です。

◎優れた社長たちと出会う

　多くの社長たちとの出会いも得意先係をはじめとする金庫職員を成長させるものであり、「優れた人格の社長」や「経営手腕に秀でた社長」を見つけ出して深く接していくことも、職員にとっては刺激的かつ貴重な経験となります。

　例えば、「社員に対して愛情を持ち」、「社員教育をしっかりと行い」、「世の中のニーズに沿った経営活動をする」という心構えを持っている社長などは持続的な成功を収めやすく、会話をしても勉強になることが多いと感じます。

◎店内でも情報共有

　お客さまに関する定性情報を自金庫の組織内に蓄積しておき、金庫側の担当者が交代してもスムーズに引き継げるようなチームワークも重要です。

　特に営業店では、新入職員や異動による転入者が発生した場合は、総代や重要顧客を上司や先輩がきちんと当人たちに教えておくことも大切な習慣となります。

　信用金庫は、良い意味で"常連さん"を特別扱いできることも強みです。

◎本章のポイント

　本章では、中小企業経営者から個人顧客まで、幅広いお客さまと接する中で先人たちが感じてきた交流時の心構えや気づき等を掲載しています。

　なお、筆者は役職定年等を契機に信用金庫から一般企業に転職した方々とお話しする機会も多いのですが、異口同音に語られるのは、「地域内での人脈が一番役に立っているよ。色んな営業店で働いてきたからね」との言葉だったりもします。

　お客さまとの交流を通じて、信用金庫の業績向上はもちろん、職員自身の人生も豊かにできれば、素晴らしいことだと思います。

現場の声 🎤

84

顧客組織での交流

信用金庫　役員

▶**地元での人脈は財産**

地元にいる「同級生」、「ご近所さん」、「幼馴染」等から各種の情報が入ってくることが信用金庫職員の特徴である。

金庫職員によっては、消防団や祭事等の地域活動に私生活で関わることで、幅広い人脈を築いていることも多い。

「地元の人たちをよく知っている」という金庫職員の特徴は、そのまま信用金庫で営業推進や審査を行う際の強みとなることから、地域内での人脈づくりは、すぐには役に立たなくても、長い目で見れば大きな意義がある。

そのため、当金庫では、こうした私的な人脈に加えて、若手職員を青年会議所（JC）に公費で参加させることで、営業担当のエリアや世代を超えた人脈づくりにも取り組ませている。

▶**経営者向け組織にも顔を出す**

支店長以上になれば、「地元経営者が加盟する会合」にも名を連ねている。

「法人会」や「商工会議所」、「商工会」等の地元の伝統的な会合のほか、「ロータリークラブ」や「ライオンズクラブ」のような社会奉仕の団体もある。

「早朝勉強会」のような意識レベルの高い人たちが集まる場も、優れた経営者を発見する"出会いの場"となる。

ターゲット先の社長が、どの会合のメンバーかを把握したうえで、そこでの出会いを新規開拓の足掛かりとしてフル活用することもある。そのため、戦略的に金庫役職員が手分けして各会合のメンバーにもなっている。

また、金庫役職員も自分自身が会合先で他のメンバーの役に立つ人間であることをアピールすることも大切だ。「資金相談に乗れること」や「（地元での）豊富な人脈」等は、その一例となる。

▶**若手経営者塾も運営**

当金庫では、二代目社長等を対象とした「若手経営者塾」も運営している。

金融機関取引は、父親の代で深く取引してきた先であっても、子供の代になった途端に疎遠になることがある。

それを防ぐためには、**後継者（候補）である二世向けの組織化を進めることで、信用金庫をビジネスパートナーとして認識してもらうことが重要である。**

実際、二代目社長の勉強や人脈拡大の場として、若手経営者塾を活用してもらえると、当該企業と当金庫の間でwin-winの関係を築くことができる。

当金庫では、こうした顧客組織での交流を活かし、今後も地域コミュニティとの関わりを深めていきたい。

現場の声 🎤

お客さまとの"共感"が大切

信用金庫　役員

▶営業担当者は「人柄」が大切

お客さまは、得意先係が自分で心配するほど、営業担当者としてのスキルや能力を重視していないものだ。

一般的に、**お客さまが営業担当者に対して最も重視することは、「自分の気持ちや利益を尊重してくれる誠実な人物なのか」**である。

先日、ある雑誌が金融機関の取引先を対象とした「金融機関担当者への満足度調査」の結果を掲載していたが、最も満足度への寄与度が高い項目は、営業担当者の「人柄（誠実さ、相談しやすさ）」であり、「知識やスキル」は差がついての次点であった。

結局、お客さまにとっては、誠実さの乏しい営業担当者がいくら知識やスキルを身に着けていたところで、何の価値もないのである。

逆にワースト1位は「金融機関側の都合を優先するタイプ」であったが、これも同じ意味だと思われる。

▶相手の立場や頭の中を想像する

信用金庫は、純粋にお客さまや地域のことを考えて仕事に打ち込める点が本質的な長所であるため、お客さまが期待する「顧客本位の姿勢」は、信用金庫の強みにもなる。

実際、自分自身がお客さまと接する際においても、常に「相手の立場や頭の中を想像すること」に努めてきた。

相手の意識や関心の所在、思考する際のクセ等を的確に把握したうえで、適切な話題や情報を提供することが、信用金庫の営業では重要となる。

▶"人間通"が最大の武器

同様に、お客さまの状態に即した対応に努めることも、お客さまと仲良くなるためには、大切な視点である。

例えば、午前中に事業会社を訪問した際に社長が二日酔いで体調が悪そうであれば、難しい話はせずに楽しい話だけをして短時間で切り上げてもよい。

そうすれば、相手側も「俺の体調、あいつわかってくれてたな」と感じて、「今度来たときは、しっかりと話を聞いてやろう」と考えてくれるものだ。

同様に、取引先が極めて忙しいときに訪問した際には、「陣中見舞いです」とだけ伝えて栄養ドリンクを1ケース差し入れて帰れば、**"話さないこと"がかえって相手にメッセージを伝えられること**もある。

結局、信用金庫職員は、"人間通"であることが最大の特長かつ武器であり、それがお客さまに評価されるのだ。

現場の声🎤

86

女性のお客さまとの接し方

信用金庫　営業店／渉外役席（優秀成績者）

▶バレンタインデーは忙しい

　信用金庫の得意先係になってから
いただいたバレンタインのチョコレート
の数は、最多で月間74個である。

　チョコのお返しは、基本的にお菓子
であるが、私は「お返しで」という言い
方は絶対にしない。3月に「近くを通っ
たので、お菓子でもどうぞ」と言えば、
相手も察してくれる。このお返し代だ
けで毎年5万円以上はかかる。

　お客さまが支店の駐車場で待ち構え
ていて少し怖かった時もあり、同じ日
に複数のお客さまが待っていたことも
あった。

▶紹介をお願いするときは

　女性のお客さまの中には、友人たちと
の情報共有を好む人もいるため、個人
先のご紹介も男性よりお願いしやすい。

　ただし、最初から「お友達を紹介し
てください」と切り出すよりも、いっ
たん、**お客さまに共感していただくプ
ロセスを経たほうが協力を引き出しや
すい**と感じている。

　具体的には、「この商品はいかがです
か」とまずは本人に勧めてみたうえで、
「（客）うちは難しいわ」と言われたら、
「（私）困ったな、どうしよう。どなた
かお友達をご紹介いただけませんか」、

「（客）それなら、○○さんに電話して
あげる」…といった流れである。

▶女性のお客さまとの話題

　ときにはリップサービスも必要だが、
男性が女性のお客さまを褒める際には、
あまり具体的には褒めないのがコツ。

　例えば、「髪を切り似合っているな」
と思ってもストレートには言わずに、
「何だか、雰囲気が変わりましたね」と
笑顔で切り出せば、相手側は自分の話
したいトーンで会話をしてくれる。

　「髪をカットしたことに気づいたの
ね！」と喜んでくれる時もあれば、万一、
髪を切っていなくても、「服やお化粧の
せいかなぁ」、「天気のせいかなぁ」等と
お客さま側が想像してくださる。

　そもそも女性のお客さまには、「あな
たのことをきちんと見守っています
よ」というメッセージを伝えることで
安心感を与えることが大切であり、髪
を切ったことなどは、枝葉に過ぎない。

　また、それぞれのお客さまの「考え
方」をしっかりと掴んでおくことが大
事なのは、女性も男性も同じ。

　**「こうしたケースでは、こう考えるタ
イプの人だ」と把握できていれば、そ
のお客さまの思考軸に即した会話を心
がければよいだけである。**

現場の声 🎤

87

お客さまからの顧客紹介

信用金庫　営業推進部／課長

▶ローンを増やしたいとき

当金庫では、取引のある事業会社に対して、当金庫の未取引先へのご紹介を依頼することも多い。

例えば、**既存取引先の決算書の内訳明細から買掛先をリストアップして紹介していただいたり**、取引先が持ち込んだ**手形の振出地の住所を見て、紹介をお願いすることもある。**

なお、われながら最も図々しかった方法は、懇意にしている社長の名刺ホルダーを見せてもらい、**自分が紹介してほしい会社（人）がいれば紹介してもらう手法**であるが、これが一番効率は良かったりもした。

▶展示会の案内にチラシを同封

自分が営業店にいた頃、懇意にしている農業機械の販売会社が**展示会開催の案内書面を地元の農家に郵送する際に、当金庫のアグリローンのチラシ等を同封させてもらった**ことがある。

この時は、営業店職員が社員による発送作業（書面の封入等）をお手伝いしたりもしたが、社員と雑談しながら一緒に作業することで仲良くなったほか、期待していた以上に当金庫のチラシに反応があったりもしたことから、そうしたコラボの実施も有効と考えている。

▶企業の決済口座を増やしたいとき

そのほか、企業の決済口座を増やしたいときは、当金庫と懇意にしている会社を訪問し、買掛先の請求書を見せてもらったうえで、**当金庫が振込先に指定されていない会社を抽出、該当先に対して当金庫の口座を振込先として記載するようにお願いすることもある。**

この場合には、先方が当金庫の未取引先であれば、懇意先から事前に訪問の許可を取ったうえで社長の名刺を預かって訪問、口座開設と振込先への指定を依頼するほか、与信可能な先であれば、融資取引も提案することになる。

懇意先から事前に電話を入れていただけるとスムーズに話を進めやすいことから、協力を依頼しておくとよい。さらに、訪問後には、紹介者に顛末を報告し、結果にかかわらず喜びと御礼を伝えることも大切なマナーである。

また、特定業種との取引を組織的に推進したい時は、金庫役職員の縁者をリストアップして訪問することもある。

例えば、先日は「教育機関」に勤めている金庫職員の親戚・知人をリストアップして、管轄店舗の渉外役席が紹介を受けて訪問したが、地縁人縁を活用した施策として、一定の成果はあった。

現 場 の 声 🎤

88 社長と話そう

信用金庫　営業推進部／課長

▶ **元気よく挨拶をしよう**

社長しか知らないことや話さないことこそ、金融機関の人間が知りたい重要情報である。特に "将来の資金需要" は、社長にしか語れないこともある。

社長が関知しないところで、決裁権限のない他の社員に融資利用の提案をしても効果が薄いことも多い。

したがって、社長との面談は当金庫の得意先係にとって重要な役割となる。

しかし、若い得意先係の中には、訪問先で社長と会わずに帰ってしまう人もいる。"信用金庫が来ていること" をアピールしておけば、社長も「何かあれば信用金庫にも声をかけないとな」と考えてくれるので、「**信金です。社長、いつもありがとうございます！**」と挨拶だけでもしたほうが良い。社長の手が空いていれば、「お茶でも飲んでいくか？」と言ってくださることもある。

また、アポをとりにくい社長には、「上司を連れてきたいので」とか、「〇〇の情報をお持ちしたいので」等の社長が断りにくい材料を持ち出して、面会を求める方法もある。

▶ **話題もいろいろ**

社長との話題も色々とある。例えば、「社長、従業員数は足りていますか？」

と聞いて、「うちは多すぎるぐらいだ」とか、「いないから、募集しとるよ」等と答えてくれた言葉を突破口にして社内の状況を聞き出せたり、課題解決の手段を提案できることもある。

社長の "苦労話" といった類も、敬意と共感を示しながら聞いておくと、情報収集面での効果に加えて、お互いの心理的な距離を縮めることができる。

なお、社長たちと質の高い会話をするためには、普段の読書も大切である。本を読む人と読まない人では、会話の深さに差がつくからである。

▶ **事務所以外で会うことも大切**

社長から「**現場を見せてあげる**」と言われたら、足を運ぶことも大切だ。

社長も「**ほんまに来たんか**」等と言いながら、色々と教えてくれたりする。現場での社長の動きを見たり、一緒に働いている人たちとの関係性を観察しておくのも後々役に立つ。

「今度、自宅でバーベキューをする」と聞いたら、顔を出してみるのも良い。「これが息子だ」等と家族を紹介してもらえれば、その後の会話の幅もグッと広がる。そうした信頼関係が築けると、「よそでもいいけど、信金で借りるわ」と言ってもらえるものである。

現場の声 🎤

89

社長のことを知ろう

信用金庫　営業店／支店長代理（優秀成績者）

▶**社長の行動を事前調査**

自分は、**"人脈は情報源"**と考えて、地縁人縁を大切にしている。

そんな自分が新規先開拓で初対面の社長を訪問する際には、事前に社長個人を下調べしてから訪問することが多い。具体的には、「自宅」、「車」、「趣味」、「酒（よく飲みに行く店や場所）」等を調べるのだが、社長の友人・知人に聞けば、すぐにわかるものである。

例えば、社長の飲みに行く店を知っておけば、訪問時に「社長は飲みに行かれるんですか？」と本人に尋ねて、「〇〇なんかに行くよ」と答えたら、「あそこですか！」と反応すれば、会話が盛り上がる。最近は、Facebook等のSNSで自身のプライベートを公開している人も多く、社長が好む話題が事前に把握しやすくなっている。

▶**事前調査で深く理解**

後輩の中には、「この社長のことを知っていますか？」とよく質問してくる者もおり、知っていれば教えている。

「あの人は、友達に反社がおるよ」等と教えることもある。

なお、自分が本部職員だった頃は、各種の業者が訪問セールスに来たが、相手が「当金庫のことを調べてきたか」は、少し会話をすればすぐにわかった。

当金庫に関心を持ち事前に調べてきた人間とは、話が盛り上がりやすいし、次も会ってあげようかなと思ったが、それと同じことである。

▶**社長のニーズを知る**

社長と雑談等を通じて仲良くなったら、いよいよ**「社長が自分や信用金庫に期待していること」**を把握する。

米国アップル社の共同設立者の1人である故スティーブ・ジョブズ氏は、「女性を口説くときに、ライバルが薔薇の花を10本贈ったら、あなたは15本を贈るのか。それよりも、彼女が望むものを知ることが大切なはずだ」と語っている。

信用金庫の営業活動も同じであり、**大切なことは、社長が我々に望むもの（ニーズ）が何かを把握すること**である。

例えば、「素早い融資実行」、「金利」、「販路拡大」、「地域内情報の提供」等と色々と考えられるが、こうしたニーズに即した対応ができれば、さらに社長との信頼関係が強まることになる。

自社をよく理解したうえでサポートしてくれる金融機関の職員は、どの会社からも歓迎されるものなので、そうした姿勢が大切である。

現 場 の 声 🎤

90

社長を見極める

信用金庫　役員

▶経営者の人物評価の重要性

　企業審査を行う場合、3年後の財務状況はイメージできても、10年後までは見通せない。そのため、それを補完する意味でも「経営者の人物評価」は、重要な審査基準であると考えている。

　特に「働き者か」、「リーダーシップがあるか」、「人脈」、「数字への理解力」、「身の丈に合った経営ができるか」、「約束を守るか」等は社長の本質を見極める際のポイントとなる。

　また、「誠実」な人柄の社長も高く評価したい。こうした人物は、万一、廃業するような事態となっても、手を尽くして債務を返済してくれたりする。

　なお、個人的には**「人間、最後は愛嬌（あいきょう）の勝負」**と考えているが、企業経営者においても周囲の人から愛されているタイプは、逆境に陥っても周囲からの支援が集まることから、苦難を乗り越えやすい。

▶仕事熱心でない社長はリスキー

　長年、信用金庫で働き続けていると、あまり仕事熱心でない社長の会社は、時間の経過とともに廃れやすいことが誰にでもわかる。

　建設業者などでも、現場に出ずに高級車を乗り回してばかりいたり、繁華街で毎晩飲み歩いているような社長はリスキーであり、やがて「幹部社員が辞めた」といった情報とともに、経営が傾く例も数多く見た。

　逆に、普段から現場に出ていくタイプの社長は、自身で現場の課題等をすぐに発見し、解決させるため、会社の業績は好調を維持しやすい。

▶優秀でも途中でつまずく人もいる

　一方、優秀な社長と見られていた人物でも、途中でつまずくケースがある。

　例えば、**人間は"強み"によって失敗することも多い。**「策士、策に溺れる」、「泳ぎ上手は川で死ぬ」等とも言うが、異性にモテる人は異性問題で失敗、酒に強い人は酒の席で失敗、弁の立つ人は失言で失敗しやすいものである。

　同様に、勢いのある社長は、「事業と屏風は広げるほど倒れやすい」ということわざの通り、勢いに乗って事業を急拡大し、大きく失敗する例も多い。

　一方、社長の中には、経営手腕はそれほどでなくても、たまたま時流に乗って会社を大きくするケースもある。

　しかし、時流が変化した際に軌道修正できる人物でなければ持続的に会社を成長させていくことは難しい。

　なお、**大きな成功を収めているよう**

に見える人は、どこかで無理をしていたり、リスクやマイナスを抱えている傾向があるため、光だけでなく陰の部分にも目を配ることが大切だ。

▶社長の代替わりにも注意

また、先代が優秀な経営者であっても、後継者の時代になって会社が傾くことは少なくない。特に親族（息子等）が若くして後継者になると、トップとして社会の荒波を泳いでいくために必要なスキルや経験しておくべき苦労の量が不足していたりもする。

例えば、「受注のための営業活動」が苦手なタイプの若い社長では、お客さまの生の声も集めにくくなり、次第に仕事が減っていく傾向がある。

▶パートナーの存在も大切

社長にとって何でも相談できて癒しにもなるパートナー（ナンバー２）が社内にいるかも大切な視点である。

特に社長が男性で、パートナーが社長夫人の場合には、互いの夫婦仲も大事なポイントとなる。

実際、夫婦が一緒に苦労して成長させてきた会社では、夫婦関係の悪化に伴い経営が傾くことがあり、社長個人の私生活の乱れなどは、危険な兆候となってくる。

社長夫人は、ワンマン社長に雑に扱われた社員たちを陰でフォローするなど、組織内のバランスを保つ役割を果たしていることも多い。

そこが機能しなくなると、戦国時代末期の"豊臣家の没落"と同じように、次第に組織全体が傾くこともある。

▶面談を繰り返すと目も肥える

得意先係は、優れた社長たちと数多く会っておくと、社長たちを目利きする際の精度も高められることから、こうした機会を増やすことも大切だ。

そもそも、"人を見る眼力"を養うことは、人生において最も大事なスキルを身につけることにもなるのだが、金融機関人であれば、なおさらである。

社長との信頼関係を構築するためには、社長が欲することを徹底的にヒアリングしたうえで、自金庫で対応できることを繰り返すことが必要だが、こうした経験が得意先係自身を育てる面もある。

銀行をメインバンクとする社長は、銀行のブランド力や規模から生じる安心感を重視しているのに対して、信用金庫を好まれる社長は、信金職員との人間関係を重視されている人が多いとも感じられる。だからこそ信用金庫の職員は、人間力を磨きながら社長たちとの信頼関係を築くことが大切となる。

会社と従業員（およびその家族）を背負って働いている人物（社長）との交流は、若い金庫職員が成長していく上での糧にもなることから、当金庫の若い得意先係たちにも、多くの社長たちとドンドン面談してほしい。

149

現場の声 🎤

91

社長夫人とのお付き合い

信用金庫　営業店／支店長

▶ **社長夫人にも色々なタイプ**

しっかりしたタイプの社長夫人が、経理担当者として金融機関取引の窓口役を担っていると、信用金庫としては金利交渉などが手強かったりするが、一方で社長とともに、企業経営を任せるうえでは心強い面もあるため、与信判断上ではプラス材料にもなる。

結局、当金庫も、こうした"手強い人"から評価される金融機関になることが大切なのである。

なお、社長が気難しいタイプの人でも、社長夫人を納得させてしまえば、話が早い会社もある。

聖母マリアさまのような奥さんもたまにいて、奥さんが社内の内情を包み隠さず得意先係に教えてくれたりするのだが、社長も優しい奥さんには甘く、当金庫からの提案に渋っていたはずなのに奥さんが賛同してくれた途端に、「嫁がそう言うなら、そうせいや～」となったりもする。

▶ **"ナンバー2"の意見も聞いておく**

社長が将来のことを熱く語っている時などに、聞かされている金庫側のほうが「どこまで本気なのか」、「社内でのコンセンサスはとれているのか」等を確認したくなる時がある。

社長の気分次第で方針が180度転換してしまう会社もあるため、「優秀なナンバー2」や「経理担当の奥さん」がいて、同じ意見であることが確認できると金庫側としても安心できる。

▶ **奥さんと一緒に社長を止める**

なお、"創業社長"と呼ばれる人種は、「前へ、前へ」との意識が人一倍強い傾向があるため、"誰かが止めねば"という局面も少なくない。

そのため、「社長夫人や子供（後継者）などの家族」か「メインバンク」が社長のブレーキ役を果たすことで、ちょうど良いくらいの場合もある。

"アイデア社長が会社を潰す"ともいうが、社長が「社内でアイデアを出せるのは自分だけ」と錯覚する状態に陥ると、社長が次々と繰り出すアイデアに社員たちが翻弄されて、会社全体が疲弊してしまうことがある。

そうしたケースでは、あえて社長の不在時に会社を訪問し、「社長を止めるのは、奥さんの仕事ですよ！」と社長夫人に言うことがある。

そんなとき、「わかっています！」と社長夫人が力強く答えてくれると、共通の目標に向けてお互いの連帯感が強まったりもするものだ。

現場の声 🎤

92

お客さまとの人間関係

信用金庫　役員

▶社長夫人からの電話

先日、私の携帯電話に懇意にしている会社の社長夫人から連絡があった。

聞くと、「来月で信用金庫からの借入金残高が無くなってしまうが、信用金庫の担当者が何も言ってこない。信金には、昔から世話になっているので、一応は連絡した」とのことであった。

慌てて支店長と一緒に訪問し、これまでの返済についてお礼を申し上げた後、資金需要を聞いて、設備資金を前倒しで借りていただくこととなった。

そうした基本的なことを管理できていない営業店が増えているのだと反省するとともに、社長夫婦と自分に個人的な信頼関係があったからこそ、与信取引を無くさずに済んだとも感じた。

▶お客さまとの向き合いかた

そのときに思い出したのは、自分が得意先係だった若い頃のことだ。

当時、私はお客さまとの人間関係を深めたくて、色々なお客さまとゴルフに行ったり食事をご一緒していた。

上司によっては「お客さまには、自分ではなく信用金庫と付き合っているとの意識を持っていただけ」、「そうしないと、得意先係の交代時に困るから」と言う人もいた。確かにそれも一理あ

るし、大切な視点でもある。

しかし、自分は「当金庫は狭域で商売をしているのだから個人的な信頼関係を構築することが最も重要だ」と考え、その後もスタンスは変えなかった。

数倍の経営規模を誇る地方銀行を当金庫が組織力で上回ることは容易ではないが、「○○さんがいるから信用金庫と取引するよ」と言ってくださるお客さまを増やすことは、当金庫にとって、それほど難しいことではないからだ。

▶"個人"としても付き合う覚悟で

自分は若い頃から、「信用金庫です」ではなく、「信用金庫の○○です」と言って挨拶をしていた。そうすると、「○○さん、ごくろうさま」となっていく。

個人名で認識されたほうが互いに親近感を持ちやすく、「私のイチ押しです！」などと言った場合にも「○○さんがお勧めするなら」という具合に提案にも耳を傾けてもらいやすい。

逆に、こちらがお客さまの話を聞くときは、言葉だけではなく、相手の真意を知ることも大切にしてきた。

人は、すべてを言葉にできるわけではないため、言葉に現れない相手の本音や心情をくみ取ることも大切な姿勢であると考えている。

第10章 融資審査、債権管理

§ 厳格な審査・債権管理に基づかない融資取引は、将来に禍根を残す。
§ 特に大口与信先に対する信用リスク管理態勢の強化は重要である。

現状と課題

◎融資推進はバランス感覚が大切

　融資業務では、「貸すことよりも貸した金を回収することのほうが難しい」と言われます。不良債権問題で苦労している金融機関では、過去に目先の融資推進に捉われて安易な審査・債権管理を行った結果、不良債権予備軍を膨らませてしまった事例が数多く見られます。

　一時的に貸出金残高を伸ばしたとしても、将来の不良債権を大量に増やしたのでは、与信業務の在り方としては不適切と言わざるを得ません。

◎貸出金の大口化を警戒せよ

　特に「大口与信先」の不良債権化は、自金庫へのダメージを大きくします。

　信用金庫が手っ取り早く貸出金残高を増やすには、融資先を大口化させるのが近道ですが、これは信用リスク量の増加という副作用も生み出します。

　また、事業所数が減少している地域では、信用金庫が事業性融資の先数が減る中でも残高を維持しようとすれば、1先あたりの平均残高は増加していきます。

　そのため、信用金庫として「自金庫の経営体力を超える大口与信先は作らない」との信念を強く持たない限り、大口与信先は増加しやすくなります。

◎保全も軽視しない

　企業の経営環境が短期間で激変してしまう現代では、一時点での事業会社の業況だけを見て、中長期的な信用力を判断することは難しい面もあります。

　事業会社の将来性を見極めて融資しようとする姿勢は貴いのですが、実際に見極められるかは別問題であり、ある程度は保全や分散を意識することも必要です。信用金庫の貸出金は、「不動産担保付き融資」、「保証付き融資」、「信用貸し」をバランスよく組み合わせることで、過度な大口未保全債権の発生を防ぐことが肝要です。

改善のヒント

◎企業経営者の意識改革

実際に信用金庫の与信先が不良債権化した場合には、まずは当該企業の経営者自身の意識を変えていただく観点から、経費の削減や遊休資産の売却等といった"身を切る体験"をしてもらうことがあります。

結局、企業経営者には安易に金融機関から借入することを考えさせるのではなく、「どんぶり勘定をしない会社にする」との視点で、信用金庫が適切な経営指導を行っていくことが多くのケースでは大切であり、これが再建の出発点となります。

取引先企業の経営改善の実現は、信用金庫にも「貸倒引当金の戻入」「債権管理の負担軽減」「融資実行の円滑化」等の利点があるため、積極的に進めたいものです。

◎業種の将来性も見極める

業況が著しく悪化している会社については、「業種自体の将来性」によっても、当該企業が復活する可能性は変わります。先行きの見通しが厳しい業種であれば、業種転換を含めた大幅な軌道修正が求められるケースもあります。

そのため、信金職員は、各産業の統計資料等にも目を通すことで、今後の事業の将来性を予測することが大切です。"明治時代の初めにちょんまげ屋を続けようとする人"がいれば、時代の変化をお伝えすることも必要です。

◎業況不振先が復活することも

一方で、昔は『当社の業況回復は難しい』と判断されていた会社が、見事にV字回復を果たすこともあります。実際に、低収益体質により青息吐息だった会社が、"薄利多売の下請け稼業"から脱却し、得意分野に特化することで、高い利益率の会社に変貌した事例が筆者の身近にもありました。

業況不振先に対しても、復調の兆しがないかを注意深く観察しておくことは、債権管理面に加えて融資推進面でも大切な視点となります。

◎本章のポイント

本章では、信用金庫における融資審査や債権管理の経験知を取り上げました。今後は経営者の高齢化や後継者不足等を背景に、全国的な"大廃業時代"の到来も予測されていますが、突然の廃業が自金庫や地域経済に損害を与えないように、信用金庫には予防的措置を含めた取組みが期待されています。

現場の声 🎤

93 融資をするということ

信用金庫　役員

▶融資は、他人の人生を変える

今の若い職員には、あまり想像がつかないかも知れないが、昔の企業経営者は、自身が生命保険に入り、借金を返済できなくなったら死亡保険金で返済しようと考える人が少なくなかった。

実際、これまで自分の顔見知りの社長のうち3人が自ら命を絶ち金融機関に返済したと聞いている。しかも、そのうち1人は、自金庫自店舗のお取引先であり、私自身も関与していた。

ある日、当金庫がメインバンクとなっている業況不振先の社長夫人から当金庫に電話があり、「主人が大変なことになったので、今すぐ会社に来てほしい」と言われて、私を含めた営業店職員が駆けつけると、縊死して間もない社長が倉庫の床に横たわっていた。

警察や救急車の到着よりも前にわれわれが呼び出された状態であったが、社長夫人に「主人が亡くなりました」と言われた私は、「お悔み申し上げます」と答えるのが精一杯であった。

最近は、民事再生が普及したことで、こうした不幸な事象は減っているが、本来、人にお金を貸すということは、そうした一面があることを我々は肝に銘じておかなければならない。

▶人生には浮き沈みがある

長年に亘り信用金庫で働いていると、「人生には浮き沈みがあること」を痛感する。誰が見てもピカピカだった会社が5年後には傾いてしまい、当金庫の貸出金も不良債権化していたりする。

"無常"という仏教の言葉があるが、永遠不変のものはないとの意味であり、一定の年齢になった人であれば、誰もが実感できることである。

人間も歳を重ねるにつれ、若い頃は爽やかだった青年が中年になって面影を失っていたり、"おしどり夫婦"だった人たちが気づいたら離婚していたりもするが、それと同じことである。

▶変化に備えよ

優秀な経営者に率いられた会社でも、順調な経営が続くとは限らない。

以前、地元で人気の飲食店が多店舗展開を始めたところ、2号店以降は、店主（社長）の目が十分に届かないために料理の味が落ち、徐々に客離れが発生する中で、コロナ禍にも巻き込まれてしまった。

それだけ事業先の存続は容易ではないことから、仮に現状が大きく変化したとしても対応できるように、当金庫も事前に備えておくべきと考えている。

現場の声🎤

94

審査部長として感じること

信用金庫　審査部／部長

▶**融資判断では直感も重視**

本部で長年、融資審査に携わっていると、融資すべきでない案件に対しては、"カン（直感）"が働くものである。

実際、本部審査では、すべての融資案件を詳細にわたり見ていくことは難しいことから、**空港の税関と一緒で、「こいつは怪しいぞ」とピンとくることが大切**となる。

稟議書の起案がどの営業店（営業店長）かも判断のポイント。

例えば、「数字目的で無理をする店」や「審査部に与信判断を丸投げする店」も無いとは言えない。

酷いのになると、自店の責任で客に謝絶をしたくないので、明らかに通らない案件を審査部に上げたり、逆に本部決裁にしたくないため、融資実行金額を恣意的に分割する営業店もある。

しかし、こうした不誠実な行動をとる営業店は見つけ次第、厳しく指導しており、最近は見られなくなった。

▶**公的金融制度も活用**

また、信用リスク管理上で重大な疑義がある融資案件に対しては、慎重なスタンスで対応することが必要である。

無理に融資すると、数年後に後悔する確率が通常の案件と比べて遥かに高いことは、長年の経験で実感している。

もちろん、地域経済を守るためには無理が必要なケースもあるが、それはよほどの覚悟をしたうえでの話である。

金融機関は、預金者から託された大切な預金を原資として融資を行っていることを忘れてはならない。

▶**本当は営業店の判断を尊重したい**

一方で、審査部では稟議を起案した現場の営業店と比べて顧客情報が不足しており、特に定性情報の把握については、限界もある。

そのため、「営業店が一生懸命に情報を集めて、考え抜いた末での融資判断であれば尊重したい」という意識は、当部の側も持っている。

そうした中で、当部が各営業店にお願いしたいことは、例えば、事業性融資であれば、社長の発言を鵜呑みにするのではなく、**"実態把握"を常に意識して（裏をとりつつ）社長と本音の会話をしてほしい**ということだ。

社長の目線で話すように心がけると相手も胸襟を開いて経営上の課題等も話してくれるものであり、そうした会話を十分に積み重ねたうえで書かれた稟議書は、審査部にもその質の高さが自然と伝わる内容となる。

現場の声 🎤

95

審査課長になって

信用金庫　融資部／課長

▶審査課長にまさかの就任

　自分は若い頃から鼻っ柱が強い性格で、心配した上司からは「融資部とだけは喧嘩するなよ」、「何があっても耐えろ」等と言い聞かされてきた。

　営業店の次長になっても、同部の審査課長から電話で「支店長がイケイケなんだから、お前が止めんといかんだろ」等と言われてカチンときていたが、そんな自分が後任の審査課長に任命されたときは、正直、戸惑った。

▶審査上の着眼点

　さて、実際に当部に来てみると、自分がお客さまと直接話せるわけではないため、限られた情報の下で短時間で審査することの難しさを痛感した。

　そうした中で、自分が企業の財務分析をする際には、まずは**キャッシュフロー計算書**を重視している。

　特殊な業種でなければ、各年度の業績は同計算書に反映されており、キャッシュフローの粉飾も難しいからだ。

　次に、**貸借対照表の「現預金残高」**も重視している。「資金繰りに窮している会社は、現預金残高も乏しい」という、至極当然のことではあるのだが。

　ただし、帳簿上では現預金残高が多くても、「金庫室に現金数千万円を保管している」との説明の場合は、古典的な粉飾のおそれもあり、要注意である。

　また、**「借入の動機」**も重要である。例えば、他者に「儲かりますよ」と提案された内容（アパート経営等）をそのまま鵜呑みにして、自身で十分な検討をすることもなく金融機関に借金を申し込んでくるような人たちに対しては、慎重な審査が必要となる。

　なお、「社長や経理担当者に聞かないとわからないこと」をきちんと書いてある稟議書は、内容に説得力があるため、本部稟議もスムーズに通りやすい。

　定性情報を豊富に記載した稟議書は、読み手に安心感を与えるものである。

▶事業性融資商品も開発

　当金庫での融資商品開発は、営業推進部が個人向けローン商品、融資部が事業性融資商品の開発を担当している。

　個人向けローン商品は、「原則として保証付き」であり、商品設計にあたっては「競合金融機関との条件比較」をベースとするのに対して、事業性融資商品は、「信用リスク管理に関する金庫内の諸情報」や「現在の営業店の審査能力」等をベースに設計するため、融資部が担当したほうが合理的だと考えられているのである。

現 場 の 声 🎤

96

営業店と審査部のコミュニケーション

信用金庫　営業店／支店長

▶**本音で話せる本部職員が理想**

営業店職員にとっての"理想的な本部職員"は、やはり「気軽に聞ける」、「回答が早い」、「親切に教えてくれる」といったタイプである。特に、審査部職員がフレンドリーな人柄なら、裏話も含めた話ができるため有難い。

物事には表に出ない事情や裏話があるものである。営業店職員が審査部に「これは、聞かんかったことにしてよ」と言う一方で、審査部職員が「これは独り言なんだけど」等と言えるような関係は、実は大切なことである。

例えば、営業店が審査部の指示で、業況が厳しくなってきたお客さまに情報や資料の追加提出を求める際などでも、営業店はお客さまと審査部の間で板挟みになりやすいが、お客さまに「本部稟議の最終段階ですので、教えてください」と言えるかどうかで、相手側の反応は変わるものなので、審査部がその辺りの見通しを教えてくれるだけでも現場の営業店は助かったりもする。

▶**共感してくれる審査部長**

そうした意味では、最近、当金庫の審査部長になったAさんは、直前まで支店長であったため現場感覚もあり、「この資料の追加提出を求めたら、こ

のくらいの手間や時間がかかる…」等の判断ができる人でもある。

そのため、営業店に無理な指示や要求はしないほか、「案件の内容に比して融資実行までの期間が短いから、実行日を後ろにずらせないか交渉すべき」等のアドバイスもしてくれる。

本来、営業店長にとって審査部長は、「あいつを怒らせてヘソを曲げられると支店の業績が伸びない」との心理が働くため、どうしても本音で話せず、面従腹背の関係にもなりやすい。

しかし、A部長の場合は、会話をしていても、「そうだよな」、「わかるよ」と**共感しながら話を聞いてくれるため、本音で会話ができる**と感じている。

▶**昔は残念な審査部だった**

逆に審査部が営業店にとって、あまりにも話しにくい存在になってしまうと現場が難しい案件を土俵に上げずに「他行にとられても仕方がない」と途中で諦めてしまうこともある。

実際、過去には当金庫にもそういう時期があった。

厳しい環境下、営業店もギリギリの状況で競合金融機関と競っていることから、今後も審査部には本音で付き合える関係であってほしいと感じている。

157

現 場 の 声 🎤

97

審査部による臨店指導

信用金庫　審査部／部長

▶臨店して案件を掘り起こし

審査部職員の"本業"は、いうまでもなく融資審査であるが、一方で、融資取引の性質を熟知していることから「難しい案件だが、こうすれば貸せる」とのアイデアが豊富なことも多い。

そのため、**当金庫では、審査部職員の保有するノウハウを融資推進面でも活用したいと考えている。**

具体策の第1弾として、当金庫では"出前審査"と称して月1回、審査部の部長と課長が分担して各ブロックを訪問、柔らかい段階での融資案件の相談を受け付けることで、「案件発掘」と「現場のスキルアップ」を図っている。

事前に案件情報を審査部と営業店が共有しておけば、いざ案件が具体化した時の対応もスピーディーとなる。

▶クイックレスポンスが大事

実際、融資推進で大切なことは、「クイックレスポンス」だ。「提案型の融資推進」も大切だが、実際の現場では、相手が何らかのシグナルを発信したことに対して金庫側が迅速な反応をすることで案件化できることが多い。

当金庫の高めの貸出金利は、早さの対価であり、**"熱意は早さで示す"**というのが信用金庫営業の鉄則でもある。

例えば、消費者金融から高めの金利でもカードローンを借りる人がいるのは、「早く借りられるから」である。

事業性融資も同じであり、信用金庫がお客さまのことを普段から熟知しておき、融資の話が生じた際に「すぐにでもお貸しできますよ」と言えれば、高めの金利でも許容されるものだ。

そのためには、「融資実行までの手続きに時間をかけない体制づくり」が肝要であり、"出前審査"もその1つである。

結局、**融資の申込人にとっては「借りられるか否か」が最大の関心事**であり、金利等の条件面は次の話なのだ。

ビジネスにおける原理原則として、"意思決定のスピードは、必ず業績に反映される"とも考えている。

▶推進面でのアイデアが浮かぶことも

また、審査部で審査をしていると、営業推進策が思い浮かぶこともある。

例えば、ある営業店の取引先が「今回、こういう狙いで新たに当貸枠を設けたい」等と資金ニーズを持ち込んできたときには、「同じようなニーズは、似た境遇の他社でも発生するはずだ。候補先をリストアップして営業店に提案させてはどうか」等と発想し、営業推進部に情報提供したこともあった。

現 場 の 声 🎤

98

財務分析以外の企業審査

信用金庫　審査部／課長

▶「後継者の有無」を見る

企業審査においては、財務分析も大切であるが、まずは、**「企業が経営体としてどのような状況にあるのか」**を広い視野から把握することが重要だ。

最初は、「創業時期」、「歴代経営者」、「当地域での事業履歴」等をチェックするが、業歴は、数字には現れない信用力を示しており、特に中小企業においては、"10年連続赤字"なのに、なぜか潰れない会社もある。

社長が高齢の場合、社内に**「後継者がいるのか」**も大切な視点。これは、外部の保証機関等も最近、特に重視するポイントとなっている。

後継者不在の会社への多額の融資は、社長が急逝した場合に融資が返済されない可能性が高まるほか、仮に社長が健康でも、本人のモチベーションが上がりにくいケースがある。

普段の事業運営においても、社長の片腕となる人物がいなければ、社長が高齢化するにつれて、経営判断を誤る可能性が高まることもある。

社長の中には、自社の事業承継問題を金融機関に知られると、資金調達が難しくなると懸念する人もいるため、実態把握には信頼関係が不可欠となる。

▶「無形資産」を評価する

事業会社の無形資産とは、人材、技術、組織力、顧客とのネットワーク、ブランド等のことであるが、いずれもB/Sには載らないが、事業会社の競争力の源泉となる資産である。

無形資産が豊富であれば、P/Lが悪くても一過性のものとして捉え、次第に改善していくことも期待できるほか、無形資産を活用した事業活動の拡大をアドバイスすることも考えられる。

こうした発想は、長期的な観点からの融資判断に向いており、信用金庫に適した審査目線だと考えている。

▶「取引先の内訳」を見る

「取引先の内訳」にも注目する。

具体的には、「材料の仕入先」や「商品の販売先」等を確認し、取引先に偏りがある場合は、その取引先が倒産すると連鎖倒産が発生する懸念もあるため、当該取引先の信用力を当金庫としても検証することが必要になる。

遠隔地の企業等で実態把握が難しいときは、信用調査会社のレポートを参考にする方法や、取引金融機関の名前の中に信用金庫が記載されていれば、縁をたどって当該金庫に電話で照会する方法をとることもある。

現 場 の 声 🎤

99

会社と社長の高齢化問題

信用金庫　役員

▶取引先の"高齢化"が進行

当金庫は、創業30年以上の法人先が事業性融資残高の約半分を占めている。

与信先の社長の平均年齢も60代後半であるほか、70歳以上の社長が全体の4割以上を占めており、特に後継者がいない会社については、与信判断上の懸念材料となっている。

そうした社長たちと話をしていると、**「後継者がいない中で、借金も残っているので辞めるに辞められない」**というケースが少なくない。

当金庫としても潜在的に大きな信用リスクを抱えていると思われるため、本気で対策を進めないとまずいと考えるようになった。

▶事業の継続性を見極めよ

まずは、融資審査において、これまで以上に社長の年齢や後継者の有無を重視するようにした。

昨今では、倒産件数よりも廃業件数のほうが遥かに多いため、遠くない将来に廃業しそうな会社に貸し込んでいないかは、非常に重要な視点となる。

そのため、融資実行後、廃業に至る前に貸出金を全額回収できる計画になっているかは十分な確認が必要である。

先日、70歳超の社長を対象としたアンケートを行ったが、後継者が決まっていたのは約半数であった。逆に言えば、残りの半数は、このままでは廃業を余儀なくされる可能性もある。

特に実権者が80歳を超えた社長のみという会社には、営業店も注意深く対応していかなければならない。

▶後継者の有無によって取引も変化

また、将来的に息子(娘)が会社を継ぐ予定の会社に対しては、当金庫としては**「いつ頃までに、どのような形で引き継がせるか」**のイメージを社長との間で共有化したうえで、実現に向けてサポートしている。

その際、親父(社長)としては、あまりみっともない形で子供にバトンタッチをしたくないため、社長の個人資産から資金を拠出して、財務内容をきれいにすることもある。

逆に、後継者が親族でない場合で、社長が会社に資金を貸しているケースでは、当該資金を信用金庫が肩代わりすることで、会社への融資実行につなげたりもする。

いずれにせよ、「後継者の有無」や「後継者が親族か否か」によって、当金庫に求められる役割も変わることから、早めの実態把握と対応が望ましい。

現場の声🎤

100

社長の落とし穴

信用金庫　役員

▶**全額肩代わりされた！**

当金庫の融資先で、業況が悪いのに金利にうるさい会社があったが、先日、他行に突然、全額肩代わりされた。

残念な気持ちになったが、こうした対応をする会社は、やはり長くは持たないかもしれないと感じた。これはひがみではなく本質的な問題である。

▶**好調な時ほど謙虚に**

そもそも金融機関にむやみにうるさいことを言う経営者は、取引業者や従業員にもうるさい可能性が高い。

しかし、企業は、景気循環等により業況が厳しい時期も来るため、**逆境に陥っても、自社を信じて取引を続けてもらえる会社になることが大切である。**

仕入先から「現金じゃないと商品を卸せないよ」等と言われてしまうと経営が成り立たなかったりもするのだが、商取引先は、金融機関と異なり担保も乏しいため、手を引くときは早い。

そのため、普段から横柄な態度をとったり、強引な取引をしてきた社長は、落ち目になると痛い目に遭いがちだ。

▶**逆境に強い会社とは**

最終的に倒産の引き金となるのは、"資金繰りショート"が多いため、メインバンクは地元から責められやすい。

しかし、実際は、その前に仕入先が取引条件をどのように設定するかで、企業の存亡が決まることが多い。

そのため、普段の与信管理でも当該企業が**「取引業者とどこまで信頼関係を構築できているか」**を地元での評判等から把握しておくことが大事である。

過去に取引先に辛くあたったような会社は、土壇場での粘り腰がきかない。

逆に「俺たちみたいな弱小の業者を可愛がってくれた社長をお助けするのは今だろう！」と周囲が一肌脱ぐような会社は、逆境にも強いものである。

▶**二代目社長にも注意が必要**

「二代目社長」なども、社長に就任すると自分の力を発揮できる数少ない分野として経費削減に拙速に取り組む傾向があり、注意が必要である。

特に「トップセールスで売上を増やす」という発想や行動力が不足するタイプの人物が後継者になると、数字の世界だけで判断して、金融機関に金利引下げを要求したり、取引先との条件の改善を急いたりしがちである。

先代と一緒に頭を下げてきた人ならばよいが、そうでない人がこのような行動をとると、周囲から反発を受けることもあり、よく見ておく必要がある。

現場の声 🎤

101

失敗の本質（信用リスク）

信用金庫　審査部／部長

▶歴史は繰り返される

歴史は繰り返されるものである。バブル崩壊からリーマンショック、そしてコロナ危機のような荒波が、何度となく当地区の地域経済を襲ってきたが、こうした危機は、今後も繰り返し押し寄せてくることが予想される。

そうした中で忘れてはならないことは、古来、資金需要が無いことが原因で破綻した金融機関は聞かない一方で、**好況時に勢いに乗って大口無担保融資を過剰に増やしてきたツケが景気の悪化とともに顕在化し、最終的に破綻してしまった金融機関は枚挙にいとまがない**ということだ。

本来、自金庫の経営体力で対応できないような過大な信用リスクは負うべきではないのだが、「多少の無理をしてでも融資を推進しないとコア業務純益（貸出金利息等）が減少するばかりだ」との焦りが、そうした無理をする姿勢に拍車をかけてしまうことがある。

しかし、"焦り"は人に大きな失敗をさせやすいことを忘れてはならない。

営業店は「現場」、「現場」と言うが、実際には、現場の暴走に潰された金融機関も多い。これに対し、審査部門は"最後の砦（とりで）"として、重い責務を果たす

ことが期待されている。

▶優秀な役職員が不良債権を作る

昔、ゼネコンは「造注（ぞうちゅう）」という言葉を頻繁に使っていた。

"注文を造り出す"という意味だが、「この土地を有効活用して収益物件（ビル）を建てれば、賃貸料がこれだけ入りますよ！」等といった企画を土地所有者たちに売り込みつつ、自分たちでも債務保証等をすることで受注を掘り起こしていった。

しかし、実需からスタートしていない投資なので、実際の運営は、企画案どおりには進まないケースも多かった。

金融機関からの提案型融資等でも、一歩間違えると同じことが発生する。

実際、一般的な金融機関の不良債権でも、後から振り返れば、その当時は「優秀」と評価されていた特定の職員が次々と作り出していたりする。

こうした職員は、稟議書作成や庫内の根回しが上手だったり、外部環境の状況に関わらず、常に期待以上の成果を出し続けようとする意識が過度に働いてしまいやすいことも背景にある。

そのため、優秀とされる職員が持ち込む融資案件ほど、無理をしている可能性もあり、要注意であったりもする。

▶地元有力者からの融資要請も注意

　また、地元有力者からの融資申込み等は、仮に高リスクな案件でも経営トップを含む上位権限者にしか止められないことがあるため、経営陣はしっかりとした融資判断を下す必要がある。

　特に**"政治家が口利きしてきた案件"**などは、**ロクなものがない。**

　こうした案件では、最初に案件を持ち込まれた営業店も「未保全金額が過大だな」、「将来が不安だな」等と漠然と感じつつも、自分たちだけでは融資の否決を決めきれず、結局、それなりに妥当そうな融資案件が形づくられてしまうことがある。

　その結果、常勤役員が出席する融資審査会等でも、そのまま通過してしまったりするのだが、厳正な審査の遂行を疎かにすると、将来的に大きな代償を支払うことになる可能性が高い。

▶トップダウンの大口融資案件も危険

　なお、過去に破綻した金融機関の調査文献を読むと、大部分の審査案件は適切に対応されていたにも関わらず、**一部の役員によるトップダウンで持ち込まれた大口融資案件が次々と焦げつくことで、経営の安定性が損なわれたケースが少なくないことに気づく。**

　間違っても、決裁の順番を飛ばして、上位権限者が先に判子を押した稟議書が金庫内を回るようなことがあってはならないことがよくわかる。

　組織人としては、トップダウンの形で降りてきた審査案件を否決することは心理的な抵抗感が生じやすいため、そうした事態が発生しない仕組みづくりとルールの遵守が必要である。

▶貸倒引当金は積極的に積むべし

　自分は、普段の審査判断では、次長以下の意見を尊重している。彼らのほうが、現場と本音で会話ができるため、正確な判断がしやすいからである。

　一方で、事業再生案件については、当金庫の決算への影響も大きく、役員等との庫内調整も発生することから、自分が中心となって取り組んでいる。

　なお、信用金庫の貸出金が不良債権化しそうな場合には、極力、前倒しで貸倒引当金を積むことが重要となる。

　特に与信先の中でも大口未保全先が業況を悪化させてしまうと、信用金庫の側も「当社が破綻して損失を計上すると、今期の自金庫の決算に大きな悪影響を与えかねない」と考えてしまい、結果的に無理のある延命策を選択してしまいがちだ。

　そうすると、ますます傷口を広げることになるが、**事前に十分な引当金を積んでおけば、客観的かつ適切な判断が行いやすくなる。**

　そのため、当金庫も適正な自己査定に取り組むとともに、あらかじめ適切な金額の引当金を予防的な観点からも積んでおくことが重要と考えている。

102

現場の声 🎤

製造業の社長として感じたこと

中小企業経営者

▶社長にはなりたくなかった

自分は家業の機械部品製造業を継いで40年以上が経つが、若い頃は、後継者にはなりたくなかった。先代の社長（父親）も「お前には無理」と言っていたので、継がせる気はなかったはずだ。

自分が社長になりたくなかった理由は、「子供の頃に父親に遊んでもらった記憶がないこと」や「そのくせ酔って社員たちを連れて帰宅すると、そのまま宴席を続けておふくろに酒の肴を作らせていたこと」が特に嫌な点であった。

しかし、私が25歳の時に父親が体調を崩したことを契機に、結局は、勤め先の会社を辞めて後継者となった。

▶人は時代には勝てない

社長就任後の会社の紆余曲折は、想像以上のものであった。

機械部品の工場として地道に働いていた同業者の多くも、人件費が安い海外の企業に仕事を奪われるなどにより、自主廃業を強いられたりもした。

所有不動産を元手に賃貸ビル経営に転身した人は、今でも製造業時代の「○○製作所」の名義でビル経営だけをしているが、これなどは良いほうだ。

劣勢の中で最期まで本業を維持しようとした社長ほど、資産を失い借金だけが残っていた。"人は時代には勝てない"と痛感したが、当社に関しては、メインバンクである信用金庫にも支えられて運良く生き延びることができた。

▶信用金庫の強みとは

これらの経験から感じることは、中小企業にとっては、資金繰りや将来展望の相談を含めて「何かあればあの人に相談できる」という役職員が取引金融機関にいることの有難みである。

そうした**"本音での相談役"**として気心が知れた存在になりやすい点が、信用金庫の強みではないだろうか。

▶縁のあった人たちを味方にしよう

世の中では、**その人にとって大事なことは、本人が不在の場所で他人の意見で決まる傾向がある。**

企業経営でも、当社との取引を迷っている社長がいた際に、相談された人が「やめとけよ」と言うか、「あそこの社長なら間違いないよ」と言ってくれるかで、その後の業績は大きく左右される。ビジネスパーソンの出世や人事も同じ。だからこそ、誰とでも友好的に接しておくことが大事なのである。

縁のあった人を全員味方にするくらいの気持ちで仕事に取り組むことが、人間社会での大切な心構えだ。

現 場 の 声 🎤

103

経営不振を体験して

中小企業経営者

▶**逼迫していた資金繰り**

自分は、中小企業の二代目社長だが、前社長である父親から会社を引き継いだ時点では、既に多額の負債から会社の資金繰りは逼迫していた。

給料日の直前に当時のメインバンクの金融機関から融資を断られる体験もしたが、その時に救いの手を差し伸べてくれたのが、現在のメインバンクである地元のA信用金庫である。

▶**メンタル面でも助けられた**

信用金庫には、資金繰りや経営相談の面で色々と助けられたが、当時の自分は社内に相談相手がいなかったので、メンタル面でも随分と助けられた。

自身の頭の中や気持ちの整理がついて、様々な葛藤からも救われた。

例えば、当社ではやむなく従業員に対してリストラ（早期退職等）を実施したが、相手は自分が子供の頃から知っている人達ばかりだったので、精神的には本当に辛かった。

当時はかなり悩んだものだが、信用金庫の職員に「**そうしなければ、会社が存続できなかった**」と言ってもらえたことで、気持ちが少し楽になった。

信用金庫の職員に「応援しています」と声をかけてもらうだけでも、当時の自分には大きな励ましとなった。

▶**信用金庫は気軽に相談できる存在**

信用金庫には、「会社の経営理念」の作り方も教えてもらった。それまでは、経営理念も存在しない会社だったが、信用金庫に相談しながら自分の言葉で経営理念を作ることができた。

もともと、中小企業の経営者にとっては、金融機関は怖い存在である。

初歩的な質問をして、「**こんな頭の悪い経営者の会社にはお金を貸せない**」と判断されてしまうのが怖かった。

しかし、信用金庫は、いつも気軽に相談できる雰囲気を作ってくれたので、色々と助けられた。

▶**情報提供にも感謝**

経営者は、常日頃から"会社を良くする方法"を模索しているため、少しのヒントでも構わないので、自社の課題を指摘したり、情報提供をしてくれる金融機関は、有難い存在である。

その点、当社にとっては、信用金庫と巡り合えたことが幸運であった。

今でこそ業績好調な当社であるが、そもそも現在の当社があるのは、信用金庫のおかげであり、今後も信用金庫とは、良い関係を続けていきたいと考えている。

165

現 場 の 声 🎤

104

融資の謝絶について

信用金庫　営業店／支店長

▶融資の謝絶はしんどい仕事

「融資の謝絶」は、信用金庫の業務の中でも特に"しんどい仕事"である。

昨年も、ある会社（印刷工場）から申し込まれた資金繰り融資を謝絶することになった。

社長の「信金は、うちを潰すんだな」との言葉に、「ここで無理をして融資を実行すれば、社長も満足されるのでしょうが、自分は金融のプロとして、先々どうなるかを考えると、お貸しするわけにはいかないと判断しました。もしお貸しすれば、数年後に必ずお互いが後悔する日が来ると思います」と言い切って、その会社を後にした。

結局、融資は実行されずに、会社も廃業したが、先日、社長と再会した際に社長から「あのとき、はっきり言われて腹も立ったが、こうして会社を整理してみると、凄く救われた気がする」としみじみと言われた。

冷静さを取り戻した社長からは、逆に感謝されたということである。

▶金融機関は客観的に判断すべし

会社が倒産する時は、多くの社長が"最後のあがき"を見せるものだが、そこは金融機関側が冷静かつ客観的に見極めて止めさせないと、社長や家族たちを後々まで苦しませるおそれがある。

廃業のタイミングを見誤ると、当該企業の取引先にも負の連鎖を及ぼし、地域経済に悪影響を与えることもある。

そのため、たとえ資金繰りに窮した社長が「もうすぐ〇〇となることが見込まれるので、支手決済のための資金だけでも貸してくれ」等と必死の形相で迫ってきたとしても、返済の見通しが立たない融資は、断るべきである。

融資の謝絶では、「あなたのことを考えて融資を断る」という姿勢が大事であるが、それを貫くことになる。

▶社長や家族の生活も守る

その代わり、信金職員は、社長や家族が廃業後もきちんと生活できるような助言をして差し上げるとよい。

例えば、**社長が会社を整理する際に、金融機関からの債務の整理方法をレクチャーしたり、専門の弁護士を紹介するなどのサポートも考えられる。**もちろん、再生できる会社であれば、民事再生の手続きを伝えることも有効だ。

最近は、企業再生を支援する公的制度も充実しており、自宅や預金を残す方法等をご存知ない社長もおられるため、そうした制度の活用等の支援も、できるだけ行っていきたい。

現場の声 🎤

105

飲食店への経営改善支援

信用金庫　営業店／支店長

▶ **止まらない営業赤字**

　以前、当金庫がメインバンクとなっている飲食店が営業赤字に陥り延滞先となったため、経営改善支援に取り組んだことがある。

　昼は定食、夜はお酒を出す飲食店なのだが、まずは業務を絞り込むため、昼間の「弁当の配達」は、社長が配達できる先だけを受注し、従業員による配達は中止、彼らにも辞めてもらった。

　一方で、昼に来店した人に対して、夜に使える生ビールの1杯無料券を配布することで、客単価の高い夜に誘導する工夫などもした。

▶ **経営者の意識も大切**

　そもそも社長との初回の面談時に感じたことは、「この人は、料理人だな」ということ。目線が「経営者」ではなく「料理人」であり、「いくら儲かるか」ではなく、「いかに美味しい料理を提供するか」だけを考えていた。

　料理の美味しさは、店の繁盛にとって重要な要素ではあるが、**商売を成立させるためには、同時に「経営者としての意識」も必要**となる。

　そのため、社長には「この料理の原価と儲けはいくらか」を意識してメニューを作ってもらうとともに、極力、

食材のロスも減らしてもらった。帳簿の管理も奥さんが行うことにした。

▶ **飲食店の注意点**

　こうした地道な努力を重ねた結果、現在は営業赤字から脱却し、当金庫に元利金返済できる状態にまで回復した。

　やはり、**飲食店を成功させるためには、「原価意識」を持つことが大切**だ。

　事業会社でも経営改善支援先などは、"原価が見えていない"傾向が強いため、「原価意識の徹底」が、多くの事例で再生に向けての出発点となっている。

　また、固定客の増加にも取り組んだ。具体的には、「メニュー」が重要と考えて、常連向けの裏メニュー等も含めて、リピーターを確保できるだけの魅力をメニューに持たせるように工夫した。

　なお、収益採算を計算するうえでは、店の場所が賃貸か自己所有かによって固定費（≒損益分岐点）が大きく変わることも再認識できた。

　ちなみに、飲食店の経営者の中には、壮大な夢を語りたがる人もおり、「美味しい肉を作るため、牧場の経営を始めたい」などと言い出されたこともあった。

　そうした経営者たちの夢を尊重しつつ、現実を直視した経営をさせることも信金職員の大切な役割である。

現 場 の 声 🎤

106

不良債権回収の要点

信用金庫　融資管理部／部長

▶**事前の資産調査を徹底せよ**

　破綻企業向けの不良債権を担保処分によりスムーズに回収するためには、当金庫が債務者の保有資産の状態を正確に把握しておくことが重要となる。

　そのため、資産台帳は、定期的に正確な内容に洗い替えることが大切だ。

　例えば、以前は担保に先順位が載っていた先でも、時間をおいて再調査すると外れていることもある。不動産を含む資産状況を把握する場合には、固定観念に縛られないことが肝要である。

▶**管理部門での一括管理も有効**

　当金庫では、実質破綻先以下の債権は勘定ごと本部（融資管理部）に移管、当部職員が対応している。

不良債権の本部集中による効果
〈メリット〉
①属人的な活動から組織的な対応へ
②管理回収ノウハウの高度化と蓄積
③スキルの高い職員の集中配置が可能
④役員や本部各部と連携しやすい
〈デメリット〉
①営業店による業況把握が弱まる
②営業店職員のスキル低下

　本来、営業店職員は、債権保全の法的手続きに不慣れなため、勘所がわからずに差押え等にも時間がかかったりするものだが、本部移管はこうした事態を防ぐ効果がある。

　そのほか、多額の債務が残っていると社長が返済を諦めてしまうおそれがある場合、DDS（劣後ローン化）により、ある程度はゴールが見える形にして、社長に頑張ってもらうこともある。

　"人間、先が見えるから頑張れる"というのは、いつの時代も人間の本質なのである。

▶**債務者との信頼関係が重要**

　不良債権処理は、債務者側の協力も不可欠となるため、**金庫職員における「債務者との信頼関係の構築能力」は、非常に重要なスキルとなる。**

　年配の金庫職員などは、人生の甘辛を経験しているため、経営が傾いた会社の社長などからも信頼を得やすかったりもするのだが、最近は、そうした"いぶし銀タイプ"の職員が減少していることが懸案事項である。

　なお、個人のモラルの問題ではあるが、債権管理部門が人手不足になると、担当者が（自金庫の経済的利益よりも）自身の手間がかからない形での債権処理を選好するおそれもあるため、その点にも目配りが必要と考えている。

現場の声 🎤

107

債権回収方法の変遷

信用金庫　融資管理部／部長

▶昔の債権回収は…

自分は、若い頃にも本部で債権回収を担当した経験があるが、**昔の差押え（強制執行）では、家財道具を対象とすることにも遠慮が無かった**ので、執行官に同行して延滞先（個人宅）を訪問すると、テレビ等もバンバン差押えられていた。評価額を聞くと「5千円」と言うので、「安いな…」、「許してやれよ…」と内心では思ったりもした。

ある時計屋では、最後に5万円の回収が残っていたが、自分がその店で10万円の腕時計を購入して、半額だけを店主に渡して去ったこともある。

お互いに苦労した先だったので、腕時計を"記念品"にする意味もあった。

▶サービサー（債権回収会社）の活用

現在は、全国に70社以上のサービサーが存在しており、サービサーに債権譲渡をする機会も増えた。

そうした中で、クレジット系や信販系のサービサーは、督促に関するノウハウを持った人達が多いとの印象がある。ポンカス（無担保債権）を買うのが得意のようだ。

一方で、銀行系のサービサーは、潤沢な資金が武器であり、担保付債権を買い取るのが得意である。債務者に任意売却を促しつつ、少しでも高い値段で売却することを目指すようだ。

当金庫では、サービサーへの売却を実施する際には、5社以上による入札形式をとっているが、2回連続して最安値を提示したサービサーについては、次回の入札対象先から外している。サービサー側もそれを知っているため、最安値の会社は「次は何とかして高値をつけよう」と心がけてくれている。

▶チェリーピックも活用

なお、サービサーへの売却において、通常の「バルクセール」は、全債権の合計買取価格が最も高い会社が全債権を購入する"1位総取り"が基本であるが、別に「チェリーピック（つまみ食い）」と呼ばれる方法を採用すると、個別債権ごとに最も高値の評価をつけたサービサーが各債権を購入することになる。

チェリーピックでは、金融機関にとって契約書の本数は増えるものの、全体での売却価額を上昇させることができるため、収益的にはプラスの効果がある。

サービサー側も少しでも色をつけておけば狙った債権を買い取れるほか、手ぶらで帰らずに済むため、前向きに対応してくれることが多い。

現場の声 🎤

108

行方不明者からの債権回収

信用金庫　融資管理部／債権回収担当者

▶**行方不明者を追跡する際の注意点**

　消費性ローンで債務者が延滞したまま届け出なく転居・転職、音信不通になったようなケースでは、当金庫職員が債権回収に取り組むことになるが、まずは地縁人縁を使って現在の勤務先を突き止めることから着手する。

　なんとか勤務先が判明し、本人と交渉する際には、原則として相手の勤務先の近くで張り込み、その帰り道に捉まえることが多いのだが、話し合う場所は、「外」が通常である。「車」は"監禁"、「自宅」は"住居不法侵入"に該当するおそれがあるからだ。

　ただし、張り込み場所の近くに喫茶店やファミリーレストランがあれば、そこに誘導することは構わない。

▶**最初は「こんにちは」**

　最初に「こんにちは、○○信用金庫です」、「（返済が止まっていますが）どうされましたか」、「これからどうされますか」等と会話していく。相手が言い訳をしてきたら、「そうですか」、「それでどうされますか」と再び聞いていくことになる。

　債務者に話しかける際には、当金庫側は原則として2人1組としている。

　3人だと"威圧"とみなされるおそれ

があり、1人では万一、相手が暴力を振ってきたときの抑止力が弱く、暴行の証人もいないことから、2人1組がベストである。

　なお、債務者本人に外で「××さんですね」と声を掛けても、「違います」とシラを切られることもある。

　そうしたときは、「△△にお勤めの○○さんですよね」、「◎◎がご実家の○○さんですよね」と具体的に尋ねると、相手も観念して「はい、そうです」と答えることが多い。

　なお、本当に人違いだとまずいため、ローン実行時に本人確認書類（運転免許証等）を記録する際にも、後から確認しやすいように**極力、鮮明にカラーコピーをしておくことが重要**である。

　面談者以外の職員（債権回収担当者等）が回収に当たる場合もあるため、本人確認書類の顔写真を画像記録として保管しておければ理想的である。

　行方不明中の債務者は、マスクをする傾向があるため、**債権回収担当者は、運転免許証等の顔写真の"目つき"をよく確認（記憶）しておくとよい。**

▶**ファミレスでの対応方法**

　行方不明中の債務者の身柄を外で確保しても、立ち話ができる時間は限ら

れているため、前述のように24時間営業のファミレス等に移動するなどして、落ち着いた環境で話をするとよい。

ファミレスに到着したら、できるだけ周囲から隔離された場所に座る。店員に頼んで、なるべく周囲に客を座らせないようにすることもある。

債務者がトイレに行く時は、一緒に入ることで仲間に電話をしたり逃亡することを防いだりもする。

また、「なぜ当金庫からの（督促の）電話に出ないのか」と聞くと「知らない先からの電話には出ない」との答えも多く、その時は当金庫の電話番号をスマートフォンに登録させるほか、本人のメールアドレスも聴取する。

▶回収するためには一苦労

世の中には、高級車に乗り、派手に遊び回りながらも金融機関には返済しないような人間もいる。

そうした中で、自分の経験則では、100万円程度のローン残高で逃げ回るような人物は、"単に性格的にだらしがない人間"だったりする。

この場合の対応策としては、"給与の差押え（キュウサシ）"もあるが、給与を支払う会社側の協力が得られなかったり、給与金額が少なければ不発となるほか、よほど定着している職場でないと本人が勤務先を辞めて再び行方をくらませるパターンもある。

運が良ければ、会社が債務者に従業員向け融資をして返済するケースもあるが、逆に「社会的な信用を著しく失墜させる行為」に該当したとして本人が解雇されてしまうリスクもある。

また、他金融機関の預金口座があれば、法的対応として口座を差押える方法もあるが、口座の特定が必要なほか、「時間がかかること」や「預金残高が少ない傾向があること」が難点である。

なお、「延滞債務者」でも、"当金庫だけから借りた債務者"であれば、短期間での計画的な回収が可能なケースも多いが、色々な先から借りている債務者は、長期戦になりがちである。

▶保証会社による代弁が理想

いずれにせよ、信用金庫においては、なるべく**最初から保証会社による保証を付保するとともに、実行後は保証会社から保証否認を受けないように、督促ルールを厳守したり、必要書類等をきちんと整えておくことが肝要である。**

なお、保証会社への代弁請求については、安易に連発していると保証料率が上昇してしまうため、なるべく自力での回収に努めるようにしている。

ただし、債務者の「絶対に入金するからもう少しだけ待ってくれ」といった言葉を鵜呑みにして返済時期の猶予を続けてしまうと、結果的に代弁請求期間を経過してしまうこともあるため、代弁請求のタイミングの見極めには、十分に留意しておく必要がある。

人事、人材育成

§ 信用金庫（金融機関）は、『人材』と『組織風土』で浮沈が決まる。
§ 人事制度とその運用次第で、職員の能力や士気は大きく左右される。

現状と課題

◎魅力のある職場づくり

人事の役割は、組織運営に必要な人材を「採用」、「育成」、「活用」、「流出防止」することにありますが、信用金庫においても、まずは、採用や流出防止といった活動を通じて、金庫経営に必要な人員数をきちんと確保することが重要となります。

そのためには、「働きやすい職場環境」と「やりがいのある仕事」を職員に提供することが肝要です。

信用金庫の仕事は、「地域貢献」や「お客さまの幸せづくりのお手伝い」といった素晴らしい要素もたくさんあることから、個々の職員がそれを実感できる機会を増やすことが大切です。

◎人材育成も重要

一方で、筆者が信用金庫の役職員と営業推進や顧客向け支援の話をしていると、最終的には『人材の育成と活用が課題』という結論になることが多いと感じます。

実際、良い制度やシステムを導入しても、活用するのは「人」ですし、お客さまと接するのも「人」になります。金融機関は、人的資本の優劣が経営力を左右しますので、人材育成の巧拙は金融機関の経営に大きな影響を与えることになります。

◎信無くば立たず

中国の古典『論語』によると、孔子は政治の要諦として、特に「民の信頼」を重視しました。『国民からの支持がなければ、国は成り立たない』と考えたのです。

信用金庫の経営でも、職員たちからの信頼を得ることは特に重要となりますが、そのためには、人事制度の運用においても、個々の職員の意思や個性を尊重することが大切です。「ＥＳ（従業員満足度）なくしてＣＳなし」と言われますが、ＣＳが高い信用金庫では、職員のことも大切にしている傾向があります。

改善のヒント

◎「能力」と「モチベーション」

　信用金庫の業績は、職員の「能力」と「モチベーション」の高さに大きく影響されますので、信用金庫が業績を上げるためには、人事制度を上手に運営することにより、この２点を高めることが特に重要となります。

◎職員の能力を高める

　昔の信用金庫では、若い職員に仕事を教える上司や先輩の姿が日常的に見られましたが、最近は、上司もプレイングマネージャーになることが多く、仕事の忙しさもあって、こうした光景は減少しがちです。そのため、仮に上司である渉外役席者が部下の営業活動に同行する時間がとれない場合には、自分の営業活動に部下を同行させることで、暗黙知やノウハウを伝授していく方法もあります。

　一方で、職員のプライベートの時間は増加傾向にあることから、まずは、職員自身が自己啓発等により自力で成長する意識（習慣）を持つことが、これまで以上に重要となっています。なお、“習慣化”というのは重要な視点であり、例えば、得意先係における「目標達成」や「目標未達成」も習慣化される傾向がありますので、極力、前者の習慣を身に着けることで良いリズムの状態で働くことが大切です。

　上司の側にも、部下に苦手な業務があれば、業務の流れを細分化したうえで、苦手部分の克服を集中的に支援するような効率的な働きかけが求められています。

◎モチベーションを高める

　高いモチベーションで働く職員の存在は、組織の活性化には欠かせません。

　そうした中で、ハイパフォーマーには金銭的に厚く報いたり、昇進昇格させることで納得感を高めることが基本的な動機づけとなりますが、そのうえで「表彰」や「希望部署への配属」、「褒めコメのプレゼント」等の非金銭的報酬を与えることで、さらなる動機づけを図ることも有効です。“仕事の報酬は仕事”との発想で、仕事熱心な職員には、より本人のやりがいが高まる仕事を任せても良いでしょう。

◎本章のポイント

　本章では、「働きやすい職場環境づくり」に向けた人事制度運営上の留意点や管理職が部下のマネジメントを行う際のポイント等を掲載しました。

　いずれにしても、きめ細かい人事制度の運営が求められています。

現 場 の 声 🎤

109 人員配置について

信用金庫　役員

▶信用金庫は"人"で立つ

信用金庫にとっての最大の経営資源は、「人材（職員）」である。

そのため、経営陣や人事部門は、自金庫の経営戦略はもちろん、各部店の特性や課題を正しく認識したうえで、最適な人的資源の配置と育成を実現させることになるが、その高度な仕事ゆえに人事部門は、どの組織においても"経営の中枢部門"と見なされている。

配属先での職員の組み合わせに関しては、営業店であれば、まずは支店長と次席者の関係性が重要であり、性格的な相性や保有スキルの補完性を考慮するほか、支店長と次席者の年齢の逆転もなるべく避けたほうが望ましい。

また、一般の職員についても過去の因縁から「この2人を組ませたら駄目」という組み合わせもある。

仕事上でのいきさつに加えて、男女の場合には、夫婦はもちろん、（過去も含めて）恋愛関係があったりすれば、同じ職場は避けたほうが無難である。

▶「営業店長」に関して

同じ信用金庫でも、地域によって、お客さまの気質は異なるため、営業店職員の人選にあたっては、本人の出身地も考慮したうえで、適材適所の配置に努める必要がある。

特に営業店長などは、担当エリア内の有力者に嫌われているなど相性が悪いことが無いようにする。

なお、本店所在地内の店舗等、当金庫の"看板"が通用するエリアであれば、"支店長"の肩書が利く部分もあり、表敬訪問を中心とした活動でも重要顧客を押さえられたりするが、本店所在地から遠く離れた都市部の支店ではそうした神通力が効かないため、推進力に優れた人材を支店長として起用しないと、何もできない可能性もある。

実際、エリアにより社長からの歓迎度合いも異なるもので、田舎の支店ほど支店長が訪問すると反響が大きい。「うちは、支店長が来るほどの会社だ」となりやすく、社長の不在時に名刺を置いて帰ると、折り返しの電話もよくかかってくる。一方、都市部では「きたんか、こいつ」程度だったりもする。

そのほか、小型や中型店舗の支店長を経験することで、支店長としてのコツを身に着けた人でないと、大型店舗では十分に活躍できないおそれもある。

毎月の償還金額が大きな店舗は、プレッシャーも大きいことから、支店長職に慣れた人のほうが、肩の力を抜い

て仕事ができる。

　また、**営業店長は、融資を推進する力も大事だが、相手の信用リスクを冷静に見極めて、不安を感じた先からは、手を引ける人でないと務まらない。**

　特に大型店舗では、「進む勇気」だけでなく「退く勇気」も兼ね備えた人物に任せないと、大量の不良債権予備軍を生み出すことで、将来、金庫に多額の損失を発生させるおそれもある。

▶**「得意先係」**に関して

　当金庫のような本店所在地が田舎にある信用金庫では、新規開拓を得意とするタイプの職員を都市部に出店している数店舗に重点的に配置し、「低金利融資商品」等の武器を持たせたうえで事業性融資を推進させることになる。

　一方、田舎の地区では、多くの会社は「手元資金」と「資金需要」の両方に乏しいが、色々と協力的な先が多い。

　当該エリアは、顧客層の高齢化も進みがちだが、古くからの"しんきんファン"も多いため、渉外経験が浅かったり、"顧客のつなぎとめ（取引深耕）"が得意なタイプの職員に適している。

　なお、老練なベテランを置くべきエリアに経験の浅い若手職員を置いたり、大規模店舗の「貸付課長」にスキルの低い職員を置くのも避けるべきである。

　そのほか、優秀な得意先係を地元の市役所や有力な事業先の担当にしておくと、担当期間中に人脈を構築し、異動後もその人脈を活用できたりするため、戦略的に配置することもある。

▶**「営業店の女性内勤職員」**に関して

　女性職員（内勤担当者）の性格的な相性については、**「引っ張るタイプ」**と**「引っ張られるタイプ」を識別したうえで、バランスよく配置するとよい。**

　前者ばかりだと衝突しやすいが、後者ばかりでものんびりしがちである。

　こうした情報は、情報通のベテラン女性職員から非公式にヒアリングしておくと、男性の管理職などが知らない、定性情報がたくさん聞けたりもする。

▶**「本部職員」**に関して

　営業推進部門や審査部門など営業店と接する機会の多い本部部署の職員を選ぶ際には、営業店から見て「誰からの指示ならば受け入れやすいのか」という視点からも選別している。

　また、長年担当していた本部職員を異動させると、担当者個人に蓄積されてきた経験知が失われるほか、過去の本部通達を熟知した職員が去ると業務運営が混乱しやすいことから、十分な引継ぎ体制を敷くことが前提となる。

　なお、本部主導による営業推進施策の成果は、企画を担当した本部職員の現場感覚の有無にも影響される。実際、「顧客ニーズ」を的確に掴んだうえで「営業店（現場）での実践方法」等を正しくイメージできる人でなければ、優れた企画は立てられないものである。

現場 の 声 🎤

110 人事異動について

信用金庫　役員（人事担当）

▶感謝の気持ちで送り出す

人事異動による配属先部署は、全員が理想的なタイミングで希望した部署に行ければよいのだが、現実には難しい。

人事異動の発令時には、送り出す側の上司が異動対象者に現部署での当人の働きぶりへの感謝の気持ちや次の部署での心構えを伝えることも重要な役割となるが、特に当人にとって不本意な異動の場合には、上司が当人の心の整理をサポートすることも大切だ。

▶家庭環境も考慮したい

現代のようにワーク・ライフ・バランスが重視される社会では、個人の家庭事情も考慮する形で、配属先の判断ができれば望ましい。

実際、職住近接は、職員にとっては、（地元の）信用金庫で働くメリットの1つでもあるため、極力、配慮したいところである。

また、特定の営業店で過大な時間外勤務が恒常化したり、忙し過ぎて昼食をゆっくり食べられない職員が出るような偏った人員配置をしてはならない。

職員の心身の健康を守る観点からも、「あそこの支店には行きたくない」等と職員の間で囁かれるような営業店を作らないことは、人事部門の責任である。

▶異動の乱発は避けよ

組織内の業務運営が思い通りにいかない時に、経営トップが即効性を求めてむやみに人事異動を"乱発"することも、絶対に避けるべきである。

安易な人事異動は、役職員のモチベーションを低下させる懸念に加え、経験知や人脈、ノウハウの喪失等をはじめ、どこかに大きなしわ寄せを発生させやすいからだ。

信用金庫において、営業店長や得意先係が短期間で異動になると、お客さまから不信感を持たれることもある。

営業職の異動は、安易に実施すると"客離れ"を引き起こすリスクもあるため、十分な配慮が必要である。

本部業務においても、後継者の育成期間や前任者からの引継ぎ期間を設けなければ、目に見えない大きなコストやリスクが発生することになる。そうした配慮をせず、人をコマのように扱う組織では、退職者も増加しやすい。

「人事異動→退職者発生→（人繰りのための）人事異動→退職者発生」という負のスパイラルが組織内で発生すると、組織構成員の士気が低下し、組織の衰退を招き寄せることから、人事異動には、細心の注意が必要となる。

現場の声 🎤

111

人事評価について

信用金庫　役員（人事担当）

▶"人事評価"は組織の要

　人事評価に納得性がないと、組織の規律は保てない。そのため、人事評価にあたっては、客観的な基準と広い視野に基づいた公正な判定が求められる。

　当然、"好き嫌い人事"などは論外であり、絶対にあってはならない。

　また、何らかの事情で降格人事となった職員がいても、本人の頑張り次第では、敗者復活できることも大切だ。

▶評価すべきタイプ

　当金庫で"管理職としての適性"を判断する際に特に重視される基準は、**「リーダーシップがあるか」**である。

　頭が良くても、人をまとめる力がなければ不十分。逆にそれほど頭脳明晰でなくても、周囲の意見に耳を傾けつつリーダーシップを発揮できる人であれば、管理職として活躍できるものだ。

　個人的には**「発言内容の視点」**もチェックしている。例えば、支店長の目線で語れる次長であれば、少なくとも支店長候補にはなる。ただし、発言だけで自分では行動しない評論家タイプでは、やはり物足りない。

　性格的に優しすぎる人も優秀なスタッフにはなれても、厳しさを身につけないと、リーダーになることは難しい。

　本人に**「正義感があるか」**も大切な視点。正義感がある人間は、必要な時には勇気を持って発言できるからだ。

　実際、「それはダメだ」と言える人材は貴重であり、"言える力"は、信用金庫のように組織内の同調圧力が強まりやすい職場では、重要な能力となる。

▶人を育てられる職員が最高

　一方、いつ担当者が交代しても良いように、普段から部店内の業務の継続性を確保することも大切である。

　そのため、部下や後輩をきちんと自分の後継者候補に育てられる人物は、組織として高く評価すべき存在となる。

　周囲から信頼され、「他部門から相談の電話がよくかかってくる職員」等も同様に貴重な存在である。

▶評価すべきではないタイプ

　逆に金融機関に最も適さない職員は、「自分の在任期間中さえ良ければよい」と考えるタイプである。

　例えば、**表面的な数字は伸ばすものの、お客さまに無理なお願いをしたり、将来の不良債権予備軍を無頓着に生み出すような人物は、要注意**である。

　数字でしか人を評価しない組織ほど、こうした問題行動を起こす職員を生み出しやすいことには留意しておきたい。

現場の声 🎤

112 定年後の再雇用について

信用金庫　人事部／部長

▶支店長経験者は扱いが難しい

当金庫では、希望者を対象に定年退職後の再雇用（60〜65歳）を実施しており、定年の前年（59歳）の段階で、配属先について「営業店or本部」の希望だけは聞いている。

一般的に難しいのが「支店長経験者」の扱いであるが、彼らを営業店に配置する場合には、（本人の気持ちを切り替えさせるため）一旦、本部にワンタッチで配属させてから、「役員店舗」や「大型店舗」を中心に配置している。

▶仕事の内容は千差万別

その他の再雇用者で、営業店勤務となる者は、「忙しい店舗」や「新任役席者が在籍している店舗」を中心に配属させている。

若手職員への指導役や検印のサポート、補助業務（諸届けや相続の受付等）を担当するほか、「大型店舗」では、ロビースタッフ（案内係）になることもある。ロビースタッフは、立ち仕事なので体力的には大変だが、「健康に良い」、「お客さまと接する機会は多いが、責任は重くない」等の理由から、隠れた人気ポストとなっている。

一方で、「債権管理・回収」の仕事などは、"皺（しわ）の数"が大切な面もあ

るため、当金庫としては再雇用者の活躍を期待したい分野なのだが、再雇用者たちからの人気は今イチであることから、今後の課題と考えている。

▶実力主義の時代へ

当金庫では、再雇用者は、担当職務の内容に応じて処遇に格差をつけることをせずに一律の年俸としたが、再雇用者の間での不公平感を和らげる意味では、多少の格差も必要だったのかもしれない。

信用金庫によっては、再雇用者にも人事考課を行い、結果を翌年の年俸に反映させており、今後の参考にしたい。

なお、高齢化が進む日本においては、今後、年齢を理由に働けなくする"定年制度"は見直されていくのだろうが、実際、米国などでは、既に定年制度の導入は警察官などの一部の職種を除き法律により禁止されている。

ただし、定年制度がなくなった職場では、個人の組織への貢献度を客観的に評価したうえで、一定水準以上の評価を維持できない職員は、年齢を問わず組織から去ることになる。

当金庫では、こうした時代の変化も踏まえたうえで、人事制度も柔軟に見直していきたいと考えている。

現場の声 🎤

113

信金職員が成長するとき

信用金庫　役員

▶仕事を通じて成長しよう

「働くこと」は、お金を稼ぐことで生活の手段になるとともに、仕事を通じて自分自身が成長する機会にもなるが、若い職員が成長するきっかけとなる要素は、「①数字（業績）の向上」か、逆に「②失敗」が多いと感じている。

「①数字（業績）の向上」については、数字が良くなることで本人の気持ちも前向きになり、仕事が楽しくなったりもするのであろう。自信を持つと本人の顔つき（表情）も良くなるため、お客さまからの信頼も得やすくなり、ますます良い循環が回ることになる。

また、**「②失敗」**については、「あの失敗を糧に成長したな」と感じさせる職員も多い。失敗の原因は必ず複数あるものなので、不幸な偶然が重なることで失敗は発生する反面、失敗は人を注意深くし賢明にもすることから、それを自分の経験にすれば良いのである。

人間、長年生きていると、失敗したと思ったことが後から考えると「かえって良かった」と思えることも多い。

"人間万事塞翁が馬"や"禍福はあざなえる縄の如し"といったことわざは真理であると人生経験を通じて実感しているところである。

▶経験しておくことも大切

てんぷらを食べたことのない人に、てんぷらの美味しさは伝えにくい。何事も自分で経験することが大切だ。

若い頃の経験は、将来、すべてが活きてくる。**人間、最後はどれだけ経験してきたかの勝負でもある。**

仕事も幅広く経験したほうが良い。仕事を多くこなすと大変だが、課題解決能力が向上するほか、上司になったときに指示がしやすくなるので、未経験の仕事にも積極的に挑戦してほしい。

また、「苦労」をすることも大切。

人は、自分が辛い目に遭った経験があると、他人の痛みにも敏感になるが、これは"お客さまに寄り添う"という特性を持った金融機関（＝信用金庫）で活動するうえでの強みにもなる。

▶知らないままで放置しない

人が成長するには、「知らないことをそのままにしないこと」も大切である。

例えば、得意先係が客先でお客さまからの質問に答えられなかったときは、後から自分できちんと調べて回答するとともに、次回、同様の質問を別のお客さまからされても答えられるようにしておく勤勉さも大事である。

現場の声 🎤

114 人の成長と組み合わせ

信用金庫　役員

▶成長しやすいタイプとは？

　人間の仕事上での成長スピードには個人差があるが、**要領が悪くても一生懸命に人から学ぶ姿勢を持つ人間は、時間の経過とともに着実に成長する。**

　そのため、新入職員に最初に教えるべきことは、「わからないことは遠慮なく周囲の人に聞け」ということである。

　その際、わからないことは、わかっている人に教わるのが理解への近道なので、「よくわかっている人が誰か」を把握するとともに、その人と仲良くなっておくことが大切である。

　現代のように複雑な社会では、すべてのことを一個人が理解しておくことは不可能なため、各分野に詳しい人物（≒専門家）を信金職員が把握しておき、お客さまから相談を受けた際にご紹介するだけでも、一定の付加価値を提供することができる。

▶挑戦することで器を大きく

　自分が「嫌なこと」や「不慣れなこと」に挑戦することも成長のきっかけとなる。人間は、辛いことや新しいことに挑戦して自らの器を大きくしない限り、先行き大きな仕事はできない。

　苦情対応なども本当に辛くてストレスも溜まるが、世間知が増える“鍛錬”の1つと捉えて理不尽なことでも対応すれば、収穫もある。

　色々な経験を積むことで、一歩ずつ成長していくことが重要である。

▶“組み合わせ”が大切

　多くの企業が“積極性の高い人材”を求めたがるが、社内の全員がこのタイプでは、実際の組織は成り立たない。

　“慎重な人間”や“目立たず黙々とやる人間”がいて、はじめて組織は成り立つのである。

　同様に、世の中には、攻めに強い“武官タイプ”と守りに強い“文官タイプ”がいるものだが、両者をバランスよく配置したうえで、各々の強みを活かして活躍してもらうことが大切である。

　学生が社会人になると頭の良さを測るモノサシが「学力」から「社会への適応能力」に切り替わるが、秀才タイプの中には、「思考力」は高くとも「感じる力」は低い人もおり、そこは周囲の叩き上げの苦労人タイプがフォローすると上手く機能したりもする。

　チームの構成員が互いの強みを活かしたり弱みを補い合うことで、全体として成果を出すことが大切なのであり、人はひとりひとり違うからこそ存在する価値があるともいえよう。

現 場 の 声 🎤

（115）

部下とのコミュニケーション

信用金庫　役員

▶大らかな気持ちで接しよう

古来、「人は使い方次第」である。

部下の資質に文句を言う役席者ほど、自分に人を動かす際の引き出しが少ないことに気づいていないことも多い。

"子は親の鏡"という言葉があるが、**"部下は上司の鏡"**とも思う。「上司が立派なのに部下がポンコツ」という職場は、あまり聞いたことがない。

一般的に、優れた上司ほど部下たちに担当業務の"意味"を教えることでモチベーションを高めることを得意としており、こうしたマインドセットにより、部下が仕事に"やりがい"を見い出せると自然と能力も高まるからだ。

また、部下も人間なので、上司は大らかな気持ちで接しないといけない。

実際、細かいことばかり見られていると、部下は身動きがとれなくなる。

世の中の男性が奥さんや恋人に細かいことまで見られ続けたら嫌になるのと同じである。

ネイティブアメリカンのことわざに**「その人のモカシン（靴）を履いて１マイルを歩くまではその人を批判するな」**というものがあるそうだが、人を批判するときは、相手側の立場になって考えることも大切である。

▶給料の半分は"ガマン料"

上司は、心理学者になる必要もある。部下がどのような人間で、どうすればどう動くのかを考えながら、部下たちと接していくことが大切だ。

実際に上司の立場になると、手のかかる部下に対しては、ときに「何で俺がそこまでしないといけないんだ！」と言いたくなるものではあるが、そこはグッと堪えて、「管理職の給料の半分はガマン料だから仕方がないか！」と潔く諦めて、冷静に最適な指示や行動をとることが期待されている。

▶２つのパワーを使いこなそう

上司には、２つのパワー（権限）が与えられているという。

１つは**「ポジションパワー」**と呼ばれる地位や立場に基づく力、もう１つは**「パーソナルパワー」**と呼ばれる人格や能力に裏打ちされた人間力である。

ポジションパワーによるチームの統率は、チーム内の意見が割れた時や緊急時などでは有効だが、常用していると次第に部下がついて来なくなる。

そのため、パーソナルパワーと合わせた２つの力（パワー）を場面に応じて上手に使い分けることも、上司にとっては大切なスキルとなる。

現場の声 🎤

116

部下を褒める、部下を叱る

信用金庫　役員

▶ **"さじ加減"が大切**

以前、退任した当金庫の元役員から**「人間、死ぬまで勉強が必要なことは"さじ加減"だぞ」**と言われたことがある。

例えば、部下との人間関係においても「どこまで褒めて、どこまで叱るか」「どこまで締めて、どこまで緩めるか」は、永遠のテーマかもしれない。

▶ **部下を褒める**

人が何かに挑戦するには、当人の心の中に自信の源泉となる"自己肯定感"を有していることが重要と言われるが、周囲から褒められた経験は、その人の自己肯定感を高める作用がある。

そのため、部下にチャレンジを求める上司ならば、部下を褒めることで自己肯定感を高めておくことが大切だ。

ただし、人を褒めるためには、その人をよく観察しなければならない。絵を描こうとすると対象物をきちんと見るのと同様に、人を褒めようと思えば、その人をきちんと観察するようになる。

なお、「褒める点がない」と嘆く上司もいるかもしれないが、人間の短所と長所は紙一重であり、見る角度によって変わるだけと思えばよい。

過去と比較して成長していたり、正しい方向に進んでいれば、そこを褒めることも考えられる。仕事面を褒めるのが無理ならば人間性を褒めてもよい。

部下は上司が「自分の長所を理解してくれている」と感じれば、安心して仕事に取り組めるし、褒められた言葉がその後の励みにもなるものだ。

▶ **部下を叱る**

一方で、組織というものは、「厳しさ」もないとだらけてしまうため、上司はときには部下を叱ることも必要だ。

ただし、上司の指示や進捗管理の拙さが叱られる遠因となってはならない。

上司は部下に適切な指示や進捗管理を行うことで、部下の時間の浪費を減らしたり、質の高いアウトプットを引き出すことが大切な役割となる。

また、指示の理由（背景）を伝えておくことで、部下の理解を深めたり、モチベーションを高めることも重要だ。

なお、元ラグビー日本代表監督である故平尾誠二氏の人を叱る際の心得は、

1．プレーは叱っても人格は責めない
2．後で必ずフォローする
3．他人と比較しない
4．長時間叱らない

とのことである。参考にされたい。

現 場 の 声 🎤

（117）

「叱る」ということ

信用金庫　役員

▶叱り方も大切

　本来、叱ることは、叱られる本人に
とって幸せな面もあり、上司の側に愛
情がないとできない行為でもある。

　ビジネス界の大物のような人たちで
も、**"多くの先達から叱られることで自
分は成長できた"** と振り返る人は多い。

　ただし、叱る側が必要以上に感情を
込めると、本来の指導的な行為から逸脱
するおそれがある点には注意が必要だ。

　また、叱っても後に引きずらないこ
とが大切である。叱るときも最後には
必ずポジティブな言葉で締めくくるよ
うにするほか、上司は、叱った部下に
対しても引き続き本人を信頼している
ことを態度で示さなければならない。

　なお、普段から上司との会話が少な
い状態で部下を叱ると、部下のショッ
クは大きくなるため、日頃から十分な
コミュニケーションをとっておくほか、
叱る回数以上に褒めておくことも大切
な心がけとなる。

▶まずは部下の言い分を聞く

　叱る前に部下の言い分をきちんと聞
くことも大切なプロセスである。

　例えば、重要な局面でキーパーソン
である社長を訪問しなかった部下がい
た場合でも、一方的に叱るのではなく、

本人に理由を尋ねることが大切である。

　実際、本人の考え方を理解したうえ
で指導しなければ、上司にも焦点の
合った指導はできない。

　話を聞けば、「実は、あそこの社長は、
先月別れた恋人のお父さんなのです」
という事情があるかもしれない。

　その場合は「それは会いづらいな」と
共感しつつ、「でも、仕事だから会わん
とな」とやっぱり叱ることにはなる。

▶"角をためて牛を殺す"は避けよ

　部下の欠点ばかりに着目して叱るこ
とで、本人の長所を消すような事態は
避けなければならない。**短所と長所は
表裏一体の面もある。**

　「角（つの）をためて牛を殺す」とい
うことわざがあるが、牛の曲がった角を
直そうと手を加えているうちに牛を殺
してしまうということである。

　転じて、少々の欠点を直そうとして、
かえって全体を駄目にしてしまう例え
であるが、人の指導もそれに近いもの
があるため、あまり細かいことに目く
じらを立てるのも良くない。

　相手の短所を指摘する際には、必ず
長所にも触れることで、本人が心を開
いて前向きな気持ちで話を聞ける空気
を作っておくことも大切である。

現場の声 🎤

118

ポジティブ思考の大切さ

信用金庫　営業店／支店長

▶先入観に縛られるな

　営業成績が伸び悩んでいる職員は、「先入観」が足を引っ張っていることも多い。例えば、「この人はお金持ちだからローンは借りない」、「以前、声をかけて駄目だったので無理」といった思い込みに囚われてしまうのである。

　しかし、状況判断を前向きに捉えるポジティブ思考からすれば、「攻略不足の見込先が残された状態」とも言える。

　先日も、部下の得意先係に某未取引先企業への訪問を促すと「昔、トラブルがあった先です」と渋られた。

　"何年前の話だ？"と内心思いつつ、「それなら俺が行くから、アポイントをとってくれ」と言うと、部下はアポイントをとるために仕方なく訪問したのだが、帰って来た途端に「社長から、前向きな話が聞けました！」と報告してくれた。要は行かないだけである。

▶難しいタイプのお客さまと出会え

　難しいお客さまや案件にあたったときも、むしろラッキーといえる。

　例えば、学生の試験勉強でも簡単な練習問題ばかりを解いても成績は上がらない。**難問を解いてこそ"実力"もつくが、それは仕事も同じである。**

　失敗したとしても、失敗から得られる経験もある。自分で失敗した経験は身につくため、忘れないものだ。

　ちなみに、評判の良くない上司の下に配属されたときも似たようなことが言える。「反面教師」となる上司を経験しておくと、将来、自分が上司になった時に「これをすると、あの人のようになるな」と思い出せるため、自然と自分を律することができるのである。

▶周囲の力を借りよう

　古代中国の兵法家である孫子は、「彼（敵）を知り己を知れば百戦して危うからず」と著書に記したが、現代のような競争社会においても、**相手と同時に自分自身を深く理解しておくことが成功の鍵を握る**こととなる。

　例えば、上司は全人格的にパーフェクトである必要はない。自分自身の能力に足りない部分があったとしても、そこは素直に認めてしまい、当該部分は、部下や周囲の助けを借りればよい。

　そうすれば、部下たちも意気に感じて働いてくれるものだ。

　他人に依存する要素が増えるほど、自分が立てた計画が崩れやすくなる面はあるが、それでも人を使わないと大きな仕事はできないことから、上手に人の力を借りることが大切なのである。

現場の声 🎤

119 読書のススメ

信用金庫　役員

▶学ぶことの大切さ

世の中には、独創的な人間、天才という者はほとんどおらず、大部分は模倣者であり、自分の場合もそうである。

実際、テレビに映る作家の書斎などを見ると、膨大な量の蔵書に囲まれていたりする。オリジナリティが求められる作家のような職業でも多くの本を読むことで頭の中に色々な情報が蓄積され、それが何かの拍子に頭の中でつながり、別の形で出てくるのである。

そのため、世の中の優れた先進事例や過去の出来事を学ぶことで、初めて自分の思考力も高まると言える。

実業家の出口治明氏は、**人間が学ぶ方法として、人・本・旅の３つを挙げている**。「人の話を聞く」、「本を読む」、「実際に自分の足で現地を歩く」という行為が人の知見を広げることは、私自身も実感しており、特に読書は手軽に実行できる点に魅力がある。

▶学びて思わざるは即ち暗し

私の場合は、優れた経営者と意見交換をする中で、自身の知識不足を痛感したことから、本を読むようになった。

ビジネス書はもちろんのこと、経済小説もよく読んだ。経済小説は楽しく読めるほか、各業界のしきたりや慣習、色々な経営者の考え方が織り交ぜられている点が参考になった。

歴史書や古典も好きである。「史記」からは、人間の本質を学んだりした。「論語」も部下を説得するのに適した言葉を見つけることができる。

例えば、自分が庫内研修の最後でいつも使う言葉は、**「学びて思わざるは即ち暗し」**である。「学んでも思考（実行）しなければ知らないのと同じ」という意味で論語の一節なのだが、自分が良いことだと思ったら、とにかくやってみることが大切である。

論語は、読み直してみると「あぁ、そうか」と気づくことも少なくない。

▶スポーツ関係の本も良い

スポーツが好きな職員であれば、一流のスポーツ選手や監督の本などを読めば、営業店でのチームビルディング、モチベーションアップ等にも活かせる。

日本人は、「チームのために戦う」という精神状態になると最も能力を発揮する国民性であることは、チームスポーツの本を読むたびに感じている。

自分の思考力や判断力を磨くためには、自分の経験だけでは足りないと自覚していることから、今後も幅広く読書を重ねていきたい。

第12章 その他様々な体験談から

§ 前章までのカテゴリーに収納できなかったテーマを掲載した。
§ 経営論から危機的状況での体験談まで、幅広い内容を紹介している。

現状と課題

◎信用金庫で働く意義とは

近年は、社会人が「自分は、どうありたいのか」、「何をしたいのか」等を日常の ビジネスでの活動を通じて、社会に向けて表現しやすい時代になってきました。

そうした中で、信用金庫は、「地域振興に携わりたい」、「人々の夢を応援したい」 といった思いを持つ人たちには、最適な職場になると思われます。

特に出身地（地元）の信用金庫に就職した人であれば、信用金庫での仕事を通じ て自分が生まれ育った地域の活性化にも直接的に貢献できますので、働きがいの 面でも満足感は得やすいのではないでしょうか。

◎人生設計も立てやすい

信用金庫で働くことは、私生活の面でも様々な長所があります。例えば、金融 機関で働きながらも、転居を伴う転勤が無い（または少ない）ことは大きな魅力で すし、自身や家族の人生設計が立てやすいことも利点です。

「職住近接（自宅と職場が近い状態）」の職員ならば、疲労蓄積も軽減できます。

◎"ゆでガエル現象"に気をつけよ

一方で、居心地の良い状態ゆえに外部環境の変化に対する適応が遅れてしまう "ゆでガエル現象"には注意が必要です。常に金融環境や中央情勢等の変化に対す るアンテナを高く持つとともに、信用金庫や役職員を突然襲う各種の"リスク"に 対しても、普段から十分に備えておくことが重要です。

また、信用金庫では、限られた人員数の中で多くの業務等をこなすことから、 無意識に"前例踏襲"を好みがちであり、以前からの仕事のやり方を変えにくい組 織風土が生じやすい点にも注意が必要です。

改善のヒント

◎「信用金庫」が抱えるリスクとは

　信用金庫の経営では、各種類のリスクをコントロールする必要がありますが、この操作を大きく誤ったとき、最悪の場合には、経営破綻も起こりえます。

　経営破綻の引き金の代表例は、保有資産（貸出金や有価証券）の急激かつ著しい劣化等ですが、その背景として、『リスクの偏り（大口化、集中化等）』やそれを許す『経営管理態勢（ガバナンス）の脆弱さ』があることも多いため、この2つの状態に陥らないような体制づくりが普段から重要となります。

◎「信用金庫職員」が抱えるリスクとは

　一方で、信用金庫職員にとってのリスクには、「苦情発生」等の日常的なものから、「強盗」や「不祥事発生」、「自然災害発生」のように非日常の脅威が突然、顕在化することもあります。職員個人としては、「大病への疾患」や「大規模リストラの発生」も最大級のリスクの顕在化と言えるでしょう。

　これらへの対応策としては、日頃から有効な『予防的措置』を講じるとともに、万一、リスクが顕在化した場合には、逃げずに正面から受け止めることにより、金庫内外での被害（影響）を最小限に食い止めることが肝要です。

◎さまざまな立場の役職員が感じたこと

　そのほか、本章では「地区担当役員」、「本部部長」、「監査部」、「資金運用担当者」といった特徴的なポジションに就いた役職員の意識や経験もご紹介しています。

　また、「新規出店した営業店」や「港町の営業店」といった特徴的な配属先で職員が感じたことについても触れてみました。

◎本章のポイント

　本章は、筆者の恩師や友人たちの貴重な体験談を中心に掲載しておりますが、内容的には、危機管理的なものを多く盛り込んでいます。

　以前は、金融恐慌（昭和2年）時の混乱や終戦直後（昭和20年）の後始末で大変な苦労をした際の体験談を上司たちから聞かされたというベテラン役職員も各金庫におられましたが、最近は、そうした方もめっきり少なくなりました。

　信用金庫を取り巻く経営環境が厳しさを増す中で、過去に様々な危機を乗り越えてきた先人たちの体験を引き継いでいくことも、大切な視点と思われます。

現場の声 🎤

120

収益性の高い金融機関になるには

信用金庫　役員

▶金融機関はストック商売

　赤字決算に陥った金融機関でも、赤字の原因が「大口未保全先の経営破綻」や「有価証券の多額の減損発生」の場合は、基本的な収益力（コア業務純益）さえあれば、内部留保を切り崩しつつ短期間に不良資産を処分することにより、V字回復が可能になることもある。

　一方で、近年に増加しているのは、基本的な収益力がジリ貧となり、赤字に転落するケースであるが、この場合には、業績回復までに、より長い時間を要することになる。

　金融機関の収益は、基本的にストック（資産）から生み出される割合が大きいことから、収益力を高めるためには、長い時間を費やして優良資産を戦略的に蓄積していくことが重要である。

　言葉を変えれば、金融機関は、ストック商売であるため、目先の収益に過度に囚われずに済むほか、**「どのような資産を保有しているか」で将来の自行庫の損益が概ね定まる**と言えよう。

▶金融機関の強みとは

　"ストック商売"という言葉は、金融機関の強みを現わす意味で使われることも多い。「金融機関はストック商売なので、土日は働かなくても平日と同水準の収益（貸出金利息等）が稼げる」と言われたりもするが、実際、急激な外部環境の変化に対しても、こうした金融機関の収益構造上の特性は、一定の強みを発揮しており、経営の安定性を高める効果もあると言える。

▶まずは物件費を検証

　また、**収益性（利益水準）が高い信用金庫を分析すると、「低コスト体質」を実現させていることが多い。**

　中には店舗が古い信用金庫もあるが、利益はしっかりと稼げていたりする。

　実際、収益向上には、まずは物件費の最適化が重要であり、同規模金庫と比較して高水準の費目（支出）があれば、適正な状態であるかを検証するのが高収益体質への第一歩と考えられる。

　当金庫においても、分不相応のシステム投資等を要求してくる部門には、「一反（約千㎡）の田んぼのためにコンバインを買うな。なるべく自分たちの手（鍬）で刈り取れ！」等と言っている。

　今後は、店舗統廃合も進めていきたいが、こうした動きを「縮小均衡」と表現すると後ろ向きの印象を内外に与えてしまうことから、当金庫では**「筋肉質な組織への転換」**とアナウンスしているところである。

現場の声🎤

121

働くということ

中小企業経営者

▶ **仕事の意義とは**

自分にとって仕事から得られる最大の対価は、「自分の知恵と汗で得られた成果に価値を感じられること」である。

過去に大病を経験して気づいたことだが、少なくとも人は「お金」のためだけに働く必要はない。

若い人には、仕事を通じて充実感や達成感を味わってほしいと考えている。

▶ **「夢」を語り、「お客さま志向」**

元気が良い会社は、「①社長が夢を語ること」と「②お客さま志向」の２つを兼ね備えていることが多い。

社長たるもの、「今月いくら稼ぐか」といった話も大切だが、社員に会社の**「①夢を語ること」**はもっと大切。夢はトップにしか語れないからだ。

既婚者の男性は、奥さんにも夢を語るべき。「俺と結婚して苦労もあるけど、こういう楽しみもあるから頑張ろう」と夫婦間で話すことも大切である。

また、**「②お客さま志向」**も大切だ。当該志向は、社員の勤労意欲を高めたり、前向きな工夫を促す効果もある。

ただし、"尽くし過ぎたらフラれる"というのが、人の世の常でもある。取引先（金融機関を含む）との関係は、win-winでないと長続きはしない。

▶ **世の中すべてに感謝せよ**

自分は40年以上も働いたおかげで、仕事で強いストレスを感じても、目標を達成した後に心地よい充実感が訪れることを知っている。

人間は、「嫌なことを避けてしまうと楽しいことも失われる」というのが、人生を通じてわかったことだ。

例えば、「辛い物を食べたあとの水が美味しい」、「ジョギング後のシャワーは気持ちよい」ということと同じである。四六時中、水だけ飲んでいても別に美味しくは感じない。

同様に、**「良いこと」**も**「悪いこと」**も、**「好きな人」**も**「嫌いな人」**もすべてが自分に役立つことを知った。

昔、恩師に「世の中、すべてに感謝せよ」と教わったが、真理である。

実際、これまで自分を成長させてくれたのは、「お客さまからのクレーム対応」や「各種のアクシデント」、「人間関係の悩み」等の本来ならば避けたいような出来事ばかりであった。

「逆境が人格を作る」という格言を遺したロシアの文豪もいたが、苦労もプラスに捉えて自己研鑽に活かしていくことが、前向きに仕事をするコツとも感じている。

現場の声 🎤

122

理事長を客先に連れていこう

信用金庫　営業店／支店長

▶理事長とも連携

昔の当金庫の理事長は"雲の上の人"であった。

自分が入庫3年目の頃に、取引先の葬儀で当時の理事長がいたのでお辞儀をしたら、深々とお辞儀を返されたので、「俺のことを知らないんだな」とあらためて実感したことがある。

しかし、現在の理事長は営業店職員とも頻繁にコミュニケーションをとってくださるほか、お客さまとも楽しく会話ができるうえ、本人も自身に月間訪問件数の目標を課していることから、理事長と営業店職員の同行訪問の件数は、飛躍的に増加している。

▶重層管理で関係強化

現在の当金庫の強みは、「①得意先係」、「②渉外役席」、「③支店長」、「④地区担当役員」、「⑤理事長」による顧客の重層管理が可能なことにある。

理事長が客先に足を運べば、会社側の自尊心もくすぐられるし、「理事長が来るならば、それなりの情報やお土産（案件）を用意しよう」となるものだ。

普段の営業店職員が相手なら、社長も雑談をしがちだが、理事長が訪問すると、事前に頭の中を整理したうえで密度の濃い話をしてくれたりもする。

受け入れる側の社長の中には緊張の表れか、普段は作業着姿なのに、理事長の来訪日だけは、なぜか背広姿で待ち構えている人もいる。

アポイントが面倒だったり、お客さまから「応接室が無いからどうしよう」等と相談されることもあるが、理事長訪問には、それらを補って余りあるメリットがあると感じている。

▶"決定打"としても活用

そのほか、社長との間で融資実行の話をまとめあげる際に**「何か決定打が欲しいな…」と感じた場合に、理事長に登場してもらうのも有効**である。

一般的に、トップが先頭に立つと動きが早くなるのが「外交分野」なので、理事長にもご活躍いただいている。

また、大口融資の実行時や競合金融機関よりも高い金利で借入していただいた場合などには、御礼を兼ねて同行してもらうこともある。

特に大口与信先には、管轄する支店だけでなく、理事長を含めた役員との人間関係を深めておくことが重要だ。

こうした人間関係ができていれば、「多少金利は高いけど、気心の知れた信用金庫で借りるか…」と社長にも考えていただけたりもする。

現場の声🎤

123

地区担当役員として意識していること

信用金庫　役員（地区担当）

▶**臨店時の着眼点は…**

当金庫では、以前から営業店のブロック制を導入するとともに、ブロックごとに地区担当役員を任命、営業店職員と連携した推進活動を展開している。

自分もそうした役員の1人であるが、営業店への臨店時には、**"最も厳しいお客さまの目線"**を持って店内を観察することで、ディスプレイや職員の動きに改善点が無いかを検証している。

営業店職員にとっては、見慣れた風景の職場でも、外部の人間から見て違和感を覚える点があることは多い。

また、**支店長と職員が冗談を言い合えるような風通しの良い関係性となっているか**も観察している。

▶**職員のモチベーションにも気を配る**

昔、自分が初めて渉外役席になった時、当時の地区担当役員から「君の支店のお客さまはラッキーだね」と言われたことが励みになった。

そのため、自分も若い職員たちを1人ずつ励まそうと、例えば、事前に検定試験の合否結果を把握したり、支店長から各職員の近況を聞いている。

支店長に対しても、自分が今まで培ってきた経験をもとに相談相手になったり、支店長が勇気をもって大き

な決断をしようとするときには、応援したり判断材料を提供するなどの側面支援もしているところである。

なお、**人間のコミュニケーションでは、言葉の中身よりも、発し方に多くの情報が含まれていることがある。**

帰宅した際の妻の「おかえりなさい」の声のトーンで、彼女のご機嫌がわかるのと同じである。

実際、職員の側は、役員と話した内容は忘れても、「○○常務は興味なさそうな口調で質問してきたな」等の印象は、いつまでも覚えているため、そうした点には、十分に配慮している。

▶**地区担当役員の最重要の仕事とは**

当金庫の地区担当役員は、営業店にプレッシャーをかけて業績を上げさせることが仕事ではなく、「営業店が今、何を欲しているか」や「問題を抱えていないか」等を把握して、それを経営陣の間で情報共有のうえ対応していくことが最重要の仕事となっている。

組織上の役職は、単なる"役割"にすぎないものであるが、自分が役員としての役割を果たすためには、なるべく多くの営業店職員の話を聞き、集めた意見や要望等を実際の金庫経営に反映させることが大切だと考えている。

現 場 の 声 🎤

124

本部部長の心構え

信用金庫　役員

▶「調整権」を使え

所属長には、**「調整権」を与えられていること**を忘れてはならない。

部長など、"ポジションパワー"を持つ職員は、調整権を最大限に活用することで、担当部署のミッションを遂行させる意識と能力が求められる。

期日を決めて、ミッションを遂行するためには、部下たちを総動員して、必要であれば他の業務をストップさせてでも完遂させるべき時もある。

責任感が強く真面目でも、所属長が自分1人ですべてをこなそうとしてはいけない。**部店内外の資源を上手に使い、計画を達成させることが大切**だ。

そうしたことができる人物かどうかは、所属長になる前の次長や課長の段階で見極める必要がある。

▶「決断」せよ

一般的に「仕事が遅い部署」では、リーダーが決断を先延ばしすることで、非効率が起きていることが多い。

"長"は決めることが仕事なので、常に「決める」との意識を持つことが大事である。魚を食べるのに、塩でも醤油でもタレでもよいが、決めないと食べられないのと同じことで、素早い決断は、チームの生産性を向上させる。

▶電話等で他金庫にも相談

本部の部長になると、各種の制度対応等に関する実務面での責任者になったりもするが、金庫内では相談相手となる役職員の数も限られるため、他金庫の役職員に相談できると心強い。

実際、信用金庫の強みの1つとして、**相互扶助の精神に基づいた連帯感から、他金庫の役職員と電話やオンラインで気軽に相談できること**がある。

例えば、全信協の鎌ヶ谷研修所などで顔を合わせた人たちとは必ず名刺交換をしておき、何年後にでも「鎌ヶ谷の○○研修でご一緒させて頂いた××です」、「実は、△△について、お話をお聞きしたいのですが、よろしいでしょうか。ご担当されていなければ、どなたかご紹介いただけませんか」と電話で切り出せば、相手側も「どんな人だか記憶にないな…」と思いながらも、前向きに対応してもらえることが多い。

ただし、相手側が完璧を求めるような金庫だと、要求水準が高すぎて当金庫とは肌感覚が合わないこともある。

そのため、経営規模や几帳面さ(?)が当金庫と同水準の信用金庫を鎌ヶ谷研修所では見つけておき、当該金庫に照会することがコツの1つでもある。

現場の声 🎤

125

監査部による営業店監査

信用金庫　監査部／部長

▶事務リスクの検証

立入監査の講評時、私は「監査に感謝せい」と営業店長に言うことがある。

監査で指摘されることにより、大きな事務事故の防止に繋がるからである。

なお、各店の事務リスクの度合いは、**「鍵の管理」**と**「現物管理」**の状態を見れば、概ねの水準は推察できる。

同様に、金庫室や書庫の整理整頓の状況を見れば、おのずと事務レベルは想像できるものである。

▶管理職のマネジメント能力も観察

監査部は事務処理を見ているようで、実際には管理職のマネジメント能力や考え方を最も観察していたりする。

営業店（営業店長）の評価は、一般的には営業成績で計られがちであるが、「アクセルは踏むがブレーキは踏まない支店長」や「パワハラ気味な支店長」等が出現する可能性もあるため、監査部では、そうした部分も職員との面談等も交えて把握していくことになる。

▶本部への提言事項も探す

一方、監査部では、現場の営業店が仕事をしやすくするために、営業店職員との意見交換では、**効率化してほしい業務やその対応策等を吸い上げて、常勤役員会の場や本部監査の際に各部**にぶつけているが、実はこれも監査部監査の重要な役割である。

実際、現場レベルでの業務改善には限界もあることから、必要性が高いと判断した場合には、営業店に代わって「増員」や「システム導入」、「業務削減」等を提言するようにしている。

最近は、規則が現場の実態に追いついていないケースも多いため、監査部は現場に規則を順守させるだけでなく、規則に問題があれば改正もさせている。

本部への報告書類なども、実際の経営判断に活用されているもの以外は、極力減らすように働きかけている。

▶支店長の"長所"の傾向は

なお、監査時に営業店職員に「支店長の長所」を尋ねると、**「話しやすい」**、**「相談しやすい」**を挙げる職員が多い。

次に、**「お客さまからの評判が良い」**、**「トラブル発生時に出て来てくれる」**、**「逃げない」**、**「ぶれない」**、**「隠れない」**等の声が続く。

ちなみに、職員から不人気の支店長は、逆の行動をとっている傾向がある。

強いチームには必ず"軸"となる人間がいるものだが、支店長は、"軸"と同時に、支店内外で"潤滑油"の役割を果たしていくことが期待されている。

現場の声 🎤

126 資金運用担当者の日常

信用金庫　市場運用部／課長

▶起床から出勤まで

自分は、当金庫で資金運用を担当して10年以上になる。

市場は、海外を含めて24時間動いており、昨晩と今朝では世の中が大きく変わっていることもあるため、平日は午前5時半に起床、朝食をとりながらテレビの経済ニュース番組やインターネットサイトで、前日の国内・海外市場の動きを把握するのが日課である。

日経新聞は1面から読み始めて、社説から金融欄まで目を通している。

職場に着くと、各証券会社から毎朝送付されてくる電子メール、具体的にはレポートのほか、各証券会社の保有銘柄リスト等を閲覧する。

レポートでは、投資家勢の市場動向や要人発言、各証券会社の見通し等をチェックすることになる。

また、保有銘柄リストは、前営業日と比べて大差ないことが多いが、極まれに魅力的な銘柄が追加されていることもあり、欠かさず目を通している。

▶日中の活動

日中は、保有銘柄の値洗い等を通じてパフォーマンスを検証しているほか、証券会社とも電話で頻繁に会話をするが、「今日の市場はこんな感じで動くと思いますよ…」、「事業債では、○○の新発債が予定されています」等の話のほか、くだらない会話も含めてすべて録音されており、後日、ミドル部門（リスク管理部門）の職員にサンプリング調査で聴かれることになる。

なお、好きなタイプの証券会社の担当者は、こちら側の問いかけに正面から答えてくれる人。「俺はこう思うけど、どう思う？」、「こんな要人発言が出たけど、どう解釈する？」と聞いた時に「自分はこう考えます」、「市場はこう思っているのでは？」と言ってくれる担当者は、頼りになる。

また、日中に眺めているのは、主にブルームバーグ社の情報端末。「国債」、「為替」、「日経平均」の動向が中心だが、この3項目に関しては自分の中で一定のレンジ予想を持っており、特に為替が動くと"何かあったな"とすぐにピンと来たりもする。

ちなみに、市場が大きく動いた時は、証券会社がすぐに電話をしてくるため、目を離していても意外と大丈夫である。

▶"分散投資"が大原則

なお、堅実な資金運用に成功している信用金庫等の話を聞くと、とにかく「分散」を徹底していると感じている。

分散の対象としては、「金利や為替等のリスクの種類」、「銘柄（投資額）」、「投資時期」、「投資年限」等があるが、**"卵は1つのバスケットに盛るな"** との投資の格言は、今でも投資における根幹となる考え方と言って良いだろう。

実際、**分散投資をすれば、想定外の事態が起きても損失は限定されやすい。**

ただし、分散した先の中身も大切であり、自分たちでリスク管理が可能な商品を選択しておくことが肝要である。

つまりは、「リスクの所在」が明確で、自分たちでその内容を十分に理解できる商品のみを購入するべきなのだ。

また、運用の世界では、ポートフォリオの状況や市場見通しを基に、収益目標の達成に向けて迅速かつ適切なオペレーションが求められることになる。

例えば、「有価証券」や「預け金」等の期日到来分が今後どのくらい発生し、現状の超低金利環境下で再投資を行った場合、収益水準がどう変化するかを経営陣と共有するとともに、市場が大きく変化した際には、迅速かつ適切に動けるように準備しておく必要がある。

▶超低金利の時代に

現状の超低金利環境下では、過去に購入した高利回りの債券が次々と償還されていくため、収益的には時間の経過とともに厳しい状況に置かれていくことになる。

ただし、投資タイミングを選り好みし過ぎてもいけない。

例えば、自分は過去に短期間ながら「金利上昇局面」の時期も経験したが、当時は「昨日買った債券が今日には含み損を抱える状態」といった毎日が続き、今とは別のストレスを感じていた。

それでも、計画的に債券を購入し続けた結果、当時購入した長期債が現在では（金利低下により）"お宝"になっていることから、評価損益はあくまでも一時点での評価であり、一喜一憂し過ぎてもいけないと思っている。

今後、長期金利が上昇した場合には、（最近購入している）多くの債券で含み損が発生することになるが、一方で有価証券の利息収入が増加していくため、減損が発生するほどの極端な金利上昇でない限りは、損益計算書上ではプラスの効果もあると考えている。

▶担当者としての苦労

運用の世界は、証券会社やメガバンクと同じ土俵で戦う中で、中小金融機関だからといって手加減してはくれない厳しい世界である。

こうした運用部門の苦労は、経験者でなければ理解されにくいが、相場の変動により評価損が拡大した時のストレスは本当に大きいものがある。

それでも、運用担当の仕事は当金庫の決算に大きな影響を与える重要な仕事であることから、今後もやりがいを持って職務を果たしていきたい。

現場の声 🎤

127

新規出店した営業店での活動

信用金庫　営業店／支店長

▶金庫全体で"援護射撃"

当店は、昨年秋の新規開店であるが、半年前から開設準備室を立ち上げて、店周にもローラーをかけていた。

本部の指示のもと、当金庫の役職員や既存取引先に当地区内に知り合いがいれば、紹介してもらったりもした。

オープン日の来店客数の目標を千人と設定、当日配布した記念品の数でカウントしたところ、辛うじて達成していたのでホッとした。1人で2個以上、持ち帰った人がいたかも知れないが。

なお、**新規のエリアに食い込むには、預金・貸出金とも「優遇金利」と「優れた金庫職員の能力」が必要**であるが、その点は、本部も考慮してくれた。

例えば、事業性融資では、当店限定の特別低金利商品を本部が用意してくれたが、僚店からは「うちでも使いたい」と随分と言われたようである。

▶内勤職員たちも活躍

職員たちも粒ぞろいである。内勤の女性職員たちも普段からパンツスーツを着用しているが、支店長が指示しなくても、手が空いたら自転車に乗ってポスティングに行ってくれている。

窓口への来店客が少ないため、内勤職員の外出時間も長くなりがちだが、彼女たちが頑張ってくれているおかげで、得意先係のモチベーションも高い。

▶新興住宅地の特徴

当地は新興住宅地であるが、こうした地域の住人は、基本的には預金するお金は、あまり多くは持っていない。

ただし、教育ローンやカーローンの資金需要が期待できるほか、金利環境次第では、住宅ローンの借換えも獲得できることになる。

なお、新設店舗では、得意先係がリラックスできる客先が少ないため、彼らの疲労感が溜まりやすいことから、メリハリが必要とも考えている。

例えば、既存顧客が少ないため、天気が悪い日は、無理に外出せずに店内で営業推進策を検討していたりもする。

▶信用リスク管理について

当店は、県境を越えての出店であったため、A県の信用保証協会とも初めての交流であった。新設店舗は、無担保融資が多くなるため、保証協会付き融資は積極的に推進しているが、制度融資の内容が異なる点には注意した。

また、「新設店舗なら自分にも貸してくれるかも」等と考えた信用力の低い先が、相談に来ることが多い点にも注意が必要だと感じている。

現場の声 🎤

港町の支店での思い出

信用金庫　役員

▶天敵は"ヒモ"

当金庫の営業エリアには港町が多いが、自分が若い頃（約40年前）に赴任していた港町にあるＡ支店の周辺には、当時、多くの風俗店が軒を連ねていた。遠洋漁業の漁師さんたちが常連客となっている店も多かったと記憶している。

なお、風俗店で働くお姉さんたちは、定期積金を１人で月30万円くらい掛けてくれるため、当時の得意先係には、**"天使"** のような存在であった。夕方以降が中心のお仕事なので、昼間は自宅で寝間着姿だったりするため、集金に行く得意先係はドキドキしたものだ。

しかし、そうした日々は長く続かず、お姉さんに**ヒモ（情夫）**ができると途端に定期積金は解約されてしまうのであった。集金に行き、玄関先に男物のサンダルがあると定積集金も解約されてしまうのがお決まりのパターン。

当地のヒモの風体もワンパターンで、"ジャージ姿にサンダル、犬の散歩だけが仕事"というものであり、彼らは我々の天敵であった。

▶お客さまも個性的

お客さまも個性的な人が多かった。

当時は、節税目的で赤字の税務申告をする事業先も多かったことから、決算書も信用できる内容ではなかった。

ある日、ＣＤ機に預金を下ろしに来た"ジャージ姿にサンダル"の若い男性が、暗証番号を何度も間違えた挙句、カードをＣＤ機に没収されてしまう事態が発生した。すると男性は、「人に借りたカードだから、今すぐ返せ！」と店頭で騒ぎ立てたので、仕方なく刺又（さすまた）を持った警察官に来てもらい、お引き取りいただいたりもした。

▶上司たちも個性的

そのようなＡ支店だったので、配属された職員も超個性派が揃っていた。

支店長は飼い犬を連れて出勤していたほか、貸付課長は地元の高校では、**"番長"** として名をはせた人物であり、背広の裏地に龍の刺繍を入れていた。言葉遣いも乱暴なのだが、当地では、その濃いキャラクターが支持された。

当時の当地区は、女性も「俺」と言うような言葉遣いであったため、丁寧な言葉はむしろマイナスなのであった。

実際、後輩の得意先係が当地の少女に何気なく**「お嬢さま」**と言ったところ、「人を馬鹿にしているのか！」と親を激怒させてしまったことがある。

言葉遣いは、相手を見て判断することが大切と痛感した出来事であった。

現場の声 🎤

129 東日本大震災を体験して①

信用金庫　役員

▶大地震の発生

2011年3月11日（金）14時46分、三陸沖を震源とするマグニチュード9.0の巨大地震が発生した。

福島県南部にある当地では、震度6弱を計測したが、**私自身の人生でも体験したことのない大きな揺れであった。**

地震発生から53分後、当地区にも津波が襲来したことで、当金庫でも複数の店舗が大きく損壊した。当金庫職員の人的被害は奇跡的に無かったが、住宅被害は、全壊数件を含め約半数の職員が被害を受ける結果となった。お客さまの被害も甚大で、お亡くなりになったり、廃業された方も少なくなかった。

特にT支店の所在地（T地区）では、8.5mの大津波に襲われたことにより、地域は壊滅的な打撃を受けていた。

流失家屋は400戸を超え、多数の住民の尊い命が失われる中で、当金庫の店舗はかろうじて残っていたが、店周の取引先は激減してしまっていた。

震災当日の夕方、T地区に向かった当金庫の**メールカーが行方不明**との連絡が入ったため、日の出を待って捜索隊を3班に分けて派遣したが、やがてメールカーから連絡があり、他地区に避難していたことが判明した。

私自身も捜索にあたっていたが、多くの車が"鉄の団子"に変形していたほか、お母さんと子どもたちが、瓦礫となった家の跡地で一心不乱に何かを探している姿を目撃したりもした。

▶手形交換所が休業

3月12日（土）〜13日（日）は、とにかく復旧できそうな店舗の回復に取り組んだが、3月14日（月）の朝に**手形交換所が休業**しているとの情報が入り、いよいよ只事ではないと感じた。

活動するための移動手段は車であったが、**ガソリンが枯渇**していたため、「○○の給油所にガソリンが入った」との連絡が入ると、すぐに皆でそこへ急行した。「緊急車両」のカードを見せると満タンに給油してくれた。

▶原発事故の発生

一方その頃、福島第一原子力発電所では、3月11日の大地震と15時30分過ぎに最高で高さ15mまで襲来した津波により、運転中であった1〜3号機が自動停止となったが、間もなく1号機では**メルトダウン**が発生した。

大地震と津波だけでも大変な中で、原発事故の発生は、福島県民に大きな心理的なショックを与えた。

遠くで暮らす娘が「早く逃げて！」と

泣きながら電話をしてきたが、仕事を投げ出して逃げる訳にはいかなかった。

放射能の恐怖はあったが、それでも多くの金庫職員が出勤していた。

ただし、得意先の外回りは自粛、当面は、建物内に待機することとした。

その後、港には、漁業関係者らしき人が書いた『心まで汚染されてたまるか』という貼り紙が大きく掲げられた。

▶街の生活状況

職員の多くは、自宅も被害を受けたり、放射能の恐怖もある中で、土日も出勤して被災店舗の復旧等に対応してくれた。ちなみに、当金庫の渉外活動の再開は地震発生後3週目からであったが、営業車で活動することとなった。

通勤も道路のあちこちが寸断されていたため、自分も遠回りにより普段の倍以上の時間をかけて通勤していたが、4月11日に震度6弱の余震が再び発生したことで、道路事情は一層悪化した。

市内の旅館やホテルでは、原発作業に従事する防護服姿の人たちが出入りしていた。当時は満室でも、将来的には風評被害を受ける可能性もあると思い内心は心配したが、幸い、そうした宿泊施設の多くは、現在も健在である。

なお、震災後しばらくは、**水が無い**ことにも困った。水道は3週間ほど止まっていたが、その間は浄水所にポリタンクを持って行き給水した。

浄水所からは、「ここに来ればいくらでも水はあるので、安心してください」と言われたが、水があっても配水できないのが問題であった。

▶預貸金残高の増加

原発で避難を余儀なくされた他地区の人たちが当地区に移住してきたこと等もあり、一時的に市内の人口は増加、アパートやマンションの入居率も上昇した。

当金庫の預貸金残高も増加したが、貸出金では、住宅ローンなどで**二重債務問題**が発生していたほか、預金の増加は、被災者や遺族に「死亡保険金」、「火災保険金」、「地震保険金」、「電力会社の仮払補償金」等が支給されたことが背景にあった。

▶信金業界等からの支援

そうした中で、**全国の信用金庫から大量の支援物資が届いた**が、これほどまでに信金業界の結束が固いのかと驚き、感激もした。

断水や食糧不足があったため、水や米が届いた時は、本当に嬉しかった。

全国の信用金庫等が連携して、当金庫のお客さまが避難先の他の都道府県でも安心して預金の払戻し等ができるように**「代払いスキーム」**で対応してくれたことにも、感謝の念を強くした。

今日、震災発生から月日は経ったが、応援してくださった人たちのためにも、これからも地域のために役職員一同、頑張っていきたいと考えている。

130 東日本大震災を体験して②

信用金庫　営業推進部／課長

▶震災発生時の状況(3.11)

震災の発生から長い時間が経過しているが、今般のコロナ危機の影響もあって非常時の対応として再び当時を思い出す機会も増えてきた。

当金庫は震源地から離れた場所にあるため被害の規模は限定的であったが、それでも教訓として感じたことはいくつかあるので、あらためて振り返ってみたい。

震災当日の本部（営業推進部）では、地震発生後、直ちに「津波警報が発令中なので注意しろ」との指示を臨海エリアの全営業店に通知していた。

津波警報発令後は、海岸の近くにある当金庫のA支店でも女性職員を直ちに帰宅させ、男性職員は1階で業務の片付けに入っていた。

緊張感が漂う中で第1波、第2波が海岸に到達したが、店舗近辺には水は来なかったため、胸をなでおろした。

店舗の屋上で海側を監視していた若手職員が「寒くなってきた」と言い出したため、「もう、大丈夫だろう」と屋内に戻して全員で片付けをしていたところ、突然、外壁のシャッターが何かにぶつかって大きな音を出したかと思うと、**一気に海水が流れ込んできた。**

全員、猛ダッシュで2階にかけ上がり、潮が引くまで2階で過ごした。

夜になって潮が引いてから、ようやく被災状況の確認作業に着手できたが、**停電の発生で店内が真っ暗**だったため、支店職員たちも携帯電話の光だけでは、被災状況を正確に把握できない状態であった。

▶震災翌朝の状況

翌朝、先発隊として本部の役職員が現地（A支店）に向かった。途中で消防車が道路を封鎖しており、消防士たちが「この先は通行禁止だ」と言うので、事情を話して特別に通してもらった。

店舗を見た時は、正直「これは廃店だな」と感じた。店内は破壊されて、海岸の砂が店内に敷き詰められていたほか、ATMコーナーには、流されてきた車が頭から突っ込んでいたからだ。

▶復旧作業の開始

このような状況下であったが、お客さまは有難いもので、間もなく取引先の廃品回収業者がトラックを出すなどして復旧を手助けしてくれたほか、近隣の住民たちも応援してくださった。

最初に取り掛かったのは、店内に流れ込んだ**ゴミや瓦礫を取り除く作業**であった。（被災翌日の）土・日に金庫職

員を総動員して取り組んだ。

電気系統や機械の破損状況を調べると、（浸水した）人の腰より下に位置していた機械類や「電話の主配電盤（MDF）」等は使用不可能になっていた。

金庫室内の書類の損傷も検証したが、契約書関係はなるべく高い位置に格納するように徹底していたことから、比較的無事であった。

それでも濡れてしまった書類は、本部に持ち帰り乾燥させたが、ドライヤーを使うと変形しやすいとのことだったので自然乾燥を中心に行った。

泥や砂が付着していたため、これを布でふきとる作業も必要だった。

油性ボールペンでの記入内容や朱肉は水に浸かっても比較的無事だったが、**水性インクを利用している署名鑑等は、跡形も無く消えていた。**

また、テラー職員が脇に置いていたキャスターは流され、中身も含めて大きな損傷を受けていた。

なお、店舗再開に向けて最も苦労したのが電話回線の復旧であった。本線がつながるまでに3週間が費やされたものの、最終的には、なんとかA支店を営業再開させることができた。

▶本部・他店の状況

震災当日、B支店でも近隣5世帯が信用金庫の店舗は鉄骨造りなので安心だと考えて避難してきたうえ、停電でシャッターも下りなかったことから、支店長らが店舗の入口前に車を停めて夜通しで警備をしたりもした。

また、本部でも、停電が発生したことから自家発電機を久々に稼動させることとなったが、長年使用せずメンテナンスも不十分であったため、大量の黒煙と騒音を出すなど、使用にあたっては難儀した。

自家発電機を実際に使用してみると、（軽油の）安全な形での継ぎ足し運転が可能かどうかが大切なポイントであった。設置場所も、水害のダメージを受けやすい地下や1階は避けるべきと感じた。

地元の電力会社との顔つなぎも大切であった。停電発生時、電力会社のサービスセンターに電話連絡してもつながらずに焦ったが、総務部職員が過去に電力会社の営業所の職員と名刺交換をしていたため、直通番号に電話して当金庫の事情を説明したところ、即座に対応してくれた。

信用金庫の総務担当者にとっては、**普段から電力会社の営業所をはじめとするインフラ供給元とのパイプを作っておくことも、大切な視点**と感じた。

最後になるが、震災による被害は発生したが、一方で地域金融機関としての地域住民たちとの絆は強まったとも感じている。当金庫としては、様々な体験を今後の活動にも生かしていきたいと考えている。

現場の声 🎤

131 コロナショックを体験して

信用金庫　営業店／支店長

▶2020年春

2020年春、日本列島に上陸した新型コロナウイルスに対して、都市部を本店所在地とする当金庫では、混乱の中にあって「全営業店の業務継続」を最優先課題として取り組むことになった。

各店職員が同時に感染することのないように交互に出勤する"2班体制"も導入したが、小規模店舗については、本部職員を派遣することで実現させたため、本部部署は最低限の人員体制での業務継続を余儀なくされた。

▶資金繰り相談が殺到

次に「お客さまからの資金繰り相談」への対応に注力することとなった。

実際、**人が動かないとここまでお金も動かなくなるのか**…というのが、コロナ危機を通じて自分が痛感したこと。

特に「飲食業」、「宿泊業」、「娯楽業」の経済的ダメージは深刻だったほか、その他の業種も、建設業は資材が入らずに現場作業が止まったり、不動産業は家賃が入金されない状態となった。

そうした中で、日本政策金融公庫による実質無利子の特別貸付が同年3月からスタート、民間金融機関でも同様の対応が5月から開始された。

当店でも過去に経験のない数の資金繰り相談が持ち込まれ、自分も4月からの数ヵ月間は、朝7時から出勤して夜遅くまで働き続けたが、この混乱期において現場で指揮をとれる有難みも感じていた。

実際、これまでの金庫人生で、ここまでお客さまに頼られたときは無かった。**「融資の相談がある」と言いながらお客さまが続々と来店される。**今までは当方が訪問先でローンを提案することが多かったのだが、こんなに頼られていいのかな…とさえ思った。

全店で貸出金残高が記録的な伸び率を示したほか、預金残高も急増した。

▶課題も発生

「コロナの影響」を理由に申し込まれた融資案件は、原則としてすべて引き受ける結果となったが、一部の事業先には、旧債借り換えの動きも感じた。

大変な苦境に追い込まれている事業先がある一方で、"実質無利子"に惹かれて融資を申し込んでくる事業先も少なからずおり、結果的に当金庫の貸出金利回りを低下させることとなった。

また、普段はありえない多額の融資を返済計画のおぼつかない先に実行することもあり、信用リスク管理面での将来的な懸念も残された。

▶営業店職員の状況

金融機関では、他業界の人たちが外出自粛で自宅に待機する中でも、連日、店舗を開けて来客を待った。部下たちもリスクを承知で出勤してくれていた。

コロナ禍の下での営業店職員は、内勤の女性職員たちは、手袋をしながら窓口業務をしていたが、**接客数も多いことから、神経を擦り減らしていた。**

普段は来店しない人たちが、自宅で整理整頓を行い、使わなくなった通帳の解約等のために来店したことから、以前よりも店頭は忙しくなった。

一方で、得意先係は、希望者には本部からフェイスガードが支給されたのだが、申請する者はあまりおらず、どちらかというと開き直っている職員が多かった。

お客さまの中には「来訪しないで」と連絡してくる人もいたが、当店の場合は、「外出したくないから来て」という声のほうが多かった。本部からは外出自粛の指示もあったが、得意先係としては**「お客さまが呼んでいるのだから行くだろ！」**という感じであった。

▶金庫職員への感染

やがて当金庫職員の中にも感染者が発生した。最初に感染したのは、発熱のため休んでいた僚店の内勤職員であったが、嗅覚障害が生じたためPCR検査を受けたところ陽性であった。

自覚症状の申告が事前にあったため、結果が出る前から金庫側も覚悟をしており、所属店舗の得意先係も外出を控えたり、先に感染者の発生を経験していた近隣の信用金庫から対応策を詳しく教わるなどの準備もしていた。

感染者の発生が判明した当日、当金庫のホームページで公表したところ、マスコミが照会してきたほか、一般の取引先は、懇意にしている役職員の携帯電話に状況を聞いてきたりもした。

また、判明した当日は、一時的に該当店舗の窓口を閉鎖したが、来店客には、店舗の出入口に本部職員が立って僚店に誘導した。

お客さまにはご迷惑をおかけしたが、特に融資実行や決済に関しては、影響が出ないように細心の注意を払った。

消毒作業後、翌日からは、僚店等からの応援部隊により業務を再開した。

なお、感染した職員のメンタルケアにも当金庫としては配慮したが、幸い、現在は本人も元気に職場復帰している。

▶これからも地域経済を守る

今般のコロナショックは、苦労も多かった反面、自分たちの仕事に自信と誇りを取り戻すきっかけにもなった。

お客さまとの絆も、これまで以上に強まった印象がある。

現時点では、終わりが見えないコロナへの対応だが、信用金庫人としてのプライドをかけて、これからも地域経済を守っていきたいと考えている。

現場の声 🎤

132

西日本豪雨を体験して

信用金庫　営業店／支店長

▶自店舗は床上浸水

平成最悪の水害とされる西日本豪雨は、当地区では、2018年7月7日（土）早朝からの大雨が被災の引き金となった。

当日、私が支店長を務めるＹ支店の近くの河川が氾濫したとの情報が自宅に入り、慌てて支店に急行すると、既に床上浸水、ＡＴＭも停止していた。

水が引いた翌日に、役職員20人がＹ支店に集合し、朝から夕方まで「排水」、「雑巾がけ」、「消毒」に追われた。

▶断水も発生

当地区では、水道施設が損壊したことで大規模な断水が発生。夏季にもかかわらず、飲料水はおろか風呂・トイレ・洗濯等の生活用水も無くなったが、この状態が約1ヵ月も続くことになった。

住民の所有車も多くは故障してしまい、"陸の孤島"と化していた。

なお、店舗を掃除する際にも、当初は店内の泥土を洗い流せずに困ったが、実家が農業者の金庫職員がおり、所有する大型のポリタンクを積んだトラックで遠方からＹ支店に乗りつけ、高圧洗浄機を使って泥を洗い流してくれた。

このトラックを見た近所の人たちが「給水車が来た！」と勘違いして行列を作ってしまったので、「絶対飲まないでくださいね」等と言いながら、水のおすそ分けをしたりもした。

その後、ＡＴＭも復旧し、9日（月）の朝からは、無事に営業を再開できた。

▶水が引いても…

その後しばらくの間、支店周辺の道路は、砂に覆われて歩道と車道の区別がつかない中、砂埃が舞い続けていた。

濡れた札束を店頭に持ち込むお客さまもいたほか、「自宅の現金が水に浸かったので取りに来てほしい。火事場泥棒も怖い」との電話があり訪問すると、1,000万円分の札束がテーブルの上に置いてあり、支店に持ち帰ってから変形したお札を慎重に数えたりもした。

新聞記事で亡くなった人たちの名前を見ながら、当金庫との取引有無を確認したほか、得意先係が取引先を1軒ずつ訪問して被害状況を調査した。

建物や設備が浸水、損壊した取引先には、片づける前に写真により記録を残しておくと、**後日の罹災証明や保険金申請時の証拠となること**を告知した。

また、鎌ヶ谷研修所で仲良くなった広島県の信金職員から電話で励まされたり、大阪府内の信用金庫からタオル500枚が届くなどの支援を受けたことも印象的な出来事であった。

現場の声 🎤

133

不祥事の発生について

信用金庫　役員

▶不祥事は最悪レベルのアクシデント

当金庫では、過去に職員による「現金の横領事件」が発生したが、不祥事が起こると短期間での真相究明に加え、当局あて報告から再発防止策の立案まで幅広い対応に追われることになる。

また、**地元での信用金庫ブランドの毀損**や**職員のモチベーション低下**も避け難く、不祥事発生は金庫経営において最悪のアクシデントの１つと言える。

▶不正のトライアングル

米国の犯罪学者であるクレッシー博士は、人が不正行為を働く仕組みを「不正のトライアングル」として整理しているが、これを金融機関の"業務上横領"に当てはめてみると、次の①～③の条件が揃った時に発生しやすい。

①動機（遊興費が必要or過度な目標設定や人事評価への不満が鬱積等）

②機会（業務上での牽制機能が働いておらず、横領できる環境にある等）

③正当化（一時的に拝借し後で返す等）

そのため、金融機関では役職員をこうした状態に置かないことが肝要であり、それぞれの項目への対応策を普段から構築しておくことが求められる。

なお、金融機関側は、間違っても「不祥事は一部の不心得者の仕業である」との認識で済ませてはならないほか、不祥事件の隠蔽は、次の不祥事を招きやすいため、絶対にしてはならない。

▶事故者や家族等にも重い傷あと

金融機関の職員がお客さまの金に手を付けた事例を分析すると、ギャンブルや水商売にはまった職員が、消費者金融等から借りて遊んでいるうちにローンの返済が滞りはじめて、督促に焦りを覚えて横領を行う傾向がある。

しかし、不祥事発生は、事故者本人が懲戒解雇になるだけでなく、お客さまをはじめ事故者の家族や職場の上司、同僚等も深く傷つけることになる。

事故者の余罪を調べる観点から、過去の在籍店舗を含めて接触のあったお客さまや同僚からもヒアリングを行うほか、過去に事故者が起票した伝票がすべて精査されたり、お世話になった上司が監督責任を問われることも多い。

横領した金を返還するにしても、本人には返済余力が無いため、家族や親類が苦労して金を工面したりするが、家庭内での信用失墜は避けられない。

事件発覚後にようやく事の重大さに気づき、**自ら命を絶ってしまう事故者も後を絶たない**ことから、そうした点でも細心の注意が必要となる。

現場の声 🎤

134

「苦情」もいろいろ

信用金庫　営業店／支店長

▶予防策は「信頼関係の構築」

　お客さまとの間で苦情が発生すると、苦情の直接的な原因ばかりが注目されがちだが、実際は、**普段からお客さまと十分な信頼関係が築けていなかったことが本質的な問題**であることも多い。

　例えば、A社の社長なども、私が支店長として赴任してきた当初は、「クレーマー気味の社長」として引き継がれたが、社長が主催するゴルフコンペに私が定期的に参加してからは、一切、苦情等は言わなくなっている。

▶苦情は仲良くなるきっかけにも

　一方で、現在、当金庫や私自身と深い信頼関係を築いているお客さまほど、過去に大きな衝突をしていたりもする。

　"雨降って地固まる" ともいうように、互いに胸襟を開いて、本音を言い合うことで互いの価値観や事情を理解し、心理的な距離感が縮まることは、人間社会では往々にしてあるのだろう。

　ピンチをチャンスに変える発想の転換により、苦情を機会にお客さまとの距離を縮められることもある。

▶お客さまの体調が悪いことも

　たまたま、お客さまの虫の居所が悪いために苦情になるケースもある。

　以前、事業会社から苦情が発生した

ので支店長として直ちに訪問すると、到着した途端に社長に「何しに来た！」と怒鳴られて退散したことがある。

　それでも、数日後に社長から、「先日、ご無礼な対応をしてしまい申し訳ない。恐縮している」と別人のような口調の電話があって驚いた。

　当日の社長は体調を崩しており、感情をコントロールできなかったそうだが、そうしたケースもあったりする。

▶まだまだいる、こんなお客さま

　世の中には、色々なお客さまがいるのも事実。渉外1年目の頃に、既存取引先の蕎麦屋を初訪問したところ、名刺を出した瞬間に店主に「〇〇だと？名前が好かん！」と、名刺をゴミ箱に捨てられたことがある。

　お客さまの中には、"最初に一発かましてやる"というタイプもおり、あらゆる免疫力を身に着けた今になれば、「名前が嫌いでも、中身を好きになってくださいよ」と笑顔で返せるのだが、当時はフリーズしてしまった。

　後日、支店で年越し蕎麦の出前を注文したことを機会に店主とは徐々に打ち解けて、最終的には定期預金を1千万円ほど組んでもらったが、この時も、正直言って驚いた。

現 場 の 声 🎤

135

苦情を受けたときの心構え

信用金庫　役員

▶社長からのお叱りの電話

先日、自動車整備工場を営む社長からA支店長あてに電話があった。

内容は、「貴店の得意先係のB君が次のプライベートでの車検は当社に依頼すると約束していたのに、今日話を聞いたら他社に持ち込んでしまったと言う。以前、銀行の営業担当者にお願いしてもはぐらかされた中で、B君は二つ返事で引き受けてくれたので、とても好感を持っていたのに、けしからん」、「これで信用金庫との取引を解消するようなことはないが、B君はもう来なくてよい」というものであった。

その後、間もなくして再び社長から苦情が来たが、「2度と来るなと言ったら、本当に来なくなった。昔の信用金庫はそんなことはなかった。何を考えているんだ！」ということで、今度は本気で怒っていた。

▶教育的見地からの苦情もある

苦情じみた話は、一歩間違えると本当に出入禁止になるケースもあるが、**「若い得意先係を教育してやろう」**等の思いやりの気持ちでお客さまが発言してくださっていることもある。

信用金庫のお客さまの中には、職員が可愛いから叱ってくださる方も多い。

仮に教育的な観点からの苦情であれば、支店長は部下に「ありがたいじゃないか、次からは気をつけろよ」等と指導することになる。

実際、自分が中年オヤジになってわかったことは、男は40〜50歳を過ぎた頃から『自分を育ててくれた世の中に恩返しをしたい』との欲求が自然と湧いてきて、"若者を育てる"というお節介などもしたくなるものである。

▶叱られた後ほど再訪せよ

そのため、得意先係は、叱られて行きにくくなった先でも、足を遠ざけることなく訪問することが大切だ。

中高年のお客さまにとっては、どれほど不器用な得意先係でも、**叱った後に来てくれる職員は可愛い**ものである。

「もう、来んでもええ」と言われても、「それでは、気が済まないので」と言って訪問したほうが良い。

ただし、本当に行かないほうが良い場合もあるので、上司と相談しながら相手の性格に合わせて対応すること。

失敗やお叱りは、自身の成長の糧となるため、原因を分析したうえで自分を変えるきっかけにすると良い。

"失敗した後のリカバリー"こそ、社会人としての腕の見せ所でもある。

現場の声 🎤

136

防犯訓練を体験して

信用金庫　営業店／支店長代理（女性）

▶突然やってきた侵入者

突然、強盗が店内に入ってくると驚いてしまい、想像以上に何もできなかったりする…と言っても、先日の無予告での防犯訓練での体験なのだけど。

テラー職員として窓口にいたところ、突然、黒い拳銃を持ったマスク姿の男が店内に侵入してきて**「金を出せ！」**と大声で叫んだときは本当に驚いた。

驚き過ぎて、お客さまから預かって札勘していた本物の紙幣を床にばらまいてしまった。後から聞いたところでは、他金庫では、事前予告をせずにサプライズ形式で防犯訓練をしたところ、驚いた女性職員が失禁してしまったそうだが、無理からぬことである。

▶お客さまもびっくり

店頭にいたお客さまも慌てて外に逃げ出したが、外で待機していた警察関係者が抑えて事情を説明したようだ。

自分もその時は、何が起きたのかが咄嗟に理解できなかったが、強盗が大声で話す内容も、相手がマスクをしていたせいか上手く聞き取れなかった。

後から聞くと強盗役は現役の警察官が務めていたそうだが、**あっという間に金庫室の前まで来たのには驚いた。**

強盗役の警察官も、チンタラやると上司に「お前がたるんでいるから、訓練がピリッとしなかった」等と叱られるため、実際の犯人以上に大声を出して、怖がらせようとするようだ。

銃口を向けられた時も、本当に怖かった。銃口の中まで見えた気がした。「もしかしたら、今日が私の命日なのかな？」と瞬間的に思ったりもした。

▶支店長も共犯者!?

その後、犯人に促されて金庫室の鍵を開けたが、手が震えてしまった。

ふと見ると、支店長が強盗に銃を向けられて床に這いつくばらされていた。

店内で支店長だけは事前に訓練を予告されていたそうだが、それにしても「やり過ぎだろう」と思った。

金庫室の現金は、支店長が本部職員と協力して事前に偽札に差し替えていたが、後で「皆に知られずに差し替えるのは大変だったよ」と言っていた。

犯人の逃走時に、カラーボールを投げることも忘れた。後から見たら、オレンジ色の液体が水に換えられていた。これも支店長の仕業らしい。

このような怖い体験は二度としたくないので、今後は来店客への声掛けなど、防犯を意識した活動にも一層力を入れていきたいと考えている。

現場の声 🎤

137

強盗事件を体験して

信用金庫　役員

▶師走に強盗事件が発生

30年前の12月末に私がいたA支店で強盗事件が発生したことがある。

閉店直前の午後3時前に、覆面（目出し帽）をした犯人が包丁を持って店内に侵入、当時は防犯スクリーンも無かったため、カウンターを簡単に飛び越えてきて、女性職員に指図して現金を黒い袋に詰め込ませると再びカウンターを飛び越えて出て行った。

支店長と次長が追いかけ、私は店内から犯人が逃走する姿を見ていたが、犯人は逃走用に置いていたバイクに乗ったもののなぜか発進できず、慌てた犯人は現金の入った袋と包丁を放り投げ、西の方角に全速力で走り出した。

犯人が放り投げた袋からこぼれた紙幣が周辺に散らばった瞬間、「これで正月は無くなった」と思い呆然とした。

▶店周の方々に助けられて

支店長たちと一緒に犯人を追ったのが元陸上選手だったという向かいの散髪屋のご主人で、**そのご主人により犯人は取り押さえられた。犯人が逃げた道沿いの方々も、大きな声で犯人の逃げた方向を教えてくださった。**

問題の"宙に舞った紙幣"は、近所の人達が協力して拾い集めて、袋に入れて届けてくださった。そして、応援に来た本部職員により現金精査をして、御明算となったとき、無事に正月が迎えられると皆で喜んだ次第である。

犯人は捕まり、現金も戻り、それもこれも、すべて近所の方々のおかげと実感した。この事件で、**店周の人たちとの日頃の交流の大切さ**を再認識した。

今でも当金庫では、年末にカレンダーを持って店周のお客さまを回るが、それは日頃のご愛顧への感謝を伝える良い機会にもなる。カレンダーを持って行っても、玄関を開けていただき、嫌がられずに話をしていただけると、先輩たちが足で開拓したお客さまのおかげで当金庫は成り立っているとの実感も湧いてくるものである。

▶お客さまとの再会

先日、道ばたで30年ぶりに会ったA支店のお客さまから名前を呼んで声をかけていただいた時、感無量になった。

ただ、私は年のせいで、その方の顔はわかるのだが、名前が出てこない。

それでも、昔話は弾み、今まで自分がしてきた活動でよかったのだという感慨にふけることもできた。

若い職員たちにも、いつかそうした体験をしてほしいと思っている。

現場の声 🎤

138

闘病生活を体験して

信用金庫　監査部／部長

▶突然の発症

　ある日の夕方、仕事中に激しい頭痛に襲われたが、支店長として重要な融資案件を抱えていたため、20時頃まで残業してから帰宅、早めに就寝した。

　翌朝、目が覚めるとあれだけ痛かった頭が、うそのようにすっきりしており、ホッとして、ベッドから起き上がり寝間着を脱ごうとすると、左半身が麻痺している。嫌な予感はしたが、気分は悪くなかったので「寝相が悪かったのかな」などと思いながら、ワイシャツに着替えようとするが、上手くいかない。

　心配になってきたが、午前中の来客対応だけでも済まさねばと思い、支店に出勤しようとすると、妻が心配して車で送ってくれることとなった。

　車の助手席に座り支店に向かい走行している間、いつの間にか寝てしまい、気がついたら病院のベッドの上で自分が横になっていた。白衣を着た医者に「手術は無事に終わりましたよ」と言われて、「何のこと？」と思ったのがその後の長い闘病生活の始まりであった。

▶体調の軽視は厳禁

　妻の話では、私は車内でそのまま意識を失い、異変を感じた妻がそのまま病院に直行してくれたおかげで、なん

とか一命をとりとめていた。脳内出血の一種（硬膜下血腫）であり、大量の血液が脳内に流れ出たそうである。朝、目覚める時間が、あと1時間早くても遅くても亡くなっていた可能性が高いと言われるほど危険な状態であった。

　車の運転中であれば、重大事故を起こして他人を巻き込んだ可能性もある。

　結局、そのまま1年間ほど職場復帰は叶わなかった。

　なお、**実際の仕事は、自分がいなくても何とかなる**ものである。しかし、当人だけは責任感に捉われて、体調を軽視してまで仕事をしてしまった。

　人間には、してはいけない我慢もあり、今回がその典型例であった。

▶人生観も変化

　人生観も変わった。人間は生きているうちに好きなことをするのが、最高の幸せと考えるようになった。人間いつかは、明日の朝が来ないのだから、悔いのないように生きるべきである。

　もちろん、体調管理には人一倍、気をつけている。**「社会人は、体が資本」**であるため、自分だけでなく部下の体調管理にも気を配るようになった。

　体調の異変を自分や家族に感じたら、迷わず病院に直行することが大切だ。

現場の声 🎤

139

大きなリストラを体験して

信用金庫　役員

▶不良債権処理に苦しみリストラへ

現在は高収益体質の当金庫であるが、昔は不良債権処理に苦しみ、赤字決算が続いたため、大規模な店舗統廃合や人員削減に踏み切った過去がある。

そのため、当時の役職員の多くが心ならずも当金庫を去る結果となったが、「最後に今まで乗っていた営業用バイク（カブ）の写真を撮らせてください」と言って去った若い得意先係もいた。

人事部の部長と課長も、最後に辞表を提出して当金庫から去っていった。

残留した職員にも、しばらくの間、賞与の減額等により経済的な負担を強いることとなった。

▶週刊誌にも叩かれて

こうした状況下、当時の週刊誌は、記事中で当金庫を「消える金融機関」の1つとしてあおり続けていた。

さらに追い打ちをかけたのが、市場金利の下落と競合金融機関による融資の低金利攻勢であった。

しかし、当時の当金庫は貸出金金利の引き下げに応じられない収益環境であったことから、むしろ**金利の引き上げを交渉して回った**。

営業店からは「そんなことをしたら、お客さまが全員逃げてしまいますよ」と心配する声もあったが、実際に1先ずつお願いして回ると、大部分のお客さまは協力してくれて、懸念したほどの貸出金の流出は発生しなかった。

この体験を通じて、お客さまとの間で信頼関係を構築しておくことの大切さを実感するとともに、普段から金利以外の付加価値サービスを提供しておくことの重要性を痛感した。

▶償却債権取立益を増やせ

そのほか、当金庫のように多額の不良債権処理を行った金融機関にとっては、翌年度以降の不良債権回収による**「償却債権取立益の獲得」**は、大きな収益源となることから、これに注力することとなった。

多額の不良債権処理を行う際には、債権管理部門と経理部門が緊密に連携することで、**会計上だけでなく税務上の対策（計画）を十分に練っておくこと**が、自金庫の決算をV字回復させるうえでの鍵となることもノウハウとして学ぶことができた。

なお、いまだに一部の雑誌は、金融機関をランキングする特集を組んでいるが、現在、厳しい評価をつけられている金融機関には、ぜひ前を向いて頑張ってもらいたいと思う。

現場の声 🎤

140

金融機関の破綻現場を体験して

信用金庫　営業店／支店長代理（女性）

▶**経営破綻の発表日**

　自分が以前に勤めていた金融機関は、15年前に預金保険法74条5項の規定による申し出を行い、経営破綻に至った。

　有価証券運用による多額の損失発生が破綻の引き金であったが、営業店でテラー職員をしていた自分には、そうした経営実態は知らされていなかった。

　勤務先の経営破綻は、ある年の12月の金曜日に発表されたのだが、その日は、支店の同僚の結婚式を翌々日（日曜日）に控えていた。

　前日の木曜日に渉外に出た得意先係が訪問先で**「お前の所は大丈夫か？」**と聞かれたのが前兆であった。

　「何だろう？」と支店内で話していたところ、金曜日になって、証券会社と懇意にしているお客さまから、支店長が同じことを尋ねられたが、支店長でさえも、何も知らされていなかった。

　そのうち、本店からの現送車が突然到着し、大量の現金がビニール袋に入った状態で持ち込まれてきた。

　その時点でようやく本部から支店に「今日の16時にうちの経営破綻を発表する」との連絡があった。

　月曜日からお客さまが押し寄せてくるので、そのために現金を運び込んだとの説明であった。結局、日曜日の結婚式には、支店長も次長も出席できなかった。

▶**経営破綻発表の翌営業日**

　月曜日は、開店前から店舗の前に行列ができていたが、開店と同時に人がなだれ込んできたため、職員たちはトイレに行く暇もなくなった。

　当時は、ペイオフ解禁前で、預金は全額保護される時代であったが、**大量の預金客が押し寄せてきた。**

　出資金はその場では換金できない旨を説明したが、苦情を言われた。

　お客さまがロビーに溢れているのに、かき分けて窓口に来ようとする人もいた。窓口に立つお客さまの後ろからも手が伸びてくる状況であった。男性職員たちは、ひたすら現金を店頭に運んでいた。女性職員も泣く暇がなかった。

　腰の曲がったおばあさんが現金2千万円を紙袋に入れて持ち帰っていた。ひったくりに狙われないか心配で、預金口座に置いておくよりも、よほど危ないのではと感じた。

　前日まで、明るく雑談していた女性のお客さまも血相を変えてやってきた。**「早く解約して！　こんな事になる前に、なんで教えてくれなかったのよ！」**

と怒鳴られた。普段は愛想の良かったお客さまが手のひらを返す態度をとったことも悲しかったが、お客さま側も"裏切られた"との思いを抱えていた。

取りつけ騒ぎは、怒号が飛び交う修羅場であったが、親切なお客さまも中にはおり、「あなたたち、お昼ごはんも食べていないでしょ」と言って、人数分のおにぎりを作ってきてくださった近所の奥さんもいた。

こういう時に、本当の人間性が出ると実感したが、**「お金は命の次に大切なもの」**とも、肌身で感じた体験であった。

お客さまは、金融機関を心から信用して取引をしてくださっているため、「金融機関は間違えない」、「潰れない」と思われている方がほとんどである。

普段からその重みを自覚することで、お客さまの大切な財産をきちんとお預かりしなければならないのに、それができなかったことが悔やまれた。

▶営業店職員たちの様子

最後のお客さまへの対応が終わったのは、本来の窓口終了時刻である15時を4時間過ぎた19時頃であった。

月曜日の勘定が締まっても、支店長は、依然として何も知らされておらず、部下職員たちに説明もできなかった。

結局、最後まで経営陣の口から経緯等について説明されることはなかった。

翌日の火曜日以降は、少し落ち着いた。得意先係も外回りをする必要がな

くなったが、これは、お客さま側から店舗に来るからである。集金に行ってもお金を預けてくれる人はいない。

一方で、職員たちは、立派な態度の人が多かった。「やるしかない」と腹をくくり、近い将来に自分が失業する状態でありながら、粛々と自らの役割を果たしていた。精神的には、ナチュラルハイになっていたせいか、支店内もあまり重苦しい雰囲気ではなかった。

ただし、家族や住宅ローンを抱えた職員は、深刻な状態だったと思う。

それから1人減り、2人減り、自分は幸いにも近隣の信用金庫に転職することができて、現在に至っている。

▶そして現在…

それから15年間が経過したある日、信用金庫の営業店で働く自分が窓口を閉めてからATMコーナーの状態を確認しに行くと、ATMの上に紙切れがあった。手に取ってみると、**15年前に破綻した金融機関で自分が巻いた現金の茶色い帯封**であった。破綻を公表した2営業日後の日付と自分の印鑑が押してあったことから間違いなかった。

一瞬、涙が出そうになったが、当時を忘れるなという戒めだとも考えた。

結局、その時に引き出した預金者は、15年間もタンス預金をしていたのであろう。その時に拾った帯封は、今でも机のデスクマットに挟んであり、私の仕事ぶりを静かに見守っている。

あとがき

　本書では、前作に続き「現場力」という表現をタイトルに用いました。

　「現場力」とは、職場が持つ能力・知識・技術・姿勢・意識等の総称ですが、「現場において、新たな付加価値を生み出すための力」でもあります。

　"百聞は一見に如かず"と言いますが、現場には言葉や文字にならない様々な情報が存在しており、現場にいるからこそ見えたり、気づくことも多いものです。

　"老舗"と呼ばれる組織や企業は、「柱となる理念」と「環境変化への対応力」を併せ持つ傾向がありますが、信用金庫が永続的な発展を目指す場合においても、「信用金庫の理念」と「理念を実行できる現場力」の2つが重要となります。

　崇高な「理念」があれば、組織の存在価値を見失わずに済むほか、構成員の心を一つにしやすくもなりますが、理念を実現させられる「現場力」がなければ、"絵に描いた餅"にもなりかねません。

　そうした意味では、「理念」と「現場力」は、信用金庫が永続的に発展していくうえで、不可欠な要素とも言えるでしょう。

　また、信用金庫は、未曾有の危機が地域を襲った際に、地域を守る存在として、大きな力を発揮する存在でもあります。

　先般のコロナ禍における全国的な中小企業向けの各種支援活動もそうでしたが、東日本大震災をはじめとする被災地域への復興支援活動に関しても、多くの信用金庫が積極的に取り組んできました。

　古くは、関東大震災や太平洋戦争の終戦直後の復興期にも、信用金庫は大きな役割を果たしてきましたが、特筆すべきは広島信用金庫（当時：広島市信用組合）の事例です。

　1945年8月に人類史上初めて原子爆弾が投下された広島市にある当金庫では、被爆により役員6名、職員42名の尊い命が失われたほか、全9店舗のうち5店舗が全焼、4店舗が半倒壊する中で、鉄筋コンクリート製の本部建物だけが原型を留める状況に陥りました。

　被爆後の広島市内の惨状は、筆舌に尽くしがたいものであり、交通機関も通信手段も途絶して職員の生死も不明な状況のなか、被爆4日後には、かろうじて参

集してきた13名の職員により、本部建物内で業務が再開されました。

　帳簿等の書類の多くが失われていた中で、お客さまも多くが通帳・証書・印鑑を灰にしていたことから、顔見知りの職員が拇印と念書のみで便宜的に預金の支払いに応じたそうですが、普段から顔が見える営業活動をしてきたことで、こうした"信用"での対応ができ、後日に帳尻を確認したところ、ほぼ相違なかったとのことでした。これこそ"究極の現場力"が発動された事例だと思われます。

　なお、こうした普段からの"face to faceの関係"が危機的状況において大きな力を発揮する現象は、その後も多くの被災地で繰り返されています。

　人も組織も、程度の差こそあれ、いつか必ず危機に直面するものです。

　その時までに、どれだけの信頼やネットワークを築いてきたかが危機に際して問われることになりますが、地域に根差した活動をしている信用金庫だからこそ、危機時に地域の内外からの多くの「期待」と「支援の輪」が寄せられることで、地域が苦難を乗り越える際の原動力になることが少なくありません。

　こうした信用金庫の特性は、われわれの"誇り"であると同時に、次世代にも語り継ぐべき本質的な"使命"だとも感じます。

　幸い信用金庫の若い職員たちは、地域内でも優秀な人材が集まっていますので、100年後、200年後の地域と信用金庫の発展に向けて、次世代を担う若者たちに、そうしたバトンをつないでいくことも、ベテラン役職員の重要な役割となります。

　信用金庫の仕事は、試練や苦労が多い一方で、やりがいも大きい仕事ですので、本書が少しでも信用金庫の現場で働く皆さまのお役に立てればと思います。

　最後までご覧いただきまして、ありがとうございました。

　　　　　　　　　　　　　　　　　　　　　　　　小宮啓二朗

【参考文献】

小原鐵五郎『王道は足もとにあり』PHP研究所（1985年）

小原鐵五郎『貸すも親切、貸さぬも親切』東洋経済新報社（1983年）

川嶋謙『新規開拓のためのＩＴ営業プロセスマネジメント』日経ＢＰ（2004年）

岸見一郎『嫌われる勇気 自己啓発の源流「アドラー」の教え』ダイヤモンド社（2013年）

北康利『白洲次郎 占領を背負った男』講談社（2008年）

桑原晃弥『スティーブ・ジョブズ名語録 人生に革命を起こす96の言葉』PHP文庫（2010年）

グロービス、嶋田毅『MBA生産性を上げる100の基本』東洋経済新報社（2017年）

グロービス、嶋田毅『MBA問題解決100の基本』東洋経済新報社（2018年）

小宮一慶『経営者の教科書』ダイヤモンド社（2017年）

小宮啓二朗『営業推進のための 信用金庫の現場力』経済法令研究会（2013年）

齋藤孝『現代語訳　論語』ちくま新書（2010年）

齋藤孝『古典が最強のビジネスエリートをつくる』毎日新聞社（2014年）

佐々木城夛『あなたの店を強くする 全員営業体制のつくり方』近代セールス社（2017年）

出口治明『座右の書『貞観政要』』角川新書（2019年）

出口治明『人生の教養が身につく名言集』三笠書房（2020年）

中島久『入門！ 企業分析の手法と考え方』経済法令研究会（2009年）

広島信用金庫『広島信用金庫70周年記念誌』（2016年）

松本一男『管子(中国の思想)』徳間書店（1996年）

森下勉『"流れ"の整理だけで会社が良くなる魔法の手順』西日本出版社（2018年）

山口周『ニュータイプの時代』ダイヤモンド社（2019年）

山中伸弥『友情〜平尾誠二と山中伸弥「最後の一年」』講談社（2017年）

Amy C. Edmondson『チームが機能するとはどういうことか』英治出版（2014年）

Peter Ferdinand Drucker『マネジメント』ダイヤモンド社（2008年）

Robert Beno Cialdini『影響力の武器[第三版]』誠信書房（2014年）

　上記以外にも、多くの書籍や資料を参考にさせて頂きました。

　本書の執筆にあたっては、多数の信用金庫および外部機関の方にご協力を頂きましたことを、あらためて深く感謝申し上げます。

　特にひまわり信用金庫（福島県）、銚子信用金庫（千葉県）、広島信用金庫（広島県）、宇和島信用金庫（愛媛県）の皆さまにおかれましては、格別の御配慮を賜り、あらためて御礼申し上げます。

《著者紹介》

小宮 啓二朗（こみや けいじろう）

1970年生まれ。1992年信金中央金庫（全国信用金庫連合会：当時）入庫。
信用金庫への3度の出向後、四国支店長、地域創生推進部長（本書刊行時）。

地域の未来を共につくる　続　信用金庫の「現場力」

2021年7月30日　初版第1刷発行	著　　者	小　宮　啓　二　朗
	発 行 者	志　茂　満　仁
	発 行 所	㈱経済法令研究会

〒162-8421　東京都新宿区市谷本村町3-21
電話 代表 03(3267)4811 制作 03(3267)4823
https://www.khk.co.jp/

営業所／東京 03(3267)4812　大阪 06(6261)2911　名古屋 052(332)3511　福岡 092(411)0805

カバーデザイン・本文レイアウト／成田琴美(ERG)　制作／西牟田隼人　印刷・製本／音羽印刷㈱

© Keijiro Komiya 2021　Printed in Japan　　　　　　　　ISBN978-4-7668-3457-4

☆　本書の内容等に関する追加情報および訂正等について　☆
本書の内容等につき発行後に追加情報のお知らせおよび誤記の訂正等の必要が生じた場合
には、当社ホームページに掲載いたします。
（ホームページ 書籍・DVD・定期刊行誌 TOP メニュー下部の 追補・正誤表 ）

定価はカバーに表示してあります。無断複製・転用等を禁じます。落丁・乱丁本はお取替えします。